仁義なき戦い

菅原文太伝

松田美智子

新潮社

序章
俺は人を信じない

早朝の気温は氷点下を記録したが、空は綺麗に晴れていた。

２００３年１月11日、当時69歳だった菅原文太は、岐阜県大野郡清見村（現・高山市清見町）にある自宅を出て、村の公共施設へ向かった。

その５年前、文太は都内から岐阜に移住し、１年の半分以上を楢の林に囲まれたログハウスで過ごしていた。以後は村の私設広報官を自任するようになった文太に、老人クラブ・長寿会から、「ぜひ、お話を伺いたい」と、講演の依頼があったのである。当日は１００人近い村民たちが集まり、往年の映画スターを待ち構えていた。

「この村の冬は星の輝きがいい。空気は清浄、川の水はきれいだし、酒も、街で飲むよりうまい。冬だけじゃなく、一年中好きだね」

軽い前ふりでクラブ会員の心を摑んだあと、文太は続けた。

「現在、日本の田んぼの3割5分が休耕地になっているんだ。米作りの上で、この状況は異常なこと。田んぼは1年休むと、元に戻すのに3年かかる」

日本の米作りを、自然を守ろうという、文太の熱い思いを、農業従事者が多くを占める村民たちは当惑気味に聞き入った。

講演のあとには、老人クラブの新年会が設定されていた。参加を打診された文太は「俺も村民の一人。宴席に誘ってもらってうれしい」と笑顔で応じた。

ほろ酔い加減になった親睦の酒席を途中で抜け出したのは、深作欣二の関係者から、容態が危ないという連絡が入ったからだ。文太は、深作が前年の12月20日から国立がんセンターに緊急入院していたことは知らなかった。

深作欣二は文太の代表作『仁義なき戦い』シリーズを撮り、東映実録路線に金字塔を打ち立てた監督である。文太が出演した深作作品は14本。なかでも『現代やくざ　人斬り与太』(72年)や『県警対組織暴力』(75年)は、名作との評価が高い。二人は、1970年代の混迷する日本映画界を共に駆け抜けた、いわば戦友のような関係である。

深作は02年9月に開かれた『バトル・ロワイアルⅡ』の製作発表の会見や広報紙で、自分が骨ガンであることを告白していた。

「人生最後の映画として満身創痍で臨む。たとえこの戦いで生涯を終えようとも、私には一片の悔いもない」

悲痛な意気込みを語ったが、最初にガンが発見されたのは8年前の1994年。そのときに前立腺ガンの除去手術を受けたものの、ほぼ手遅れの状態で、以後は延命治療が中心になった。だが深作は、「どうせ死ぬのなら4年や5年、人生が短くなっても大したことはない」と周囲に話し、自重することはなかった。医者が禁じた飲酒、喫煙も続けていた。

深作はまた破滅型というか、家庭生活も波乱含みだった。92年の『いつかギラギラする日』に起用した女優・荻野目慶子と深い関係になっており、ガンが発見されたあとも、別れる気持ちはなかった。それどころか、男性機能が弱くなるという理由で、抗がん剤治療を拒んだ。

さらには体調が不安定なまま、99年に『おもちゃ』、2000年に『バトル・ロワイアル』と続けて撮影。ガンが全身の骨に転移していることが分かったのは01年の夏である。

この頃には体力の衰えが著しく、映画撮影などとうてい出来る状態ではなかったが、激痛をモルヒネで抑えながら、『バトル・ロワイアルII』の撮影に入ったのだった。

クランクイン半年前の02年6月19日、深作と文太は、室田日出男の葬儀で久々に顔を合わせていた。室田は東映の脇役俳優たちが結集したピラニア軍団のリーダー的存在であり、デビュー当初から深作に愛され、作品に多用された俳優だった。会社が室田の素行の悪さを理由にキャスティングから外そうとしたとき、深作は「そんなことは関係ない。俺の映画には室田が必要なんだ」と突っぱねたほどである。

久しぶりに対面した葬儀の場で、文太は深作から「俺、ガンなんだ」と告げられた。「大丈夫か」という文太の問いかけに、深作は「うん。大丈夫……」と弱々しく答えただけで、会話は終わった。この日、深作は、肺ガンにより64歳で逝去した室田の遺影に向かい「魂も全部注ぎ込んで、早くに逝っちゃったね」と弔辞を読み上げたが、文太の目には、深作もまた、映画に魂を注ぎ込み、かなり衰弱しているように映った。ただし、まさか、半年後に別れがくるとは、そして、これが二人の最後の会話になるとは、思ってもいなかった。

盟友・深作欣二との別れ

文太が岐阜から築地の国立がんセンターの病室に駆けつけたのは深夜の零時30分過ぎ。深作はすでに危篤状態だった。広い個室のベッドを数人が取り囲み、妻の中原早苗が深作の手を握って「おじさん、おじさん」としきりに呼びかけている。中原は5歳上の深作を、結婚した当初からおじさんと呼んでいた。深作もまた、早苗を名前ではなく「あんた」と呼んだ。息子の深作健太によれば「二人とも照れ屋だったから」だという。

文太が見守る中、モニターに映る深作の血圧は下がり続け、死が目前に迫っているのが分かった。このときの緊迫した状況を、健太はこう記している。

〈父の呼吸が荒くなり、意識のない手が、それでも母や僕の手を握りしめる。体が海老反りのように大きくのけぞる、全身で最後の息を吐き切るかのように。その時、文太さんは一言『サクさん』と呼びかけた。何人もの映画スタッフが、ある時代を共に闘った先輩たちが、愛情をこめて呼んだ父の愛称「サクさん」。しかし僕は、その時の文太さんの一言ほど重くて強い『サクさん』を聞いたことがない〉(「キネマ旬報」15年2月上旬号)

この記述について健太は「当時はもう、父をサクさんと呼ぶ人たちは、周囲にいなくなっていたんです。関係者の世代が変わって、若い人たちに囲まれていたから」と回想する。

中原早苗が「おじさん、みんな終わったよ。みんな水に流したからね」と話しかけると、臨終間際の深作の目から一筋の涙がこぼれた。1月12日午前1時、深作欣二は永眠した。享年72。

このとき病室にいた俳優は、文太だけだった。深作を慕い、病状を案じて、頻繁に病室を訪れていた渡瀬恒彦や千葉真一、山本太郎、藤原竜也らの俳優たちは、その日の見舞いを終えて帰ったあとだったのだ。しかも、文太が病室に入ったのは、深作の死の約30分前という、ぎりぎりの時間だった。死亡が確認されて間もなく、文太は病室を出た。病院の玄関まで見送った健太によれば、特に動揺した様子はなかったという。

室田の葬儀を除けば、1981年の『青春の門』を最後の作品にして、深作と文太が顔を合わせることは少なくなっていた。どこかで出会っても、話し込むことはなく「よう」「元気か」「じゃあな」程度の短い挨拶で終わっている。

仕事がほしい。もっと上にいきたい。そんな思いを全身から発していた文太は「飢餓俳優」と呼ばれ、『仁義なき戦い』シリーズの成功で、一躍、東映の看板スターに躍り出た。深作もまた、「客が入らない監督」から「客が呼べる監督」に躍進した。予想外の名声を得たとき、皮肉にも二人の道はそれぞれに分かれ、以後クロスすることはないように思えた。

だが、最後の最後になって、文太は深作の元に呼び寄せられた。多くの俳優たちの中から、ただ一人選ばれたかのように。

もう一人の盟友・鈴木則文とは

東映の中では、鈴木則文もまた、文太と関係が深い監督である。鈴木は文太が東映に移籍してきた当初から、親しく交わり、お互いの自宅を行き来するなど、盟友的な関係を結んだ。ともに1933年生まれの同い年。のちに文太の映画を19本撮ることになる中島貞夫監督に引き合わせたのも鈴木だったが、鈴木との関係もまた、途絶えていた。

二人が組んだ『関東テキヤ一家』（69年）は文太が東映移籍後に主演したシリーズ作品で、社内での評判がよく興行的にも成功した。

鈴木とは、さらに『トラック野郎』シリーズで組み、大ヒットを飛ばした。4作目の『天下御免』（76年）で12億8000万円という当時の配給収入の最高記録を残している。このシリーズが『仁義なき戦い』のあと、実録路線に行き詰まり、低迷していた東映を支えたという声も多い。星桃次郎（文太）と、やもめのジョナサンこと松下金造（愛川欽也）という陽気でお人好しなコンビは、全国のトラック運転手だけでなく広く大衆に支持され、シリーズが産む収入が会社の大きな財源となっていたのだ。その人気は、松竹の看板映画『男はつらいよ』（監督・山田洋次）シリーズに匹敵するほどだった。

結果的にシリーズは10本で終了したが、実際は11本目の企画があり、鈴木がシナリオを完成させて、次のマドンナ役は三原じゅん子と決まっていた。社の内外から継続を期待されていた『トラック野郎』だが、文太が「もう、いいだろう」と出演を断ったことで終了した。共演の愛川欽也が、会社に11本目の製作を直談判しても、文太の意思は変わらなかった。

その結果、鈴木とも、毎夜連れ立って酒を酌み交わすような蜜月の時間が終わり、親しい友人とは言えない関係になった。後年の二人は、いわば決別状態だった。

鈴木は著作『新トラック野郎風雲録』の中で〈人間はお互いがいちばん必要な時出会い、必要でなくなった時別れていく。それが人の世の宿命である〉と達観の境地を語っているが、もう一度『トラック野郎』の続編を作りたいという思いは、最晩年まで持ち続けていた。

鈴木はこのシリーズが終わったあと、東映に持ち込む企画がほとんど通らないという不運が続く。他社での監督作品は数本あるものの、もっぱらテレビドラマの『柳生十兵衛あばれ旅』『暴れん坊将軍』『名奉行 遠山の金さん』など、時代劇シリーズの脚本を数多く手掛けるようになり、文太を主役にして映画を撮ることは二度となかった。

シリーズ終了から35年が経った2014年5月15日。鈴木が脳室内出血により、その生涯を閉じた。享年80。都内の教会で営まれた葬儀に、文太は参列しなかった。

鈴木は前出の著作で、文太が膀胱ガンで闘病中だと聞いたときのことを、こう記している。

〈この数年、わたしも手術に次ぐ手術で、電話の交流もなく、日々が流れていたが、今生の別れとなるならば、会って話しておきたい特別な人間である〉

のちに文太が温存療法で回復したことを知ったときには、

〈菅原文太は頑強だった。強い生命力だった〉

と喜んだ。自分も病み、体力が低下した身でありながら、盟友だった男の病状をずっと気にかけていたのである。

一方、文太はどうだったのか。『トラック野郎』シリーズに協力してきたデコトラの団体「哥《うた》麿《まろ》会」の3代目会長・田島順市は、文太が書いた鈴木への追悼文に今でも怒りを覚えている。

「(追悼文の中で) 鈴木監督が自分で映画なんか作って、借金なんか作るからあんなことになるんだ、とか書いちゃって。死んだ者のことを褒めてやるんならいいけど、追悼になっていない。なにせ、監督の奥さんと菅原さんの奥さんが犬猿の仲だからね、あれは菅原さんじゃなくて、奥さんが書いたんだろうって、監督の奥さんが怒っていた」

さらに、同会が各種イベントへの参加や、被災地への支援活動などを依頼しても、文太はほとんどを断ったという。

鈴木の死から半年後の11月28日、文太もまたこの世に別れを告げる。享年81。

同年末のあるテレビ番組で「今年亡くなった有名人」が取り上げられたとき、鈴木監督と文太がツーショットで笑顔を浮かべた写真が流れた。『トラック野郎　天下御免』で主人公・星桃次郎の衣装を身に着けた文太と、演出をするスーツ姿の鈴木の写真である。このときの二人はまさに絶頂期で、東映の看板を背負って立つ名コンビだった。その後別れた二人が、幾星霜を経て、くしくも同じ年に同じ数え年で逝去した。

深作欣二と鈴木則文、この二人の監督は、菅原文太という俳優を語るときに欠かせない存在である。その両人と文太がほぼ音信不通の状態になってしまったのは、なぜだったのか。

希薄な人間関係

菅原文太は一世を風靡《ふうび》した映画スターに違いないのだが、華やかなイメージではなく、朴訥《ぼくとつ》なイメージの方が強い。都会ではなく、どこか地方の匂いがする。

取材を重ねて分かったのは、俳優の文太が、長く親しく付き合った人間はごく限られていたということだ。古風で義理人情を重んじる人柄と聞いていたので、彼を慕う人間に囲まれているイメージがあった。だが、若い頃から文太を知っている映画関係者に話を聞いてみても、「プライベートは、ほとんど見せなかった」「一緒に仕事はしたが、彼の人となりはよく知らない」「現場で会って、現場で別れるだけだった」といった答えが多かった。

例えば、東映の女優の中で最も共演本数が多い三島ゆり子は、「文太さんにはお茶一杯ご馳走になったことはありません」と話す。これは三島以外の女優も同じだった。

「東映は男優が偉くて、女優は添え物的な存在でした。（現場で顔を合わせても）文太さんから話しかけられたのは数えるくらいです」

文太はまた、自ら「酒は、もう二生分飲んだ」というほどの酒豪で酒席でのエピソードも多いが、東映の看板俳優に出世してから顕著になったのは、自ら人を誘うことは少なく、誘われてようやく腰を上げるという傾向だ。俳優仲間と飲むよりは、むしろ部屋に籠って一人読書することを好んだ。撮影所に何十冊もの本を持ち込んでいたという証言もある。仮に誰かと親しくなっても、どこかで一線を引くのだ。

さらに言えば、彼には何人もの付き人がいたが、ふいに音信不通になったり、なかば喧嘩別れした付き人が複数いる。「去る者は追わず来る者は拒まず」の実践というよりは、人生の幾多の岐路で、人と深く結びつくより、別れを繰り返していたように思える。そのなかには、本人が決して望まなかった、溺愛する息子の事故死という悲痛な別れも含まれている。

なぜ、菅原文太の人間関係は希薄だったのだろうか。

文太本人は〈俺はハッキリいって、基本的に『人を信じない』というところからスタートしているんだよ。それは、おやじとおふくろが、俺が2～3歳のときに別れてしまったという事がね、俺のその後の考え方とか、基本的に人を信じないという核を作ったのかもしれないな〉（「BIG tomorrow」89年4月号）と語ったことがある。

この言葉は重い。相手を信頼しなければ、関係は持続しないからだ。

では、菅原文太の思考の根底にある人への不信感を植え付けた生い立ちとは、どんなものだったのだろうか。それが彼の人生にどれほどの影響を与えたのか。「飢餓俳優」と呼ばれた飢えの正体はなんだったのか。後半生で俳優から農業従事者へと顔を変えたのは、なぜだったのか。

「分け入っても分け入っても青い山」とは、漂泊の俳人・種田山頭火の句である。

菅原文太の81年の人生はいかなるものだったのか。いくつもの疑問に本人の言葉と関係者の証言を重ね合わせ、青い山に分け入って行く。

仁義なき戦い　菅原文太伝　　目次

仁義なき戦い　菅原文太伝

第1章　ドヤ街からファッションモデルへ

両親の離婚

「俺は田舎生まれの田舎育ち」そう繰り返していた菅原文太は1933年8月16日、宮城県仙台市で生まれた。当時、父の菅原芳助は仙台市に本社を置く新聞社「河北新報」の記者で、文太は長男。1歳違いの妹がいる。

兄妹の境遇に大きな変化が起きたのは、文太が3歳の頃だった。母親が子供たちを置いて家を出るという形で、両親が離婚したのだ。この別れが幼い文太の心に深い傷を残す。ある日、突然姿を消した母を思い、なんど涙を流したことだろう。

〈俺だってガキの頃は、そりゃいろいろ切ないことがあったし、シンドイこともあった。そういう事によって、普通のノーマルな人に比べれば、いろんなプレッシャーを精神的に受けてると思うよ。親が別れるというのは…それを越える〝裏切り〟は、まぁ、めったにないからね（中略）。

その傷から立ち直るのに、深い奴は10年、20年かかる〉(前出「BIG tomorrow」)

芳助のもとに小さな兄妹が残されたが、男手だけで育てるには限界があり、二人を県内にある実家に預けることにした。そして自分はかねてからの夢である画家になるべく、絵の制作に集中する。「河北新報」の記者を務めながら、油絵を描き続け、独立美術協会が主催する独立展になんどか出品するうちに、数回の入選を果たした。それまでは実家に気付かれないように狭間二郎という名で応募していたのだが、入選によって自信がつき、「実は」と打ち明けることが出来た。最高位の独立賞を受賞するのは、42年のことである。

離婚から3年後の独立展に初入選した年、芳助は、子供たちのことを考え、また周囲の勧めもあって、再婚を決意する。相手は、岩手県の名家で地主の娘・順子だった。

再婚後の芳助は、まもなく東京支社への転勤を命じられ、妻子を連れて上京する。このとき、文太は6歳である。新聞社に籍を置いていたものの、芳助にとってはあくまで食い扶持を稼ぐためであり、自分は画家だという意識を持ち続けた。

のちに文太は、テレビの音楽番組に出演したとき、こう語っている。

「うちの親父は画家といっても、さっぱり絵が売れない画家でね、家族はえらくひもじい思いをした。無口で怒声ひとつあげたことがない人間だったね」

月給で画材を買い込む芳助を支えたのは、兄妹の継母になった順子だった。順子は共働きをしながら、芳助が自由に絵を描けるように心を砕いた。文太は東中野尋常小学校に通い、下校後は東中野駅近くの昭和通りで、陣取りや石けりをして遊んだ。

だが、親子4人の平穏な生活も長くは続かなかった。37年に支那事変(日中戦争)が勃発。41

年には太平洋戦争に発展した。戦争の長期化、激化にともない、成人男子の徴兵はもちろん、それまで徴兵が猶予されていた学生、生徒の出征が始まった。40代だった芳助にも、召集令状が届く。早稲田大学英文科卒の芳助は陸軍少尉の資格を持っており、軍刀を提げることができる軍人として、召集に応じたという。警備隊に入隊後は北海道、樺太と移動し、最後は中国大陸に送られ、終戦まで軍事物資を運ぶ部隊の隊長を務めた。

芳助がいなくなり、継母と3人になった暮らしは、灯火管制が厳しさを増す43年に中断する。順子は一人東京に残り、文太と妹の合子は、疎開のため、再び芳助の実家に預けられることになった。文太は10歳になっていた。

居候生活

芳助の実家は宮城県栗原郡一迫《いちはさま》町（現・栗原市一迫）にある。栗原市は宮城県の北西部に位置し、面積の半分を森林が占める。当時の一迫の人口は6000人ほどで、農業が中心の田舎町だった。町の中心を走るのは陸奥上街道の旧道で、実家の菅原家は、旧道沿いの一画に建っている。明治10年（1877）頃に建てられたという木造の家は、屋敷と呼ぶにふさわしく、敷地内には、蔵が三つと馬小屋、井戸があり、裏門を出て田んぼに向かう間にも、別の蔵が三つ並んでいた。面積は約1000坪。田んぼは40町歩あり、地域では大地主として知られていた。この実家は、空襲を免れ、また大きな改装がなされなかったおかげで、現在も当時の面影が残っている。

実家の生業は農業が主体だったが、表通りに面した場所で郵便局も営んでいた。さらには、隣りに商店を開き、塩、煙草などの専売製品のほか、砂糖や瀬戸物類を販売した。商いは繁盛していて、人の出入りも多く、裕福な実家である。農作物を自給できたこともあって、食料事情は良かったが、文太は空腹を感じることが多かった。

〈三度のご飯の中に干し大根、あるいはサツマイモをまぜて食べたり、あるときはまた、玄米食だったり……それもたらふく食べられるような状態ではなく、食べ盛りのぼくにとって、やっぱり、ひもじさに変わりありませんでした〉（「サンデー毎日」83年1月30日号）

文太にとって一迫での暮らしは、あまり居心地のいいものではなかった。

実家には芳助の兄の家族が住んでおり、文太より年上の3人の子供がいた。従兄弟にあたる3人は、全員が男の子で、「文太、文太」と子分扱いで、呼び捨てにする。文太は常に、居候のような肩身の狭さを感じていたという。

親と切り離された兄妹の世話をしてくれたのは、今回も祖母だった。この祖母に対し、文太は、感謝の言葉を語っている。

〈一迫時代の俺の心の支えはお祖母さんだった。自分の満たされない色々な思いを、あのお祖母さんがかなり埋めてくれた〉（前出「BIG tomorrow」）

疎開したとき小学校4年生だった文太は一迫国民学校に転校し、卒業するまで父の実家で過ごした。実家では、子供といえども仕事を与えられたという。

〈小学四年の時から始まった労働は、田畑の手伝いに始まって、牛馬の世話、拭き掃除、店の大戸の開け閉めなど子供には過重な労働だったと思うが、そういう労働は当時の農村の子供には皆、当たり前のこと（中略）。でも子供たちは、辛い労働ばかりでなく、山や川で暴れ回り、おかずの足しに、ウナギ、ナマズ、フナ、ドジョウ、タニシ捕り、山菜採りに知恵を絞り、腕を競い合

って遊びまわっていた〉（「週刊文春」２００９年8月13・20日号）

親同士が親しい関係で、文太の上級生として一緒に通学したという画家の菊地義彦の回想も当時の状況を裏付ける。

「戦時中の物資不足で自転車が使えないから（学校まで）みんな、徒歩です。毎日、７キロの山道を歩いて通った。ゴム長なんていうのは、穴だらけで履けないので、下駄とか雪駄とか、雪が降ると藁で作ったツマゴという草鞋を履いて、１時間半くらいかかったのです」

文太とは行きも帰りも一緒で、野山でいたずらをしながら通学した。

「（小学生の）文太さんは、成績がよかった。試験をすればほぼ満点です。作文も上手かった」

疎開から2年後の１９４５年には終戦を迎えたが、芳助は一向に復員して来なかった。この年、12歳になった文太は県立築館中学に進学し、寄宿舎に入った。終戦と同時に、軍国主義一辺倒だった教育は、まったく裏返しの民主主義へと大きく舵を切った。文太も、この急ごしらえの戦後教育の洗礼を受けている。のちに本人は「いい思い出はひとつもない」と語っているが、それほど暗い少年時代ではなかった。

「築館中学校で、久米正雄の『地蔵教由来』という芝居をやったときに、（演技を）みんなにほめられて、『将来、おれ、文太座を作る』と話していたのです」

菊地は文太より3歳上で、地区対抗の演劇大会では主役を演じた。文太は目の見えない村人の役だが、その歩き方、杖の突き方、動作がとても達者だった。

「私なんか、『いや、文太うめえな、主役を取っ替えるべえ』と言ったわけ。いや、凄いなと」

みなに驚かれ、文太はとても嬉しそうだったという。目の見えない人をうまく演じてみせたのは、観察力が鋭いからに違いないが、演じることへのてらいがなく、むしろ楽しんでいたこともあるのだろう。

後年、東映の看板スターになった文太に会ったとき、菊地が「中学で芝居してほめられたことが、俳優を目指すきっかけになったのか」と水をむけると、「思い出さなかったと言えば、嘘になる」と答えたという。

子供のころから芝居気があったのか、菊地が「明朗活発で、なんにでもよく気が付く子供だった」と回想する文太少年に、表向きには両親の不在からくる鬱屈《うっくつ》は窺えない。また菊地は、文太が喧嘩をしたり、大声をあげる姿も見たことはなかった。

「悪さをすることもなく、いたって温厚な性格だった」

そのせいか、『仁義なき戦い』のヤクザ役には「よくやるなぁ」と感心する一方、『トラック野郎』シリーズでのコミカルな文太の演技は、「意外ではなかった」と振り返る。小学校の校庭で野球の練習をしていた文太の姿に重なるのだ。

「(星桃次郎が)野球大会に出て、大ホームランを打ったかと思うと、三振を続けて爆笑を買ったり、トンネルをして、球を追いかけている格好、動作なんか、そっくりなのですよ。映画の中の文太は、少年時代の文太にそっくりだ」

菊地は文太のエピソードの中でも、「中学校の納豆飯大食い選手権大会でどんぶり飯を5杯半平らげて優勝したことが一番思い出深い」と語った。

思春期の懊悩

文太が父と再会したのは、47年。芳助が召集されてから4年後のことである。芳助は終戦まで、輜重兵《しちょうへい》将校として銃後の支援を担っていた。終戦の翌年には復員しているが、疲弊が著しく、しばらく休養したのち、文太に会うため、築館中学の寄宿舎にやってきた。よれよれの軍服姿で、年齢よりかなり老けてみえたという。

〈寄宿舎の玄関のたたきにしゃがみこんでいた父と、玄関の板の間に正座した自分とが交わした会話は全く覚えていない〉（前出「週刊文春」）

このとき文太は14歳になっていた。父が不在の時間が長すぎて、会話の糸口が見つからなかったという。物心ついてから、側にいてくれたのは、もっぱら継母や祖母などの女たちだった。父とふたたび暮らすようになってからも、文太は、父親とはどういう存在なのか、父子関係はどうあるべきなのか、具体的なイメージが掴めないまま成長する。

再会を果たしたものの、一家がそのまま実家を頼ることはできなかった。戦後の農地解放で、土地が大幅に削られたために、地主としての収入源がなくなっていた。40町歩ほどもあった田んぼは1町歩を残して没収され、家屋も半分に減ってしまったのだ。芳助たちを養う余裕はない。そんな厳しい状況下で、家族の誰よりも逞《たくま》しかったのは、継母の順子だった。

翌48年、順子は仙台市東二番丁（現・一番町）に建ち並ぶバラックで、バーを開き、一家の稼ぎ頭になった。バーの名前は、芳助が影響を受けていた宗教画家に由来する「エル・グレコ」。店があるバラック脇の小部屋で暮らすようになった芳助と順子は、ほどなくして、文太と妹を、一迫の実家から呼び寄せ、新たに路地を挟んだ部屋の二階を借りた。

社交的で、人あしらいが上手かった順子の働きで、バーは流行った。４人ほど座れるスタンド席と、4人掛けのテーブル席だけの小さな店だが、当時東北大学医学部の学生だった北杜夫や、写真家の土門拳も顔を出していたという。英語が得意な芳助が、店にやってきた米兵たちの通訳をしたこともある。

店の蓄音機からは、毎晩ジャズが流れていた。チャーリー・パーカー、セロニアス・モンク、ディジー・ガレスピーらの軽快な演奏は、文太の心を躍らせ、別世界へいざなってくれた。

だが、またしても文太は父親と暮らす機会を失くす。兄妹が入った二階の部屋は、芳助のアトリエに兼用されており、手狭だった。そこで芳助は、菊地義彦の兄で東北大学法学部在学中の盛夫に、大学の近くに部屋を借りるので、文太と妹と3人で暮らしてくれるように頼んだ。兄妹の家庭教師兼生活指導係という名目である。

盛夫は、戦時中に一迫小学校で代用教員として働いたことがあり、文太が5年生のときの担任だった。そのため文太から「盛夫先生」と呼ばれていた。

戦時中の空白を埋めるかのように、芳助は絵画制作に没頭し、筆を握っている間は家族と口をきかない。だが、芳助の絵は滅多に売れず、主な収入は、河北新報の嘱託として、連載小説の挿絵や紙面のカットを描いて得られるものだった。経済的に余裕はなかったものの、盛夫と兄妹3人の自炊生活は、文太が18歳になるまで続いた。

誰もが生きることに必死だった時代だが、当時の文太が一番飢えていたのは、親の愛情ではなかったか。実の母に会うことは叶わず、父は身近にいても子供たちとは距離を置いていた。幼少時から世話になった継母の順子については、むしろ反発している。

〈力関係ですからね。いくら継母でも、めしを食わしてもらっている以上、反抗のしっぱなしというわけにもいかんし。（中略）そういう意味で、一種のマザー・コンプレックスみたいなものは残ってますね〉（「アサヒ芸能」76年9月30日号）

文太は幼少時に両親が離婚したことを「裏切り」と呼び、実母との別れを受け入れることが出来なかった。晩年に、「落着きなく住まいを変え、旅の多い一生だった」と振り返るのも、親の都合による度々《たびたび》の引っ越しが影響を与えていた。

仙台一高時代

49年春、文太は築館中学校から、県立仙台一高へと進学した。一高は宮城県の名門校で、東北各地から優秀な生徒が集まっていた。生徒は旧仙台一中出身者が多かったが、文太は同級生たちから「外人部隊」と呼ばれる受験組だった。試験の成績で入学したのである。

部活は新聞部に所属。「仙台一高新聞」は学校新聞ながら、積極的に社会問題を取り上げ、「大学管理法再検討　成立から憂慮される学徒出陣の傾」「産業教育法　早くも構成に難点」などの見出しで、批判を繰り広げている。毎日新聞主催の学生新聞コンクールで入賞したこともある。

ただし、文太が紙面作りに貢献したという記録は残っていない。部室内で煙草を吸ったり、酒を持ち込んだりして、うだうだと時間を潰すのがもっぱらだった。新聞部を選んだのは、「河北新報」の記者だった父を意識してのことだったか。

同期生には、のちに朝日新聞取締役となる一力《いちりき》英夫、歌手の旗照夫、1学年下には、小説家の井上ひさしや憲法学者の樋口陽一がいた。二人とも高校時代に交流はなかったが、後年、文太は井上の小説『吉里吉里人』を映像化するために奔走し、樋口とは憲法九条について対談を行ったり、一緒に講演会を開いたりするようになる。

そのせいか、井上ひさしの『青葉繁れる』という作品に描かれたハンサムな転校生は文太がモデルで、マドンナは当時、一高近くの女学校に通っていた若尾文子がモデルという説がある。若尾が男子生徒たちの憧れだったのは事実だが、文太のモデル説は的外れである。高校時代、文太の容姿が注目されていたわけではなかったからだ。

同期生で仙台在住の佐藤稔によれば、当時の文太は、井上が小説のモデルにするような爽やかな存在ではなく、むしろさえない容姿だったという。

「黒縁の丸メガネをかけた目立たない生徒で、（菅原ではなく）文太と呼ばれていました」

高校で文太を可愛がってくれたのは担任の教諭で、のちに一高の校長になった大竹金弥である。大竹は日本史が専門だが、授業では百姓一揆の話ばかりしたという。晩年、文太が百姓一揆について専門書籍を読み漁り、講演するまでになったのは、可愛がってくれた大竹の影響が残っていたからだろう。

高校の通学時、文太は父が戦時中に着ていた将校マントや軍用コートをまとった。目立とうとしていたわけではなく、着るものが限られていたからだ。学生服を買ってもらえず、カーキ色のところどころが擦り切れた軍服を着ていたことを、後年に語っている。

高校3年になると、芳助が仙台市内に自宅兼アトリエを新築し、久々に親子4人の生活が始まった。継母がバー経営で稼いだ金で建てた家である。日曜日には新聞部や演劇部の友人たちが遊びにきて、それなりに青春を謳歌していたという。

東北大を断念して

中学までは秀才と呼ばれていた文太だが、高校に入学してからは違った。文太と親しい関係だった画家の菊地義彦が振り返る。

「築館中学ではいつも10番以内で、すごく成績がよかったの。大人が驚くほど上手い作文を書いたりして。ところが、こっちと仙台では雲泥の差があったのね。(仙台一高では)しょっちゅう下の方で、あまり勉強は進まなかった」

成績は低迷を続けたまま、文太は3年に進級。やがて夏休みが終わり進路を決定する時期になったが、菊地は文太から音沙汰がないため、「この先、どうすんだべな。大学受けるのかな。どこ受けるのかな」と、気にかけていたという。

当時の菊地は、東北大学教育学部に在籍しており、学生寮に入っていた。

「その年の秋になって、文太さんが寮を訪ねてきた。進路報告とお願いがある、というの」

文太は菊地に東北大学の文学部を受験することを報告し、こう頼んだ。

「もし、僕が合格したら、あなたが被っている角帽《かくぼう》を譲ってください」

菊地はそれを承知した上で、激励した。

「最近は、文学部に入るのもかなり難しくなったから、頑張らなきゃ駄目だぞ」

翌春、同期生の多くが国立大学に合格を果たしたが、文太は不合格だった。このとき文太は、東大生の従兄弟から、「たるんでるぞ!」と叱責されたという。一迫の実家で「文太、文太」と呼び捨てにしていた3人の従兄弟の1人である。

浪人が決定した上、従兄弟に強く叱られて奮起したかというと、モチベーションの低下は著しかった。机にへばりついて勉強するどころか、参考書を開くこともまれで、むしろ娯楽に傾いた。名画座で上映されるフランス映画が好きで、特にジャン・ギャバンのファンになる。ブロマイドを何枚も買い求め、憧れを募らせた。中学生の頃に覚えた酒も、親の目を盗んで飲んでいたという。そんなぐだぐだとした生活を送るうちに、1年が経ち、再び受験期を迎えた。

文太は再び、菊地の寮を訪ねて告げた。

「これから東京へ行って、早稲田大学を受けます」

文太の父・芳助は早稲田大学英文科の出身である。東北大学の再受験は学力不足で諦めたが、父と同じ学歴を得られるのなら名分が立つと思ったのか。受験は早稲田大学一本に絞り、第一志望から第四志望まで決めていた。

報告を終えた文太は、部屋にあった角帽を菊地の頭にのせて言った。

「これを被って、一番町（仙台の繁華街）を歩くのが夢だったが、駄目になってしまったなぁ」

早稲田大学の第一志望は、東北大学を受験したときと同じく、文学部である。新聞記者だった父親と同じ学部だ。文太には、父の影響を感じさせる発言が多々ある。

〈休みの日なんて、おやじはソファで一日中本を読んでいる。（中略）おやじにはジャーナリストにも画家としても徹しきれなかったジレッタントのようなものがあり、そこから表出してきた文化人の一人だったんだ〉（「毎日グラフ・アミューズ」94年7月13日号）

芳助はまた、詩人として注目された時期もあった。画家になる前のことである。

２０１５年1月14日の「しんぶん赤旗」に、こんな記事が掲載されている。

〈狭間二郎はプロレタリア文学運動に彗星のように現れ、消えて行った詩人の一人だ〉

自宅には、父親が蒐集した本が山のように積まれており、文太はなかでも辻潤や坂口安吾の作品に沈溺して、ダダイズムに傾倒した。そのせいで「どこか投げているような考え方をするようになった」と自分を分析する。

父親の影響、家庭環境を肯定する一方で、批判も忘れていない。

〈おれが金儲けが下手なのは親譲りだからね。おやじはおれの3倍くらい下手だった。（中略）ボンボンだったんだ。金を稼ぐ才覚なんて毛頭なかった〉（前出「毎日グラフ・アミューズ」）

さらに、「婦人公論」１９７４年8月号には、こんな一文がある。

〈本名菅原文太。昭和8年仙台生まれ。父は豪農の次男だったが、共産党に入党して左翼運動をした新聞記者。母もインテリで文太が4歳の時離婚して愛人のもとに走ったといわれる。いわば当時の進歩的な両親の血をうけている〉

両親の離婚の原因は、母の不倫だった。この事実を知ったとき、文太が大きなショックを受けたことは想像に難くない。実母についてはユリ子という名前と、栗原郡（現・栗原市）の酒蔵の次女だったということ、芳助と入籍したのは文太が誕生したあとだったことが分かっている。当時は、第一子が生まれてから正式に入籍するというのが地域の風習だった。

父に厳しいのは、別な理由もありそうだ。

継母となった順子には生活力があり、バーを経営して一家を支えてきた。芳助は地元では知られた洋画家で「詩的瞑想の画家」と評されたが、描く絵がほとんど売れない。暗い色彩で東北の風物を中心に描いたせいだったか。順子には頭が上がらなかっただろう。

〈稼ぎがなくて大っぴらには酒を飲ませてもらえないから、（義母に）隠れて安酒飲んで……〉

（「本の窓」２０１０年11月号）

晩年になって父を語るときにも、褒め言葉は出てこない。

２０１２年、79歳になった文太は、山梨県北杜市の自宅で、月刊誌の取材を受けている。記者から父親について尋ねられると、

〈親父はなさけない人でね。かせがない人だった〉（「ＳＷＩＴＣＨ」15年4月号）

相変わらず、父の生活力のなさを批判したが、驚いたのは、〈親父さんと旅したような思い出はないのですか〉という質問に対する答えだ。

〈あるわけない、親父は俺が小学二年生の時に亡くなった〉

さらには、首を傾げるような話を記者に聞かせた。

〈樺太、今でいうサハリンかな。親父が死んだ場所をふと訪ねてみたいと思った〉

芳助が亡くなったのは文太が49歳のときで、享年80。死亡した場所は神奈川県相模原市にある総合病院だった。葬儀告別式の当日、杉並区南荻窪の自宅から出棺し、火葬場へ向から様子が報道されている。文太は、報道陣に向かって一言「大往生でした」とコメントした。

晩年になって、なぜ、調べればすぐに分かる大きな嘘をついたのか。この嘘が文太の父親への思いを象徴している気がする。

東京へ

二度目の受験で、文太は、ある夢を抱いていた。

〈母親から仙台の大学へ行くならここに置いてやるが、東京の大学へ行くなら仕送りはできない

といわれた。小説家になりたいと漠然と思っていたから、とにかく東京へ行こうと思ったんだ〉（前出「毎日グラフ・アミューズ」）

だが、またしても、希望は叶わなかった。第一志望の文学部は不合格。第二、第三の志望学部も落ち、第二法学部にかろうじて合格した。社会人の学生も多い夜間学部だ。

両親は大反対だったが、文太は二人を説得し、なんとか入学金の2万4000円を受け取った。仕送りは一切なし、自力で大学を卒業するという約束である。

仙台からはSLの上り夜行列車に乗った。満席なので通路に新聞紙を敷いて座り、揺られること13時間。早朝7時に上野に着いた。鼻の穴は石炭の煤で真っ黒だったが、上野恩賜公園の西郷隆盛像を見上げると、すがすがしい気持ちになったという。

1953年春。文太19歳。

NHKがテレビ放送を開始し、映画では『君の名は』（監督・大庭秀雄）が大ヒットした年である。当時の東京にはまだ戦争の爪痕が色濃く残っており、再築された建物より、廃材で作ったバラックの方が目立った。街中では、傷病者用の白衣を着た復員兵の姿があちこちにあった。現在では高級住宅街になっている世田谷も、文太が間借りした頃は田畑が広がっていた。

念願の東京で進学を果たしたものの、文太が大学に通うのは月に一度、奨学金の2000円を受け取るときくらいだった。奨学金が出たのは、入学試験時の成績がよかったからではない。文太はこう振り返っている。

〈叔父がフィリピンで戦死したんだが、親父が戦死したことにしたり、小さなバーをやって生活を支えている継母には遠慮があって仕送りは頼めないなどなど、担当の人に事情を真に迫って話したら、数日を待たずに奨学金支給の通知が来た。これが命綱だった〉（前出「週刊文春」）

ラーメン一杯が20円だった時代の２０００円は貴重である。受け取った奨学金のほとんどは飲食費で消えた。上京後は酒量が増し、新宿西口のカストリ横丁に通って梅割り焼酎を引っかけるのも習慣になった。梅割り焼酎も一杯が20円だったという。

〈東京に出て来たころは新宿によくいたね。新宿がどこより深く長くつきあった街じゃないかな。だから新宿に、自分の顔とか歩き方を作られたっていう感じはある〉（「東京人」93年1月号）

夜間の授業が始まる前のアルバイトにも余念がなかった。謄写版刷りの仕事や本の取次会社で出版物の梱包《こんぽう》や積み下ろしをする他、港湾労働、工事現場などの肉体労働を中心に働いた。一日中働いても日給は１５０円から１８０円ほどだったという。

〈家主のおばあさんに、錆びついたアイロンを借りて、パンツとランニングにアイロンを掛け、質屋に持っていったことがあるが、質屋のオヤジは何も言わずに五十円貸してくれた。あの頃は、まだ世の中に人情があったんだ〉（前出「週刊文春」）

他には百貨店での玩具販売、印刷物運搬や、商品検査、変わったところでは、辻占い、神主代理までこなした。一日に数人の参拝客しか来ない千住・白鬚橋の小さな神社に住み込み、烏帽子《えぼし》に袴姿で祝詞をあげることもあったという。

〈オフセの中から1枚2枚抜いて吉原（いわゆる赤線）に通うのが楽しみでね。（中略）その頃は、生涯に10万円という金をつかみたいって、それしか頭になかったな。（中略）せいぜい大望を抱いて、その程度だった〉（「週刊明星」76年8月15日号）

生活のためとはいえ、アルバイトに明け暮れ、授業を欠席するうちに、決定的な出来事が起きる。大学から実家に「授業料滞納につき除籍に処す」との知らせが届いたのだ。

〈学校にはすでに行かなくなっていたので、さして驚かなかった。『そーか』と開き直ってみたところで、退学学生に碌な仕事が見つかるはずもなく、いよいよ流浪流転、自立自尊の、いや言いかえれば歯を食いしばってのやせ我慢人生になった〉（前出「週刊文春」）

上京から2年、21歳になった文太の生活に、鬱屈の時間が戻って来た。酒量がさらに増え、へべれけになるまで酔っ払う。収入は月３０００円がせいぜいで、家賃が払えないため、夜逃げ同然に引っ越しを繰り返す。山谷《さんや》のドヤ街に入り浸ったのもこの時期だ。

〈貧乏なんて耐えられる。抛り所さえあればね。汽車賃を借りて上野駅からトボトボと故郷に帰る。と、ヨボヨボのおふくろが〝ああ、よく帰ってきたな〟と出迎えて、あったかいオカユをつくってくれる。たとえヒエでもアワでもいい、後に戻れるところがありさえすれば……。それもない、先も見えない。こいつはしんどいですよ〉（「サンデー毎日」76年10月10日号）

また、アルバイトで借金の取り立てを手伝うことになり、泣いている家族の布団を奪う光景を目撃したときには、「これはもうやるもんじゃない」と苦い思いをしたこともあった。

〈浅草の公会堂の三階だったか、冷たい石の階段を登って毎週のようにボクシングの試合を俺は見に行っていた。二階席に陣どって「倒せ！　ブッ殺せ！　バカヤロー」などとあたりかまわず罵声を発していたのは、出口のない荒んだ生活のヤブレカブレを、リングに飛び散る血と、凝縮した恐怖にぶつけていたからだろう〉（「月刊Ａｓａｈｉ」89年6月号）

そんな文太に、突然転機が訪れる。

モデルで稼ぐ

自分の容姿で金が稼げる。気づかせてくれたのは、男性ファッション雑誌「婦人画報増刊　男の服飾」（のちのメンズクラブ）の編集長・熊井戸立雄だった。

〈いとこのヨメさんの紹介で、国際羊毛事務所へ行き、ガリ版刷りでもやるかと思ったら、うちはファッションショーをするから、モデルをやらないかと言われ、なんでもカネになればいいから引き受けた（中略）。歩いたり、止まったりしていれば、一回で千五百円くらいくれた（中略）。これはラクで、けた違いによかった〉（「AERA」91年9月17日号）

そのショーに来た熊井戸が、文太に目をつけ、雑誌のモデルに使ったのである。文太が着用したのは石津謙介のファッションブランド「VAN」の製品だった。石津はアイビールックの生みの親で、日本のメンズファッションの神様と呼ばれたデザイナーである。「男の服飾」は当初から「VAN」の商品を中心に紹介するタイアップ雑誌であったため、石津と知り合った文太は、イメージモデルの一人になり、以後、着るものには不自由しなくなる。

残っている宣材写真には、リーゼントをポマードで固め、最新のスーツにネクタイ姿で決めた文太の全身と横顔が並び、身体のサイズが細かく記載されている。

身長5尺8寸（約177センチ）、体重17貫（約64キロ）、胸囲36・5インチ（約92センチ）、股下30インチ（約76センチ）。長身痩軀で、顔が小さく、モデルとして充分通用する容姿だった。また、顔写真には、眉間の上あたりに目立つホクロがあるが、整形手術を受けたのか、俳優になる前に消えている。

当時の男性モデルのナンバーワンは、フランス生まれのファンファンこと岡田眞澄だった。

〈もう、超トップ。ボクなんか足もとにもおよばなかったですよ。なんといっても容姿、スタイルが基本的に問われる職業ですからね〉（「アサヒ芸能」89年3月9日号）
モデルの収入はアルバイトのそれとは桁違いだったが、本人は、怠惰な性格なので仕事を続けるための努力はなにもしなかった、と振り返る。
〈歩行訓練なんかあったけど、そんなのはいっさい無視して、自己流でやってました。石津謙介さんなどは、『ユニークでおもしろい』って、よく使ってくれましたよ〉（同）
石津に気に入られた文太は「メンズクラブ」を中心に、ファッション雑誌のグラビアを飾り、ショーにも出演するようになる。
〈それを職業としてゼニとれるなんて、こんないいことないじゃないの。姿がいいのも持って生まれた才能だよ。身ひとつで誰をも頼らずさ〉（「ＳＯＰＨＩＡ」89年1月号）
男性モデルの中で文太が異色だったのは、ステージで名前が紹介されると、客席から笑いが起きたことだ。〝ブンタ〟という音には、硬派な響きがある。最新のファッションを纏《まと》うモデルの名前としては違和感があったのだろう。
名前に関するエピソードは他にいくつかあり、なかでも東映入社後、マキノ雅弘監督に言われた言葉が有名である。
〈あかんでぇ、これから主役でやって行くもんが、文太てな駕籠屋みたいな名じゃ、あかんがな、俺がええ名をつけたる〉（「週刊女性」76年1月1日号）
監督が思案しているうちに映画が封切られ、改名は間に合わなかった。
モデルにスカウトされてから1年後の57年、文太は岡田眞澄や旗昭二ら若手8人で、日本初の男性専門モデルクラブ「SOS（ソサエティ・オブ・スタイル）」を設立する。

文太と長い親交があり、グラフィックデザイナーでイラストレーターの黒田征太郎は、この頃から文太に注目していたと語る。

「少年の頃に、『メンズクラブ』という雑誌を見ていたんですが、甘ったるい顔をしたモデルばかりの中に、一人だけ違う人がいた。それが文太さんだったんです」

黒田が文太と出会うのは数十年後のことになるが、最初に文太の顔を見たときの印象が強烈で、ずっと忘れられなかったという。

この頃の文太は、若者たちが憧れるファッションリーダーの一人だった。イメージモデルの特権で、いつも最新の衣服に身を包み、業界の人間たちと連れ立って夜の街を闊歩する。着た切り雀だったほんの2年前までは想像できなかった生活だ。今は金を払わなくても、女の方から寄ってくるし、貢いでくれる相手までいる。

人は人生の節目節目でなにかしらの選択を迫られるものだが、文太は、「自分では何も選択しなかった」という。その時々の流れに身を任せて生きて来たと繰り返し語っている。

〈ボクは一種の運命論者かもしれない。自分の過去をふり返ってみると、なにかそんな気がする。やってきた仕事は全部、他人から声をかけられてはじめている。自分から求めたものじゃない〉

（「平凡パンチ」73年12月17日号）

約20年後に東映の看板映画スターと呼ばれるようになり、時の人として幾多の媒体から取材を受けたときにも、「俳優になりたくてなったわけではない」と語っている。

〈モデルも食うためにやったし、新東宝にスカウトされて俳優になったのも食うためで、自分からやりたいと思って生きてきたわけじゃない。他動的なんだな生き方が〉（前出「毎日グラフ・アミューズ」）

他の取材でも、俳優業は「たまたま」「事の成り行き」「流されただけ」などと話し、「生活のためだった」と強調しているが、そうだろうか。

これが事実ではないか、と思える記事がある。女優の太地喜和子と対談したときの言葉だ。〈おれは東映二期ぐらい受けて落っこっているんだよ。大村文武が二期ぐらいだろう。健さんが一期だろう。（中略）大村とおれともう一人何か、ニューフェイスの受験生の中でボスみたいにさ、火鉢囲んでえばってたんだよ（笑）。そうしたら、おれが落っこって大村が受かっちゃって。おれは映画会社、軒並み落っこっているわ。東映落っこって、大映も落っこってね（笑）。東宝も。映画会社はほとんどだめだった。ファッションモデルかなんかやっていたころだ。だから、全然、どこも見込みなかった〉（「婦人公論」75年7月号）

酒豪の太地と酒を酌み交わすうちに、口が滑らかになったのだろう。大手5社の映画会社のうち、3社のニューフェイス試験を受けていたのだ。ちなみに、大村文武は東映3期のニューフェイスに合格し、『月光仮面』シリーズの主役を務めた。

たまたまなどではない。文太は、俳優になりたくてなったのである。

第2章　生涯の恩人

「劇団四季」1期生

菅原文太が俳優になったのは、25歳のとき、モデル仲間が集まる喫茶店で新東宝の宣伝部員にスカウトされたことがきっかけ、とされている。本人もそう話しているが、前段階がある。

文太は、20歳で「劇団四季」の1期生になり、入団から1年も経たない1954年に21歳で舞台を踏んでいた。大学時代から俳優に興味があったことは明らかである。

53年秋、上京して半年が過ぎた頃、文太は日大芸術学部に在籍していた宍戸錠の下宿を訪ねた。仙台一高の同期だった高橋宏の紹介で、他に、文学座演出部の研究生（のちに舞台美術監督）の金森馨が一緒だった。4人の共通点は全員が33年生まれで、宮城県内の高校を卒業したのち、上京していることである。

カストリ焼酎を飲みながら4人で会話を続けるうちに、宍戸が読売新聞を開いて指さした。日活が映画製作を再開し、第1期ニューフェイスを募集しているという広告だった。日大で演劇を学んでいた宍戸は俳優志望で、夢は映画スターである。

〈文太君も受けないか。君はいい顔をしているし、いい経験になるよ。俺も独りよりは心強いしな〉（宍戸錠『シシド　小説・日活撮影所』）

高橋も〈うまく行きゃ、一攫千金だぞ〉と勧め、さらに言葉を重ねた。

〈誰にでもチャンスは平等に与えられるが、映画スターになれるのは選ばれた者だけだ。文ちゃんとシシドには、その可能性がある〉（同）

これにストップをかけたのが金森だった。

宍戸は標準語が話せて、器用なので問題はないが、文太は硬派で不器用だ。俳優になるのなら、どこかで修業してからの方がいいという。文太の東北訛《なま》りと、人見知りの性格を暗に指摘したのだ。続いて金森は、慶応大学で演劇クラブを主宰する浅利慶太の名前を出し、浅利が劇団を旗揚げしようとしていることを告げた。

〈『劇団四季』って名前で、もう九〇パーセント出来ている。（中略）文太はそこへ行け〉（同）

文太は金森の言葉に頷き、浅利を紹介してくれるよう頼んだ。築館中学で舞台に立ち、芝居を褒められたことを思い出したのだろうか。

浅利慶太も、4人と同じ33年生まれで、東京都出身。53年7月に慶応大学文学部と東京大学文学部の学生を中心とする演劇集団「劇団四季」を設立した。

文太の初舞台は54年12月17日。フランスの作家ジャン・ジロドゥの『間奏曲』という戯曲で、首斬り役人を演じた。劇中では歌も披露している。

〈大事な芝居に出ていたにしては、浅利さんに申し訳ないけれど、かなりいい加減な俳優だったと思うよ。〝首斬り役人の歌〟ってのがあって、これもきっと調子っぱずれでひどい歌だったと思うなあ（笑）〉（菅原文太談。劇団四季編『劇団四季　半世紀の軌跡』）

舞台出演をきっかけに、文太は演劇人と交流を持つようになる。彼らが夜な夜な集まる新宿ゴールデン街に出入りし、安酒を飲みながら演技論を交わす。暗黒舞踏や大衆演劇など、サブカルチャーに触れ興味を持つようになったのも、この頃だ。気取りがなく活気があり、猥雑な街の雰囲気がよほど肌に合ったのだろう。顔と名前が知られるようになってからも、文太は変わらず、ゴールデン街へ足を運んでいる。「初対面の相手を気に入り、酒をご馳走していた」「バーが並ぶ路地にポツンと一人で立っていた」「前の通りで、乗車拒否したタクシーをバカヤローと怒鳴っていた」などの目撃情報が多々ある。

このゴールデン街で知り合った演劇人の一人が、アングラ劇団「天井桟敷」を主宰する寺山修司である。寺山は文太より2歳下で、青森県出身。東北出身という共通点もあって交友が生まれ、後に文太が企画主演した映画『ボクサー』（77年）で監督を務めることになる。また、同じアングラ劇団「状況劇場」の唐十郎とは、唐が68年から69年にかけて、文太の盟友だった中島貞夫監督の映画3本に出演した縁で知り合った。のちに唐は、文太の付き人で、文太から破門された菅田俊を引き取り、劇団員に加えている。

「劇団四季」の研究生になったものの、文太は劇団の活動にのめり込むことができず、別の道を探る。浅草のストリップ劇場「フランス座」で舞台監督をしていた松尾という大学の先輩を訪ね、文芸部に入れてくれるよう頼んだのだ。ストリップの幕間に演じられるコントの台本を書くことが、入部の目的だった。

〈松尾さんにおごられて居酒屋で飲んだ折り、同席していたフランス座の花形だった八波むと志さんに「お前、役者にならんか」と誘われた。文学の才能があると自負していた私はまたムッとして、それきりフランス座に行かなくなってしまった〉（「文藝春秋」88年7月号）

八波むと志が役者を勧めたのは、文太の容姿を見ての判断だろうが、文太がコントの台本を書いていたという形跡は見当たらない。

銀幕デビュー

一方、在学中に日活の第1期ニューフェイスに合格した宍戸錠は、大学を中退。55年に『警察日記』（監督・久松静児、主演・森繁久彌）で映画デビューした。

宍戸に先を越された形だが、文太も翌56年には、東宝映画『哀愁の街に霧が降る』（監督・日高繁明、主演・山田真二）に出演している。学生中川という端役で、これが実質的な映画俳優デビューになる。映画出演のきっかけについては諸説あり、定かではない。

新東宝には58年、スカウトされて入社した。本章の冒頭で記したように、銀座の「幻想」という喫茶店でモデル仲間たちと騒いでいると、新東宝の宣伝部の女性がやってきて、ポマードで固めたリーゼントに赤いジャンパー姿の文太に目をつけたのである。宣伝部員は新作映画に出演する新人を探しており、出演を打診された文太は、即座に「いいよ」と答えた。

自分の意志で映画出演を決めたのに、喜んだそぶりはない。

〈初めから俳優一筋の人は別にして、一つことに打ち込める人間は映画俳優になんてならんでしょう。（中略）映画なんていう虚構の世界に入ろうなんて発想が出てくるわけないでしょう〉（「週刊サンケイ」78年1月5・12日号）

韜晦《とうかい》趣味のような発言をしているが、新東宝にスカウトされたことが人生の大きな転機となり、本格的に映画俳優の道を歩み出すことになった。

新東宝での初出演作は、58年9月公開の『白線秘密地帯』（監督・石井輝男）で、文太は25歳になっていた。この年は石原裕次郎の「嵐を呼ぶ男」や小林旭の「ダイナマイトが百五十屯」などのヒット曲が巷に流れ、三船敏郎主演の『無法松の一生』（監督・稲垣浩）がヴェネチア国際映画祭でグランプリを受賞。東京タワーが完成した年でもある。

〈映画デビューといったって、わりとぼくは態度はデカかったし、監督にペコペコするようなこともなかった。それにまだ、その仕事で一生やろうなんて考えていなかった〉（「アサヒ芸能」76年9月30日号）

文太は二日酔いが原因の遅刻常習犯で、1時間や2時間、スタッフを待たせることもザラだったという。まるでやる気をみせなかったのだ。

〈意志薄弱だったから、映画なんて始めたんですよ。意志が強くて、苦労して大学出ていたら僕は俳優なんてやってないよ〉（前出「週刊サンケイ」）

〈体裁ですよ。『私、モデルです』というより、『映画俳優』の方が恰好が良いという程度で……。女郎屋に行くのにわざと台本を持って行って、女の枕元にポンと置いてみたりしましてね〉（「キネマ旬報」２０１５年2月上旬号）

かくも俳優業を否定する文太は、他にやりたい仕事があったのだろうか。

彼が語った夢の職業には、小説家、詩人、ボクサー、絵描き、ジャズを生演奏する店のオーナーなどがある。すべて自由業で、大学を卒業したかどうかは関係ない仕事だ。ボクサーはかなり本気で考えたが、「強度の近視と乱視なので諦めた」という。憧れはあったのだろうが、俳優以外の職業に就くべく努力した形跡はない。

〈(新東宝の)第一作の出演料が一万円の約束だった。ところが何時までたっても払ってくれなかった〉(「週刊文春」09年8月13・20日号)

入社で収入が8分の1になったため、しばらくはモデルの仕事を続けざるを得なかった。

〈役らしい役が付いたのは、丹波哲郎主演の映画だ。真冬の二月、房総半島の崖が迫る海で、丹波さんとの格闘シーンで半日ぐらい海に浸かっていた〉(同)

文太が感慨深く語った映画は60年1月に公開された『女奴隷船』(監督・小野田嘉幹)で、文太は軍人、丹波は海賊の首領を演じている。主演は丹波ではなく、文太と三ツ矢歌子だ。

厳寒の格闘シーンでは、歯の根も合わず、全身が凍り付きそうになったが、まったく音を上げない丹波を前にして、弱音を吐くわけにはいかなかった。

〈貧乏暮らしで栄養が悪いヒョロヒョロの体に鞭打って丹波さんについて行ったけど、海岸の焚火に当たりながら十分ぐらい二人とも震えが止まらなかった〉(同)

この映画を別にして、新東宝で文太が主に演じたのは、『美男買います』(監督・曲谷守平)に代表される甘い二枚目役である。

会社は、文太のほか、吉田輝雄、寺島達夫、高宮敬二ら高身長の俳優を集めて〝ハンサムタワー〟と名付けて売り出そうとしていた。新東宝撮影所がマスコミ各社に配った宣伝物には、以下のように紹介されている。

〈ハンサムタワー誕生！（中略）新東宝では、今年のホープとして、それぞれ個性の違った四人の男性タレントを集め、ハンサムタワーと銘打って大々的に売り出すことに決定した。この四人はいずれも一米八〇糎以上という巨人ばかりで、それらが全部ハンサムで足が長いところを東京タワーにひっかけ、大蔵貢社長自らが命名したものである〉

4人の中で、女性に一番人気があったのは吉田輝雄だった。〝ハンサムタワー〟が揃い踏みした60年公開『男の世界だ』（監督・土居通芳）では、吉田をメインにしてストーリーが進行する。文太は熱血新聞記者の役で、入社から3年、16本目の作品になった。

だが、時は風雲急を告げる。55年に社長に就任した大蔵貢のワンマン経営が破綻したのである。それを受けて組合闘争が始まった。そもそも新東宝は、争議が続いて映画が製作できなくなった東宝が分裂してできた会社だった。

〈（新東宝は）東宝大争議の渦中から生まれた落とし子で、その創立自体波乱に満ち、生まれながらの虚弱児であった〉（大蔵貢『わが芸と金と恋』大空社）

大蔵は活動写真の弁士という経歴をもち、就任当初から大衆の娯楽に徹する経営方針を打ち出した。さらには、経費削減のため大幅なリストラも敢行する。

「一にスピード、二にもスピード、三はすなわちタイムイズマネー」「安く、早く、面白く」「テスト一回、ハイ本番」などの標語を撮影所内に貼り出し、監督を含むスタッフを鼓舞した。

新東宝専属の女優・高倉みゆきを多用し、その関係を問い詰められたときには「女優を二号（妾）にしたのではなく、二号を女優にしたのだ」と開き直ったことでも有名である。

また、「映画は企画」を標榜。スターシステムを批判したため、人気女優だった前田通子が退社。59年には専属だった若山富三郎と久保菜穂子が東映に移籍している。

社長就任からしばらくは、大蔵が推進する低予算の猟奇怪談やお色気などエログロ路線が功を奏し、業績が黒字に転じたものの、やがて大衆に飽きられ、赤字状態へ傾いていった。

60年に入ると、新東宝の労組は大蔵の退陣を求めて24時間ストを２回決行。このとき、俳優の天知茂が労働組合委員長、文太は副委員長を務めた。交渉役として、役員たちと対峙し、時に大蔵社長を面罵したこともあったという。

大蔵は退陣を受け入れたものの、後任の社長も数ヵ月で退陣する。揉めに揉めたあげく、ついに61年８月、会社は事実上の倒産を迎えた。文太28歳の夏である。

新東宝における文太の出演作は20本。最後の『湯の町姉妹』（監督・山田達雄）も、苦労知らずの旅館のボンボン役で、頼りない二枚目役だった。やっと映画俳優になれたのに、足かけ４年で放り出されてしまった。

これで元の木阿弥か。

文太が失業を覚悟したとき、助け船がやってきた。松竹が「〝ハンサムタワー〟をひとまとめにして、うちで引き受けてもいい」と強気に交渉してきたのだ。松竹は吉田輝雄が欲しかったのだが、吉田が「他のメンバーも一緒に」と条件をつけたので、全員の移籍となった。

新東宝では１本で数万円の出演料がいいところだったが、松竹ではいきなり20万円が提示された。おかげで失業を免れ、台所とトイレが付いた部屋に引っ越すことができた。

〈生きのびれた原因は、ひとえに、ふしだらで、不定見で、軽佻浮薄で、いい加減だったからだと、思えてもくるわけで。もし、小才がきいて、勤勉だったら、きっと、どっか違う世界へ行ったと思うんだよね〉(「週刊ポスト」76年3月5日号)

61年秋、文太は松竹へ移籍した。第1回出演作は篠田正浩監督『三味線とオートバイ』で、文太の役はオートバイに乗る若者の一人だった。新東宝の倒産で懲り、さすがに松竹では真面目に仕事に取り組んだかと思いきや、〈撮影の前夜、女と銀座で飲んで、そのまましけこんで、翌日は昼ごろまで寝ていた〉(前出「アサヒ芸能」)。撮影日を1日間違えていたのだという。

昼過ぎに会社へ確認の電話をすると、スタッフはすでに茅ヶ崎のロケに出発したあとだった。慌ててロケ地に駆けつけ、監督に頭を下げたが、篠田はひどく腹を立てていて目も合わせてくれない。スタッフからは「もういいから、帰ってくれ」と言われる始末で、文太は、これは駄目だと覚悟した。1本も映画出演しないまま、松竹をクビになってしまうかもしれない……。

文太が悄然《しょうぜん》として帰りかけたとき、声をかけてくれた俳優がいた。

主演の川津祐介だった。川津は慶応大学医学部在学中の58年に木下惠介監督の『この天の虹』でデビュー。青春スターと呼ばれ、何本もの主演作を持つ俳優である。川津は文太に「キミ、ここで帰ってしまったら、それでおしまいだ。監督に謝った方がいいよ」と話し、間に入って仲を取り成そうとしたが、監督の態度は変わらなかった。それでも、川津の勧めで次の撮影現場へ付いていき、なんとかオートバイに乗せてもらうことができた。

〈その意味で、川津さんはぼくの恩人です〉(同)

皮一枚で首が繋がったのだが、ここからまた、新東宝時代とは異なる雌伏の時間が始まる。

松竹は女優を中心とする映画を多作する会社だった。文太が共演したのは、岩下志麻、水谷八重子、桑野みゆき、鰐淵晴子、瑳峨三智子、岡田茉莉子たちで、文太は脇役、端役である。〝ハンサムタワー〟の一人として移籍したものの、文太は他のメンバーのように、優男《やさおとこ》役が似合うタイプではなかった。本人は爽やかな笑顔を浮かべたつもりでも、眉間にシワが刻まれたままで、立ち振る舞いに荒っぽさが目立つ。その個性を生かすような企画はほとんどなかった。

青年文太、泣く

28歳の文太が、とめどなく涙を流したことがある。

松竹入社後、2作目となる『学生重役』（監督・堀内真直／61年）に出演したときだった。主演は川津祐介で、島かおりと三上真一郎が共演している。文太は学生重役の一人で、脇役である。三上は高校在学中から役者志望で、ツテを頼って松竹に入社。18歳で映画デビューを果たし、美少年俳優と呼ばれた。文太と初共演したときは21歳だった。

その日、文太と三上は撮影を終え、伊勢佐木町で飲んだ。酔った文太は三上を自宅マンションに連れて行った。そこで三上は思いがけない光景を目にする。

三上の「チンピラ役者の万華鏡」（「映画論叢」12号）というエッセイの中に、文太が早稲田大学の学生帽を持ち出してきて、強く握りしめ、こう語るくだりがある。

〈「こんな筈じゃなかったんだ！（中略）こんなことになるんだったら、松竹に来るんじゃなかった。約束が違う。約束が違うんだ。松竹は冷たい」〉

文太はそう言ってすすり泣いたという。

〈「何のために俺は早稲田に行ったんだ。こんなことになるんだったら、役者になるんじゃなか

った。こんな筈じゃなかった。松竹は汚い！」〉（同）
愚痴に近い嘆きの言葉を、何度も繰り返した。
〈どうやら松竹は文ちゃんに美味しい話をしたようだ。（中略）菅原文太は松竹に来るべきではなかった。彼の頬を止め処もなく流れる涙を見て思った〉（同）
文太は移籍2作目にして、松竹に失望していたのだ。新東宝では何本かの主役を演じたのに、松竹のデビューは『三味線とオートバイ』の端役である。続く『学生重役』も脇役とあれば、先行きが不安になるのも分かるが、初回から二日酔いでロケをすっぽかすようなことをしたのだから、会社の印象は悪い。また、移籍した〝ハンサムタワー〟の中では吉田輝雄が特別扱いで、いい役がついていた。人気も出演料も上だったので、嫉妬心もあったのだろう。自分だけが冷や飯を食わされているという感覚ではなかったか。
三上は文太の涙を見て驚くが、その涙の意味について、こう解釈する。
〈あれは菅原文太の役者業に対する執念、言い換えれば彼が胸の奥深く抱き続けた、役者根性の表れだったと思うのだ〉（同）
そして、自分でも空しい言葉だと思いながらも、文太を励ました。
〈文ちゃん、君に必ずスポット・ライトが当たる日がくる。俺のいうことに間違いない。その日まで頑張るんだ〉（同）
松竹は白井松次郎と大谷竹次郎の兄弟が創業した会社だが、兄弟に続いて社長になった城戸四郎は、それまでのスター主義を退けて、監督第一主義を掲げた。城戸の下、小津安二郎、木下惠介、山田洋次らの監督が市井の人々を描いた作品を製作し、松竹の黄金期を築いた。だが、文太が移籍した61年の配給収入は大手5社の中で最下位に転落していた。
〈松竹つまり大船撮影所というのは、私が見た限り個性の強い役者は好まなかったようだ。おまけに一に監督、二に監督、三四がなくて五に監督の世界なら、会社の約束なんぞ空手形同然なのだ。（中略）夢と希望を持って伝統ある松竹にやってきた若きハンサム・タワー菅原文太（中略）。日々膨らむ後悔と猜疑が生み出す不安に苛まれていても可笑しくない〉（同）

文太は三上の前で松竹入社を深く後悔しているかのように嘆いたが、結果的には、入社したことで次の道が開かれた。

移籍から3年目の63年、30歳を迎える年、文太はようやく鬱屈した思いが炸裂するような作品に出会った。木下恵介監督・原作・脚本の『死闘の伝説』である。

木下にしては暴力描写が多い映画で、惹句は〈戦争末期の定住者と疎開者の争いを描いた異色バイオレンス作品！〉とある。文太を配役したのは木下で、撮影所を歩く文太のギラギラした目にインパクトを感じたからだという。

舞台は北海道の寒村。東京から疎開してきた黄枝子（岩下志麻）に、村長の息子・鷹森剛一（文太）との縁談が持ち上がる。剛一は中国戦線で負傷し、足が不自由なため、いつも馬に乗っていた。同じく戦場から帰還した黄枝子の兄・秀行（加藤剛）は、縁談を断る。剛一が戦場で犯した残虐行為を目撃していたからだった。

破談のあとで惨劇が始まるのだが、山道を歩く岩下志麻を、馬に乗った文太が嬲《なぶ》るようにして追いかけるシーンは、実に印象的である。剛一の冷酷かつ非情な性格が見事に表現されており、こんなに憎々しい悪役が演じられるのかと、驚くほどだ。木下監督のきめ細かな演技指導もあって、文太はこれまでの外見重視とは異なる役柄に、初めて俳優らしい仕事をしたという感想を持つ。また、50日におよぶ北海道ロケで、映画の楽しさを知った。

〈そのへんのあたりから幾らか仕事を一所懸命やり始めたような気がせんでもない〉（前出「キネマ旬報」）

『死闘の伝説』が公開された2年後、松竹移籍5年目の文太は、生涯の恩人といってもいい人物と出会う。安藤昇である。

インテリヤクザ

文太にとって28本目の松竹映画となる『血と掟』（監督・湯浅浪男）は、安藤の自叙伝『激動』を映像化した作品で、安藤の映画デビュー作である。2人はここで初めて顔を合わせた。

このとき安藤は39歳。その人生は波乱に満ちていた。下北沢を拠点にする愚連隊から出発した安藤は、52年に渋谷で東興業（安藤組）を設立。組ではスーツの着用を推奨し、刺青、指詰め、薬物の使用、売買などを禁止した。

最新のファッションを身に着け、当時では珍しい外国車を乗り回す安藤は、インテリヤクザと呼ばれ、警察も一目置く存在だった。警察官に安藤のファンがいて、幹部に組のバッジをねだったというエピソードがある。最盛期の構成員は530人以上。大学の運動部に所属する若者が多く、伝説のヤクザ花形敬や、のちに作家になる安部譲二がいた。

安藤は映画出演の前年まで前橋刑務所に服役していた。58年、組員に実業家・横井英樹の襲撃を命じたことで殺人未遂罪に問われ、8年の懲役刑を受けたが、64年に仮釈放となったのである。

その後、若い組員が死亡したため、東興業（安藤組）の解散を決意。カタギになった。

安藤に俳優になる気はなかったが、組を解散したことで資産がほぼ無くなっていた。そこに松竹の関係者が現れ、目の前に現金を積んだという。

〈プロデューサーがオレに主演して欲しいと言ってきたのだ（中略）。並の役者じゃ、安藤組長のイメージがわきません。と、上手い事を言う。だが役者の柄じゃない。何度も断ったが（中略）結局、根負けしてやむなく主演したのである〉（安藤昇『王者の煩悩』コアマガジン）

『血と掟』で安藤は安藤組長を、文太は花形敬を演じている。

文太が安藤昇に会ったのは65年夏、松竹大船の撮影所だった。安藤の名前は知っていたし、どんな経歴の持ち主かも承知していたが、目の前に立っている人物は、小柄で痩身。数々の修羅場をくぐり抜けてきたにも拘わらず、物腰が柔らかくて、威圧感はなかった。

この映画が上映されたあとで明らかになったのは、安藤が契約金2000万円、1本の出演料が500万円という破格の待遇で松竹と専属契約を交わしていたことだった。しかも、俳優の経験がないのに、最初から主役で迎えられるという大物ぶりだ。安藤の知名度が極めて高いのは分かるが、出演料が20万円であり、何年も脇役で燻《くすぶ》っている文太には、面白くなかった。

松竹の狙いは当たった。ヤクザから映画俳優への転身が話題になり、安藤が自身の人生を演じたこともあって『血と掟』はこの年の配給収入1位になった。傾きかけていた松竹の経営が持ち直すほどの収入だったという。

映画が当たればシリーズ化するのはどの会社も同じだが、続いて製作された『掟』シリーズのうち、文太は、『逃亡と掟』『炎と掟』に出演している。

また同年、安藤は評論家の大宅壮一と対談した。そのとき、安藤が記念の色紙を頼むと、大宅は即座に「男の顔は履歴書だ」と書いている。この言葉は、65年の流行語にもなった。

男の中の男の顔と呼ばれた安藤の左頬には、深く長い傷跡がある。20代の頃、ヤクザ同士の喧嘩でつけられたもので、それが凄みを感じさせる一因になっているのだが、本人は不本意だった。著作の中で悔いている。

〈とうとうやくざのレッテルを派手に顔につけちまった。両親が見たら、どんなに嘆き悲しむことだろう。妻はどんな顔をするだろう〉（安藤昇『やくざと抗争』徳間文庫）

文太が松竹で安藤と共演したのは5本だが、最も印象的な演技を見せたのは、66年公開の『男の顔は履歴書』（監督・加藤泰）である。

物語は安藤が演じる町医者の弟役・伊丹十三と、朝鮮人の娘を演じる真理明美の恋を中心に描かれる。文太は、闇市を乗っ取るために、住民を追い出そうとして暴れる在日朝鮮人たちの一人だ。乱暴狼藉の限りを尽くすグループの中でも、文太の暴れぶりは抜きん出ていた。

弾けるというか、実に大胆で、演技に迷いがない。文太がこれまで多く演じた色白で頼りない二枚目とは、正反対の人物像である。近寄る者に牙をむく狂犬のようだ。かつて『死闘の伝説』で演じた村長の息子役と通じる、内面からの暴力性を感じさせた。

共演が続くうちに、文太は安藤の懐の深さに惹かれていく。安藤は組長だった頃から、自分を慕い寄ってくる人間を拒まない。文太のことも受け入れ、目をかけた。やがて文太は、安藤が経営する店に入り浸り、相談を持ち掛けるようになる。

酒と女の日々

松竹では仕事が途切れることはなかったが、給料の遅配があり、収入は不安定だった。

文太は、上京後に覚えた処世術について、こう語る。

〈東京に出て来て10年も経てばこっちもかなりすれっからしになって、タダで酒を飲んだり、女をモノにしたりして、したたかに生きていくやり口を覚え始める時代でしょう（笑）。月給は安かったけれども何とか飯は食えたし〉（前出「キネマ旬報」）

タダ酒は、安藤が青山で経営していた「アスコット」というサパークラブに通い、毎晩のように飲んだ。いつもカウンターの隅に陣取り、安藤が「飲み代は出世払いでいい」と言ってくれたので、一円も払わなかった。

食事については、安藤組組員だった安部譲二の世話になった。同じく青山で安部が経営していたレストラン「サウサリト」のランチを食べ、毎回ツケにした。１５０円のランチのツケを1万８０００円もためていたという。文太は当時、神宮前のアパートに住んでいたので、安部のレストランまでは徒歩数分の距離だった。

〈いや、譲二さんの店どころか、安藤（昇）さんがやってた青山の店も、踏み倒したのはおれひとりだから。「文ちゃんだけは、しょうがないなあ」なんていわれて。それはもう、数限りなく踏み倒しているんだよ（笑）〉（「アサヒ芸能」89年8月17日号）

あっけらかんと語るので嫌味はないのだが、前述の「女をモノにした」手管については、えぐみが出てくる。

〈5、6年も都会に住めばね、女をたらしこむからくりも、野良犬みたいにわかってくるよ。一度バーの女を抱くと、次から飲み代がタダになる。せっぱつまった男の手管よ（中略）。あのころは、貧乏な野良犬を温かく包んでくれるような女がいたんだよ〉（「女性セブン」77年9月22日号）

当時の文太にとって安藤は、誰より頼りになる相手だった。安藤とはもっぱら酒と女の話をしていたが、ある夜、文太は真剣な表情で安藤に相談を持ち掛ける。

〈「安藤さん、改名しようと思うんですが……。」と、相談されたことがある。俺より10歳ほど下だから、30代の前半になるかな。将来のことを考えれば、あせりもするだろう。その気持ちは、よくわかったけど〉（前出「キネマ旬報」）

実際の年齢は7歳差だが、文太が一世代下に思えたのだろう。安藤は「いい名前だから、そのままやった方がいいよ」と改名に反対した。

安藤があからさまな嘘をついたとは思えないし、この夜のことが記憶に印象的に残っていたので語ったのだろう。文太が改名を相談したというのは事実に思えるが、文太の仙台一高の同期生・佐藤稔は別の証言をする。

「菅原文太という名前を変えなかったのは、要するに、逃げたお母さんに分かるように、ですね。そうしたら、有名になったら出て来たそうですから」

改名を実行しなかったのは、幼い頃自分を置いて家を出た実母に会いたいがため、という話には説得力がある。しかし、それは結果であって、改名を考えたという証言の否定にはならない。運気を変えたいという気持ちは強かったはずだ。

67年、文太は『シンガポールの夜は更けて』（監督・市村泰一）、『宴』（監督・五所平之助）、『恋をしようよ　カリブの花』（監督・宮崎守）、『人妻椿』（監督・市村泰一）の4本に出演した。女優が主人公の映画が続き、相変わらずの脇役で、この先も文太のための企画は期待できそうにない。スターなど夢のまた夢である。このまま俳優を続けていくのか……。

松竹に移籍して6年。もはや若いとはいえず、34歳になっていた。ジリジリするような焦りはあるが、どうしていいか分からなかった。

安藤が東映に誘われて移籍を決めたのは、この年である。

移籍に向けて具体的に動いたのは、東映の大物プロデューサー・俊藤浩滋だった。『緋牡丹博徒』シリーズに主演した藤純子（現・富司純子）の実父で、寺島しのぶは孫になる。

俊藤は2年前、『血と掟』を観たときから、安藤を意識していた。

〈ええマスクやなぁ……芝居は素人なんだけど、そこが実に魅力的だった。なんともリアルな迫力があって、ふとした一瞬の目つきなんか怖いほど鋭い。本物の顔をしているなぁと感心した〉（俊藤浩滋・山根貞男共著『任俠映画伝』）

俊藤に移籍を乞われた安藤は、五社協定（専属監督や俳優の引き抜き、貸し出しの禁止）という映画界最大の慣習を「そんなもん、知らねえ」の一言で突っぱね、それを通した。松竹からは五社協定破りだと強く非難されたが、「知ったことか」と一蹴した。俊藤はその後、安藤の出演作のほとんどを手掛けることになる。

そして、安藤によって、文太がついに「ここごそが、俺の生きる場所だと直感した」という、東映への扉が開かれる。

第3章　「健さんみたいになりたいんだ」

東映への移籍

文太の東映移籍については、その経過についていくつかの説がある。安藤昇が手を貸したことは間違いないのだが、移籍前後の状況が語る人によって様々なのだ。

まず文太本人は、こう語っている。

66年から67年にかけて、松竹系列のテレビ局が製作する時代劇『新吾十番勝負』（主演・田村正和）に準レギュラーで出演していた。番組の撮影が京都だったことから、安藤が借りている京都のマンションに転がり込み、仕事がないときは、だらだらと過ごした。時間を持て余していたのである。そんな文太を見かねた安藤が「どうだ文ちゃん、東映に遊びに来ないか」と声をかけてきたので、ボディガード気取りで安藤に付いていったという。つまり、文太が出向いたのは太秦《うずまさ》の京都撮影所である。

その日安藤には、当時撮影所長だった岡田茂と俊藤浩滋との３人で次回作の打合せがあった。「外で待っています」と言う文太に安藤は「まあ、いいから入れや」と答えた。文太は所長室の隅で小さくなって、３人の会話を聞いていた。

〈そしたら何日かたって安藤さんのマネージャーに「実は俊藤さんが菅原君は東映で仕事をする気があるのかないのかを聞いてきたけど、どうする？」というような事を言われて、こっちは渡りに船だから（笑い）。ひとつ仲介の労をとって下さいよ、というような話で、正式に俊藤さんに会いに行ったわけです〉（「キネマ旬報」２０１５年2月上旬号）

文太の意思を聞いた俊藤は「うちに来るなら、松竹とケリを付けてこい」と話した。ところが、松竹は五社協定を盾に、文太の移籍を渋った。

〈『立つ鳥跡を濁さず』の例もあることだし、長年世話になった所を、おかしな辞め方をしたくなかったし、半年じっと我慢していたわけですよ〉（同）

やっと松竹が折れてくれたので、俊藤を訪ねたところ、すっかり忘れられていた――。

俊藤の記憶はまったく異なる。

ある日、安藤のマネージャーが俊藤の東京のマンションを訪ねて来た。「この人を使ってもらえませんか」と連れてきた俳優が菅原文太だった、という。

安藤は安藤で、文太の移籍のきっかけをこう語っている。

〈俺が東映東京撮影所で移籍一作目として、加藤泰監督の「懲役十八年」（67年）の撮影に入った。ある時、撮影中に文ちゃんが遊びに来ていた。いい機会だからと、俊藤（浩滋）プロデューサーのところへ、俺のマネージャーに連れて行かせた。これが人生の巡り合わせというやつなの

だろう。かくして文ちゃんは東映に移った〉（同）

安藤は京都ではなく、東京撮影所で文太を俊藤に紹介した、と話している。

東映のプロデューサーだった吉田達《とおる》は、また異なる証言をする。

「安藤さんのマネージャーは嘉悦義人という人で、九段に嘉悦学園ってあるでしょ。そこの一党なんですよ。その人が、大泉の撮影所の食堂で俊藤さんと降旗（康男）監督と僕の三人でお茶を飲んでいたときに、『安藤から頼まれてきました』と言ってきたから（俊藤が）『何やねん』と。そうしたら、後ろに痩せぎすの痩せオオカミみたいなのが、気をつけをして『菅原です』と挨拶した。俊藤さんはすぐに『よし、分かった』と答えてね。試しにカメラテストをするとか、そんなんじゃないよ。見るからにハンサムボーイだったからさ」

吉田達は東映7期の入社で、同期に脚本家の高田宏治や神波史男がいる。

高倉健主演の『昭和残侠伝』、鶴田浩二主演の『人生劇場・飛車角』、梅宮辰夫主演の『不良番長』などの各シリーズ作をはじめ、文太の出世作となる『現代やくざ　人斬り与太』『人斬り与太　狂犬三兄弟』のプロデューサーでもある。安藤の『懲役十八年』にも関わった。

吉田によれば、嘉悦マネージャーが文太を俊藤に紹介した場所は、大泉の東京撮影所の食堂で、降旗監督も同席していたのだという。

「あのとき安藤さんは京都で撮影中だった。自分はいないから、マネージャーに頼んで東京にいる俊藤さんに文ちゃんを引き合わせたんです」

文太だけが、俊藤に会ったのは京都の所長室だったと語っている。いったい、誰の記憶が正しいのだろうか。間違いないのは俊藤が文太を気に入ったことである。

〈俊藤さんがなにげなく見られたぼくの顔は、たぶんギラギラしていたんじゃないでしょうか。半分ヤクザみたいな気持ちで生活していましたから、目つきも悪かったんでしょう。僕が半分ヤクザのような心境になっていたのは、決して安藤さんの影響ではなく、仙台から東京に出て来てからの生活の集積がそうさせたものだと思う〉（「サンデー毎日」83年3月6日号）

67年秋、晴れて東映に移籍した文太の第1回出演作は、『網走番外地　吹雪の斗争』（監督・石井輝男）と決まった。主役は高倉健である。

東映第1作

「高倉です。よろしくお願いします」

初対面の文太に向かい、東映のトップスターは丁寧な挨拶を返した。驕《おご》りはまったく感じさせなかった。

67年12月公開『網走番外地　吹雪の斗争』は顔見世的な意味合いもあり、文太は期待を膨らませたが、与えられたのは映画の前半で姿を消してしまう端役だった。

それは網走刑務所雑居房の牢名主の手下で、蝮《まむし》と呼ばれる粗暴な囚人役だった。高倉との絡みはあるにはあるのだが、大部屋の俳優が演じてもいいような役で、人物像に深みはない。

これといった見せ場もなく、悪役に徹して終わるはずだったが、撮影中に耳を疑うような事件が起きた。この映画で準主役を演じていた安藤昇が、ロケを放棄したのである。

当日は大雪山のロケが行われる予定で、安藤はスタッフたちとホテルで待機していた。よく晴れていて、ロケには最適な天候だったが、監督は出発しようとしなかった。

〈それで俺は監督に、「天気はピーカン（晴天）なのに何で撮影をしないのか」と言ったら、「雲が出るまで待ってください」と答えたから、「バカ野郎、スモークを焚いてもいいじゃないか。早く撮影を始めろ」と言ったんだが、それでも一向に撮影をしようとしない（中略）。「撮影しないのなら、俺は帰るぞ」と言って帰ることにした〉（安藤昇述・山口猛著『映画俳優　安藤昇』）

安藤が現場を放棄したのは、後にも先にもこの一回だけだったというが、文太にはまさかの出来事で、映画がポシャるのではないかと気を揉んだという。初回から躓《つまず》くのは縁起が悪い。

この映画には元スポーツニッポンの記者（現・ワッキープロモーション代表取締役社長）の脇田巧彦が同行していた。高倉の取材ではなく、東映初出演の文太の取材が目的だった。東映の宣伝部から〝新人〟の文太のプロモーションに協力してほしいと頼まれたからである。

これを受けたスポニチは〝菅原文太、東映でリバイバルデビュー〟の記事を仕掛けることにした。芸能面のトップに、バンザイをする文太の写真を掲載している。脇田が振り返る。

「当時は、新人の紹介とか、会社を移籍して東映でやることになったとか、そういう打ち上げ花火みたいな話は、スポーツ紙がやっていたんですよ。雑誌では、『平凡』と『明星』。まだ、テレビのワイドショーもなかったし、それが芸能ジャーナリズムの基本だったから」

脇田が『網走番外地　吹雪の斗争』の北海道・層雲峡ロケで思い出すのは、温泉宿の大浴場に高倉や文太と入り、火照った身体を冷やすために、風呂の窓からみんなで外に飛び出して、雪原をふざけあいながら裸で転げ回ったことだという。

「古きよき時代でね。あの頃は健さんもフランクだった。僕はロケ地に1週間くらいいて、同じものを飲み食いして、温泉に一緒に入ったりしてね。だから、凄く親しくなれるんですよ」

今では考えられないが、俳優と記者の付き合いは濃く、同志的な意識すらあったという。

文太は昼休みに、雪原で脇田とカレーライスを食べながら「やはり役者は上に行かないと寂しいよなぁ」と本音を呟いた。主役の高倉は鶴田浩二と東映の二枚看板で、会社の待遇がまるで違う。当時の文太には見上げるような存在である。

その後、文太と公私に亘って付き合うようになった脇田は、文太から「俺も健さんみたいになりたいんだ」という言葉を何度も聞いている。

「昔の俳優は専属制で、映画会社が管理していましたからね。宣伝部はいかに新聞社と仲良くして、いい記事を書いてもらうかがテーマだった。だから、(記者が)俳優を引っ張り出して飯を食ったり、酒を飲んだりするのが日課だったんですね」

俳優の飲み食いの費用は、すべて宣伝部が支払った。脇田と文太は、よく新宿の歌舞伎町やゴールデン街で飲んだという。

「あの辺りは大島渚とか、映画人がたむろしていたんです。脚本家、作家、俳優、監督がいて、梁山泊だった。あそこで映画の企画も生まれたんですよ。そこに記者が加わっていた」

ただ、どんなに俳優と親しくなっても、これだけはダメというルールがあった。

「彼らがプライベートで何をやっているかを知っていても、へそ下のことは書かなかった。記者にはこの映画をヒットさせようとか、俳優を育てようという気持ちがあったので、マイナスになるようなことは記事にしなかったんだね」

文太より6歳下の脇田は、文太に意見されたことが何度もあった。

「説教は好きでしたね。もう少しこの辺を勉強しなきゃ駄目だよとか、そういうのは通らないとか。泥酔しても、映画には真摯《しんし》な姿勢だった。インテリで、役者バカじゃないから、魅力があるんですよ。だから若い記者としては、文太さんに一目置いたんです」

脇田はまた、文太は外見面でも独特の雰囲気があったという。

「格好いい男でしたよ。何を着ても似合う。今日はどんな服を着てくるか、見るのが楽しみでしたね。安っぽいものを着ていても様になるんですよ。それで、顔が小さいでしょ。昔の俳優の顔は大きいんだけど、あの人は小顔のスターの第一号じゃないかな」

当時東映宣伝部所属だった佐々木嗣郎は、文太が初めて京都太秦の撮影所を訪れたときのことを、こう語っている。

〈げた履きで、白っぽいズボン姿。なんとベルト代わりに女性モノの腰紐を巻いていて、それは驚いた〉（「スポニチ　アーカイブス」２０１５年11月号）

このとき文太は、安藤昇に伴われていた。

〈（文太が）腰紐を巻いていたのは、安藤さんの作戦だったのかもしれない。よそ者に気を許さない京都撮影所だけに、ナメられたらいかんという気持ちで、あえて変な格好をさせたのかもしれないね〉（同）

佐々木は東映の名物宣伝プロデューサーと呼ばれ、文太の出演作品も数多く手掛けた人物である。宣伝部は、マスコミに映画を売り込むパブリシティ、企業と共同でプロモーションを行うタイアップ、ポスターやチラシなどの宣伝物を作るクリエイティブなどの仕事を受け持つが、撮影現場の事情をよく把握しており、監督や俳優と顔を合わせることも多い。

佐々木が忘れられないのは若山富三郎主演『旅に出た極道』（監督・佐藤純彌／69年）に出演し

たときの文太の姿だ。香港ロケがあり、「若山一家」と呼ばれる俳優たちは、撮影が終わると、若山に連れられて遊びに出かけたが、文太は別行動だった。
〈つるまないんですよ。ホテルの部屋で一人でポツンと本を読んでいた〉（同）
文太は佐々木にこうも話した。
〈「僕はいろいろ渡り歩いてきた。いまは大した役者じゃないが、人にこびへつらったりはしたくないし、もしギャラが上がったからといっても偉ぶったりはしないよ」〉（同）

入籍だけの結婚

『旅に出た極道』が公開された69年、文太は早川文《あや》と結婚した。67年の結婚という説もあるが、脇田は「東映キネマ旬報」（２０１５年冬号）でこう記している。

〈私生活の文太さんは、69年に９歳下の大学教授の娘・文子《ふみこ》（著者註・結婚当時の名前は文）さんと結婚した。披露宴もなく入籍だけのものだった。ひかえ目で表に出ない文子さんは内助の功を発揮していた。彼女は女児を連れて文太さんと所帯を持った〉

スポニチの記事でも同じ事を書き、文太の結婚を「（自分が）スクープの形で記事にした思い出がある」という。当時、脇田は杉並の文太の自宅を週に一度は訪ねていた。

「宣伝部と他の新聞社連中とかも一緒で、夜中まで飲んだりしてね。そのときに、これが俺の女房だと（文子を）紹介されたんです」

脇田は文太が新しい映画に出演したり、地方ロケに行くときは、必ず取材していた。文太とは信頼関係があったので、結婚もスクープできた、という。

だが、脇田が二人のなれそめについて尋ねると、文太は口を濁した。

「みんなが興味あることだから、結構聞いたんだけど、喋らなかったね。よほど何かあったんでしょうね。その辺のことをよく知っている人は、ほとんどいないですよ」

文太本人は、結婚の経過について、週刊誌の取材にこう答えている。

〈もちろん、田舎の親にも報告しなかった。40才にもなる大人が結婚するのに、いちいち親の承諾を求める必要はないからね。女房も、俺の考えに異存はなかった。文句をいったら、たぶん結婚なんてしなかったろうね〉（「女性自身」75年5月8・15日号）

入籍の手続きのみで、結婚式や披露宴もなし。親族にさえ、しばらく報告しなかったという結婚は謎に満ちている。

〈こんな男でもいい、という女が現れたんで一緒になったけど（中略）。新婚旅行なんて、冗談じゃない。あんなことはテレ臭くて、どうもイヤなんだ。生理的に受け付けない〉（同）

また、入籍は妻に任せたので、正式な結婚がいつなのか、〈今でも知らない〉という。

文太は常々「自分が俳優になったのは、成り行きだった」と話していたが、結婚について歌手の清水健太郎に語ったときにも、成り行きという言葉が出てくる。

〈結婚にしたってオレは成り行きだったよ。いろんな女といろいろあってその成り行きでそうなった、そういうことだよ〉（「女性セブン」77年9月22日号）

太宰治の娘で作家の太田治子と対談したときには「結婚なさるまでの交際期間は長かったですか」と聞かれ「さて、どうだったかな。都合の悪いところは忘れちゃうきらいがあるんでね（笑）」（「週刊朝日」79年11月16日号）と誤魔化した。

結婚にまつわる話が、なぜ都合の悪いことなのか。

さらに「結婚に踏み切るというのは、男性はすごい決意がいるものですか。文太さんの場合は？」と突っ込まれると「どうだったかな。それも忘れちゃったな」と笑いで逃げている。最後に太田が「奥さまにはやさしいご主人でいらっしゃいますか」と尋ねると「さあ、どうなのかな（中略）。女は従うべしみたいなことをいっているわけだから」と答えた。

教授の娘

文太の持論は「女は常に男をたてるべし」「女は男に従うべし」だったが、後年には「婦唱夫随」という造語を頻繁に使うようになり「女房が社長で俺は使用人」と自虐気味に語っている。

こういった調子のはぐらかしが目立つ文太だが、アナウンサーの下重暁子との対談中には、意外なことを打ち明けた。

〈ヤクザになる前は、詩人になってやろう、なんてだいそれた考えをもってたわけですよ〉

笑いながら話したあとで、こう付け加えた。

〈実は女房と一緒になったのも萩原朔太郎が縁でして……女房が卒論で朔太郎をやりまして、そのときに初版本を貸したりしまして……（笑）〉（「ヤングレディ」74年７月１日号）

散々逃げてきた結婚話の中では一歩進んだ答えだが、一部事実とは異なることを話している。朔太郎の初版本を貸したかどうかはともかく、妻の文子の卒業論文は萩原朔太郎ではない。

文子の旧姓は飯島で、飯島文が戸籍名だった。文子に改名したのは、文太と結婚してから十数年後のことである。

文子は立教大学日本文学科の卒業で、父親は同じ立教大学の文学部教授だった。彼女の父・飯島淳秀は、英米文学の翻訳者として著名な人物でもある。

主な翻訳にD・H・ロレンス『チャタレイ夫人の恋人』、F・スコット・フィッツジェラルド『雨の朝巴里に死す』、パール・バック『大地』、ジェイムス・ジョイス『若き日の芸術家の肖像』、また、ルイス・キャロル『ふしぎの国のアリス』、マーク・トウェーン『トム・ソーヤーの冒険』、エリック・ナイト『名犬ラッシー』など、児童文学の翻訳も多数ある。立教大学の教授を定年退職したあとは駒澤大学の教授に就いている。

文子は42年生まれで、文太より9歳年下。65年に大学を卒業したときには、すでに結婚しており、姓が変わっていた。文太とは再婚である。

文子は卒業論文で詩人の伊東静雄を取り上げた。その論文が優秀と認められ、卒業の翌年には、彼女の才能に注目した立教大学教授、福田清人の紹介で、堀辰雄の生涯と作品を描いた『堀辰雄　人と作品』（福田清人編、飯島文・横田玲子共著）を出版している。

彼女が萩原朔太郎の人生と作品を描いた『萩原朔太郎　人と作品』（福田清人編、飯島文著）を出版したのは、文太の東映移籍と同じ67年だった。大学卒業から間を置かず、2冊の著作を発表した彼女は、高い知性を持ち、文才にも恵まれた才女といっていいだろう。

67年はまた、文太の長女となる女児が生まれた年でもある。脇田が結婚をスクープしたとき、文子が連れて来た女児は2歳になっていた。文太がかたくななまでに結婚の経緯を語らなかったのは、彼女とのなれそめが複雑だったからだろう。

後年、文太は月刊誌「ユリイカ」（86年10月号）に「安吾と母親」という文を寄稿し、「悪い母親」が男性の女性観、ひいては結婚観に大きな影響を与えると断言している。
〈幼児の母子関係になんらかの傷ついた体験があり、母性に対して悪いイメージを持っていると、男は自分の母親に対する無意識の恐怖や憎悪を相手の女性に投影し、女性の存在を受け入れがたいものにする（中略）。男は自分の内なる母親を殺すことなしには、女との間に愛情関係は持てないからである〉

これが後付けの論でなければ、文太は文子と結婚した時点で、自分を置いて家を出た実母との関係を精神的に清算できていたことになるのだが、果たしてどうだろう。
〈自分の母親と、母親以外の女性を峻別できないのは日本社会の特徴である〉（同）
「女は男に従うべし」という文太が、このようなフェミニストの言葉を書くのは矛盾しているように思えてならない。

若山富三郎の元で

安藤昇からよろしくと頼まれた菅原文太を、どう売り出したものか。東映のプロデューサー俊藤浩滋は、思案した。

映画業界は斜陽期に入っていたが、東映は高倉健の『昭和残俠伝』シリーズや鶴田浩二の『博徒』『博奕打ち』シリーズなど、任俠映画が全盛で、興行収入が新記録を達成するなど、ほぼ独走状態である。高倉や鶴田の二枚看板に続くスターがまだ育っていなかったが、俊藤にとっては二枚看板を抱えているだけでも十分であり、次世代スターの育成を急ぐ必要は特に感じなかった。

そこで、とりあえずは文太を主役クラスの俳優と共演させ、様子を見ることにした。現場で経験を積ませるうちに、脇役でしか使えないのか、あるいは主役を張れる素質があるのか、見えてくるだろう。

　文太を預ける相手として真っ先に思いついたのは、親分肌で、面倒見がいい若山富三郎だった。若山は文太より4歳上の１９２９年生まれ。新東宝を皮切りに、東映、大映と移籍を繰り返し、俊藤の誘いで再び東映に戻ってきた外様の俳優だが、キャリアは充分である。また、運動神経が抜群によく、特に殺陣《たて》が上手い。

　若山に難があるとすれば、プライドが高く、数年前に東映に移籍したとき、大部屋俳優並みの扱いをされたことを怨み続けていることだ。「あの惨めな思いは生涯忘れない」といまだに口にする。弟の勝新太郎が市川雷蔵と並ぶ大映の二枚看板だったので、兄の威厳を保てなかったことがよほど屈辱的だったのだろう。

　さらに、若山は怒ると暴力を振るうので、煙たがっている人間もいた。しかし、けっして理不尽な男ではない。几帳面できれい好きという面もあるし、なにより、情に厚く、気に入った相手はとことん可愛がる。やはり若山が適任だと、俊藤は考えた。

　若山と文太の初共演は68年3月公開の『極道』（監督・山下耕作）で、若山にとっては久々の主演作だった。「釜ヶ崎のカポネ」と呼ばれるヤクザの組長が悪党と闘う勧善懲悪もので、文太は組員の一人だが、クールな人物設定のせいか、ほとんど台詞がない。この映画はシリーズ化され、回を追ううちに、文太の役柄が大きくなっていく。

　東映専属女優だった三島ゆり子は、同年7月公開の『怪猫　呪いの沼』（監督・石川義寛）で文太と初共演した。

「文太さんは若侍の役だったと思うのですが、緊張していらしたのか、演技が一本調子でストレートでした」

文太は慣れない時代劇で苦戦していた。侍言葉の滑舌もよくなかった。

60年にニューフェイスとして入社した三島は、中島貞夫監督に思い切りのいい演技を認められて、重用された女優でもある。文太との共演作が13本あり、東映の女優のなかでは最も共演本数が多く、『まむしの兄弟』では、シリーズを通して文太の愛人役を演じている。絡みのシーンも多いのだが、それでも、文太と親しく会話した記憶がないという。

三島は明るくフランクな女性で、けっして話しづらい相手ではない。文太の方で意識的に距離を置いていたのだろう。三島はまた、若山富三郎のこともよく覚えていた。

「若山さんには、楽屋で鰻をご馳走して頂きました。撮影所では有名な話ですが、若山さんのお手付きの女優はすぐに分かるんです。ミンクのコートを着てくるから」

男には厳しいが、女には一途だったという若山は、女優たちにも等しく優しかった。共演を重ねた女優であろうと、ほとんど口をきかない文太とは対照的である。

京都の文太

俊藤は文太を『極道』に続き、若山主演の『前科者』（監督・山下耕作）や、同じく若山の代表的シリーズになる『極悪坊主』（監督・佐伯清）にも出演させた。いずれも68年、京都撮影所の作品である。この頃から、文太は若山を「オヤジさん」あるいは「おやっさん」と呼ぶようになる。

ただし、二日酔いによる遅刻癖が直らなかったため、若山をなんども怒らせた。顔に痣《あざ》が残るほど殴られたこともある。

若山の一番弟子だった山城新伍が、当時の若山の気持ちを代弁している。

〈おやっさんにしてみれば、文ちゃんのことは立派に自分の子分だと思っている。（中略）安藤昇という元組長で自身のことを映画化して役者として名をなした人物から、自分が文ちゃんを預かったというような意識があったのだ〉（山城新伍『おこりんぼ　さびしんぼ』）

東映に移籍したことで、文太は安藤に続き、若山という大きな後ろ盾を持つことになった。『極悪坊主』は飲む打つ買うの破戒坊主・真海（若山）が、最後に悪者を成敗するというストーリーで、文太は真海の仇役の僧侶・了達を演じている。

東映の監督で、この映画のチーフ助監督についた土橋亨《どばしとおる》は「文ちゃんは初日の撮影で台詞が出なかった」と回想する。

文太がなんども失敗するので、撮影が遅々として進まない。そんなとき、監督の佐伯清が、大声で土橋を怒鳴りつけたという。土橋が特に悪いことをしたわけではないが、現場を引き締めるために大声を出したのだ。

佐伯は日活、東宝、新東宝、東映と移籍し、京都撮影所で時代劇を撮っていたが、その後東京撮影所へ移って現代劇を撮るようになった。京都で撮影するのは約10年振りだった。

「スタッフがのんびりテストしていたのを、監督が『俺は佐伯清だぞ』と思い出させるために大声を出して締め上げたんですね。文ちゃんもびっくりして、背筋がピーンとなったけど、セットを歩くシーンで動けなかった」

固まっている文太に佐伯監督が近寄り「そんなに硬くなるなよ」と声をかけると、ようやく緊張がほぐれて、台詞が出て来たという。

京撮で東映のスターに

東映における文太の主役デビューは、69年2月公開の『現代やくざ　与太者の掟』（監督・降旗康男）だった。京都ではなく、東京撮影所の作品である。

文太が演じる与太者の元恋人の役を藤純子が、脇を若山富三郎、待田京介、山城新伍、石橋蓮司、室田日出男らが固めている。

東映のトップ女優である藤純子を共演させたり、ストーリーも文太を全面的に押し出す内容で、企画した俊藤プロデューサーの意気込みが感じられる。俊藤は、若山の相手役を務めてきた文太の成長を認めたのだ。

〈やっぱりちょっと変わっていて、これは使い方によってはいけるなと思い、脇役を何本もやらせたあと、主役にもってきた〉（前出『任俠映画伝』）

だが、土橋は、文太が『現代やくざ　与太者の掟』ではなく、京都撮影所で撮った『人斬り観音唄』（監督・原田隆司）で東映の正式な主演俳優になったと話す。若山富三郎の真海と文太の了達が格闘する『極悪坊主』シリーズは5本製作されたが、70年に公開されたのが、了達を主人公にしたスピンオフ作品といえる『人斬り観音唄』である。了達は子供の頃から目が不自由という設定で、鞭を使う武術や拳法で悪党を倒す。勝新太郎の代表作『座頭市』を彷彿させる作品であり、若山はこの映画でも脇に回り、文太を引き立てている。

「基本的な力関係でいうと、すべての作品で、京都がメインだったんですよ。言い方は悪いけど、東京作品は添え物という感じで。だから、東京撮影所の作品で主役をやっても、京都撮影所の作品で主役をやらないと、東映の主演俳優とは認められないんです。スターシステムの会社ですから、そこははっきりしていた」

主演俳優として認められた文太は、原則的には鶴田、高倉、若山らと同等。肩を並べる存在になったわけだが、同じスターでも、ランクがあった。

東映のスターシステムは、京都撮影所の俳優会館に象徴される。館内の楽屋の割り振りが、俳優の番付そのものなのだ。

撮影所正門を入ると、左方向に俳優会館があり、右方向に撮影スタジオが並ぶ。会館は4階建てで、1階は演技事務課と衣装、メイク、結髪などの部屋。2階が主要な俳優たちの楽屋で、3階が大部屋と風呂場、4階は東映剣会の道場と稽古場になっていた。道場は板張りで広く、殺陣の訓練や、振り付けはここで行われている。

俳優会館で興味深いのは、歴代のスターたちが部屋の割り振りを争ってきた2階の楽屋である。時代劇全盛の頃は、両御大と呼ばれる二大看板スターがいた。山の御大と呼ばれる片岡千恵蔵、北大路の御大と呼ばれたのは市川右太衛門である。両御大はそれぞれが角部屋を占領していた。広いのはもちろんのこと、窓が他の部屋より一つ多いので、明るい。8畳ほどの部屋に、鏡台と座布団が置かれ、すっきり整頓されていた。

御大の隣りの部屋にはナンバー2が入ることになっていて、千恵蔵の隣りは中村錦之助（萬屋錦之介）、右太衛門の隣りには大川橋蔵が入った。その後、両御大が引退し、時代劇から任侠映画へと路線がシフトすると、右太衛門の角部屋に鶴田浩二が、錦之助の部屋に高倉健が入った。

東映の重役でもあった千恵蔵の角部屋は、しばらく空き部屋のまま保存されていた。

若山富三郎も、この角部屋に入りたいと切望していた。片岡千恵蔵を尊敬していたので「必ず最後は山の御大の部屋を取りたい」と山城に話していたが、願いが叶えられたのは、千恵蔵の死後何年か経ってからだった。

その角部屋に「若山富三郎」の暖簾が掛けられた日のことを、山城は感慨深く記している。

〈大きく深呼吸を一回。のしのしと入るおやっさんについていく。「とうとう来ましたね。この部屋に」（中略）丸い肩が、かすかに震えている。やがてぎょろんとした目が真っ赤になり、その目からはらはらと涙がこぼれた。「もう、オレは、何も思い残すことはない」。おやっさんは子供みたいに泣きながら、そんなことを言った〉（前出『おこりんぼ　さびしんぼ』）

文太は日の当たる角部屋に入ることはなかった。主役の本数が増えてきたころに、若山の斜め向い側の、比較的大きな部屋が割り当てられ、そこで最後まで過ごした。もっとも、若山のようにどうしても御大の角部屋に入りたいという強い願望はなかっただろう。文太にとって俳優会館の控室は、もっぱら持ち込んだ本を読み、一人で気ままに過ごす場所だった。

監督の目

東映において監督はスターほどの力はなかった、と土橋は語る。

「映画会社には、監督を中心にした特色があるものですが、（東映の監督は）女優とは絶対に結婚できない。会社は、商品に手をつけるなんていうことは、許さないわけです。（例外は）深作欣二さんがバイプレーヤー的な中原早苗さんと結婚したくらいで、あとはいないんですよ」

スターが一番偉い東映だが、スターに大きな影響を与えたのは、監督だった。

文太は東映入社後に鈴木則文に出会ったのを皮切りに、中島貞夫や深作欣二に会った。同世代の二人に出会ったことで、自分がやりたい映画の方向性が見えてくる。

文太の東映移籍6作目となる『兄弟仁義　逆縁の盃』（監督・鈴木則文）は北島三郎が主演だが、北島の兄弟分の代貸（賭場の責任者）役がなかなか決まらなかった。クランクインが近づいてきたある日、鈴木が俊藤プロデューサーに「菅原文太はどうでしょうか」と提案した。

数カ月前、鈴木は『極道』に出演するために撮影所を歩いていた文太を見て、胸がざわめくのを感じた。そのときの気持ちを鈴木はこう記している。

〈彼がわたしの知っているそれまでの京都のスターにまったく無いもの……それは〈現代性〉といってもいいが、孤独と反抗の翳をひきずっているような独特のムードを持っていたからだ〉（鈴木則文『トラック野郎風雲録』）

鈴木の提案に俊藤は「お前、ほんまに（文太を）使《つこ》うてくれるか。頼むで」と答えた。これで『兄弟仁義　逆縁の盃』に文太の出演が決まった。

文太と初めて顔を合わせたときの鈴木の挨拶は「お待ちしておりました」だった。看板スターに新米の監督が言うような挨拶だが、鈴木はやっと注目していた相手に会えた、という思いをそのまま言葉にしたのである。

68年8月に公開された『兄弟仁義　逆縁の盃』は、工場廃液に汚染された四日市の漁場が舞台で、若山富三郎が、北島と兄弟盃を交わすヤクザの役で登場する。文太は漁民の味方に立つ組の代貸で、企業側に立つ悪辣な組の組長は金子信雄が演じた。

この作品で文太と親しくなった鈴木は、二人連れ添って京都の繁華街を飲み歩くようになる。鈴木は、真面目な顔をして時々吹き出してしまうような面白いことを言う文太に、外見の印象とは異なる喜劇的な要素を感じたという。

続いて鈴木は、脚本も手掛けた『緋牡丹博徒 一宿一飯』に文太を起用した。藤純子が演じる〝緋牡丹のお竜〟こと矢野竜子は、岡田茂と鈴木が生み出した東映随一のヒロインである。文太は、藤の相手役・鶴田浩二の仇敵を演じて評価を上げ、出演本数を増やしていく。

文太が東映に移籍した67年の年間出演本数は1本のみだったが、翌68年は10本、69年は15本、そして、70年には20本に達する。20本は、文太が東映に在籍していた期間の最高出演数である。毎月のように2本掛け持ちで撮影していたことになる。

68年の時点で決まっていたのは、梅宮辰夫主演の『不良番長』、若山富三郎主演の『極道』、同じく若山主演の『極悪坊主』各シリーズへの出演である。移籍からわずか2年にして、飛躍の年が始まろうとしていた。

「ここも色々と大変だよ」

飛躍の直前の文太の様子を、俳優の三上真一郎が書き留めている。

その日、三上は東映京都撮影所前の小さな食堂で、遅めの昼食をとっていた。松竹から契約解除を通告され、フリーになった三上は、東映の作品に出演するため京都に来ていたのだ。68年秋ごろのことである。

食堂の引き戸が開いたので、三上が目をやると、黒い鼻緒の下駄を突っかけた素足が敷居を跨いだ。菅原文太だった。松竹で最後に共演して以来、4年振りの再会である。

文太は三上を見つけて「よう！」と声をあげ「なんだ、今日は？」と尋ねた。三上は仕事で来ていることを話し「元気そうだな。東映に来てよかったじゃないか」と続けた。文太は軽く頷き、うどんを注文した。そして、ぼそりと呟いた。

「ここも色々と大変だよ」

口調が寂しげで、どうやら、東映に移籍しても苦労しているらしい。

文太の一言で会話が途切れ、二人は下を向いて麺を啜った。先に食べ終わった文太は「じゃあな」と言って店を出ようとした。

だが、ふと立ち止まり「お袋さん元気か？　よろしく言ってな」と照れたような表情を見せた。

文太は7年前の出来事を覚えていたのだ。

前述したように当時、松竹に所属していた二人が初めて共演したのは、堀内真直監督の『学生重役』だった。

撮影が終わったあと、文太は三上を自分が借りていたマンションに連れて行き、心情を吐露している。「松竹に移籍したのは間違っていた」「松竹は俺に冷たい」「約束が違う」などと話し、7歳下の三上の前で大粒の涙を流したのだ。

翌日、文太は三上の実家で目を覚ました。前夜、二人は再び街に出て飲み歩き、三上の家に辿り着いた時点で沈没してしまったのである。その朝のことを三上は、こう記している。

〈ベッドから抜け出すと、我々は母の用意した朝飯を食べた。それは炊き立てのご飯に温かい味噌汁、焼魚と漬物のような簡単なものだったが、文ちゃんは綺麗に食べて、「お母さん、こんなうまい朝飯は久しぶりに食べました」〉（前出「チンピラ役者の万華鏡」「映画論叢」）

文太は背筋を伸ばして三上の母親に礼を言うと、昨夜のことはすっかり忘れたかのように、明るい表情で帰って行ったという。

三上の家で食べた朝食は、文太にとって母親の温もりそのものだった。

自分は母の味を知らないで育った。そんな思いが、なにげない朝食を特別なものにした。

最後の砦

そして、飛躍の年となった69年がやってくる。俳優の文太にとっての大きな収穫は、前年の鈴木則文に続き、深作欣二と中島貞夫という二人の監督に出会えたことだろう。

深作とは、『日本暴力団　組長』（主演・鶴田浩二）への出演で、中島とは『日本暗殺秘録』（主演・片岡千恵蔵）に出演したことで交友が始まり、次の仕事へつながっていく。

その前段階として、69年2月公開の『現代やくざ　与太者の掟』の出演があった。同年、映画本部長だった岡田茂は、鶴田浩二、高倉健、藤純子、若山富三郎のビッグ4に続くスターを育てようと構想していた。候補者には梅宮辰夫、松方弘樹、千葉真一、元ハンサムタワーの吉田輝雄、そして菅原文太がいた。梅宮、松方、千葉、吉田らは育ちのせいか、陽性の演技は得意だが、男の翳《かげ》りを表現するのは苦手である。どこか拗《す》ねているというか、色合いが違っているのは、文太だけだった。

そこで岡田は、文太の初主演作として『現代やくざ　与太者の掟』を選び、上映後の観客の反応をみることにした。

新宿を舞台に、一匹狼の勝又五郎（文太）が暴力団と対決するアクション映画は、主人公の破天荒なキャラクターが受け、若い観客の支持を得た。「これからは若い俳優で、若い観客層を獲得すべきだ」と考えた岡田は、『現代やくざ』をシリーズ化させ、『与太者仁義』『新宿の与太者』『盃返します』『血桜三兄弟』『人斬り与太』『狂犬三兄弟』と製作する。

6本のうち、最初の1本は降旗の監督だが、2本は深作欣二、残りを中島貞夫、佐伯清、高桑信がそれぞれ監督している。

文太は68年に鈴木則文監督と『兄弟仁義　逆縁の盃』『緋牡丹博徒　一宿一飯』で仕事をしており、じきに打ち解けて話せる関係になったのだが、鈴木の紹介で中島とも会っていた。中島は文太と初めて会ったときのことを、こう振り返った。

「あるとき、コーブン（鈴木の愛称）が、『おもしろい役者がいるんだけど、一緒に飯食わへんか。向うもそれを望んでいるんだけど、どうや』というんで、3人で食事したのが最初だったんですよ」

初対面の文太の目はギラギラと光っていた。その目がとても印象的だった。

「（文太は）仕事に飢えていたんですよ。経済的にもね。その飢えている感じがもの凄くよくてね。当時、ヤクザ映画を作るんでも、飢えってやつが、僕らにとっての原点みたいなものだったから、それが強く感じられてね」

新東宝から松竹、そして東映へと渡り歩いてきた文太にとって、東映は最後の砦だっただろう。ここで駄目ならもはや後がない。

文太は中島と酒を飲みながら、自己流の映画論を展開したという。中島は今までの東映にはいないタイプの俳優だと思い、文太に興味を持った。

「僕らは俳優に存在感があるかどうかを、凄く大事にする。文ちゃんは芝居が上手いという感じではないけど、存在感はあるんです。生きて来た年代も同じで、僕らには非常に分かりやすい男だし、戦後の体験だとか、価値観がほとんど一緒だった」

中島は文太より1歳下の34年生まれ。千葉県出身で日比谷高校から東京大学文学部に入学。卒業後、東映に入社し、助監督からスタートした。

関東育ちなので、東京ではなく、京都撮影所の勤務が決まったときには、がっかりしたという。失望の理由には、京都では時代劇しか撮れないという実情と、独特のスターシステムも含まれていた。御大を頂点としてきた俳優たちの縦社会だ。

「スターの対立といっても、本人同士は関係ないんですよ。ただ、周りがそういう空気を作っちゃうわけです。例えば錦ちゃん（中村錦之助）と（大川）橋蔵さんなんか、対立する要素は全くないんだけど、周りの連中が錦之助派と橋蔵派に分かれていがみあうとか、担がれている人間は状況を知らないままでね。まあ、文ちゃんが来た頃は、そういうのは壊れていましたけど、若山さんとの関係は、もうどうにもならなかったですね」

文太が若山を怒らせることが度々だったと言う。

親分子分

若山富三郎は、実際に組織を作ったほどの親分気質である。組員の制服を作り、固めの盃は酒ではなく、大福餅や羊羹で代用した。豪胆な見かけからは想像できないが、アルコールを全く受け付けない体質で、甘いものが大好物だったからだ。また、酒を「悪魔の飲み物」と呼んで嫌っていた。酒豪の弟・勝新太郎とは大違いである。

組を解散しても、気質は変わらず、ほとんどの人間関係を親分子分に分けて考える。東映移籍直後から目をかけてきた文太は子分扱いだが、中島は監督なので、兄弟分にしてくれた。

また、若山には帝大コンプレックスがあり、東大や京大を出ている人間には、それだけで一目おいた。なかでも、京大法学部出身の山下耕作監督を尊敬して「将軍」と呼び、山下の演出に苦情を言うようなことは一切なかった。

山城新伍は著作の中で、若山の帝大好きをこう綴っている。

〈小学校もろくに行っていないおやっさんには、帝大を卒業した人というのが雲の上の人のように思えたらしい（中略）。深作欣二さんという素晴らしい監督がいるが、おやっさんは「あいつは日大らしいな」と軽くいなしていた（中略）。やはり「大学は帝大」と思い込んでいたのだろう〉（前出『おこりんぼ　さびしんぼ』）

中島監督も東大出身なので、若山に気に入られる要素のひとつになったのかもしれない。

「若山さんは本当に面白くて、いい人なんですよね。僕のことは可愛がってくれてね。だから、若山さんには比較的なんでも言える関係だったんですけど、文ちゃんはもう、はっきりと若山さんが大の苦手なんです。東映の中で一番苦手だったんじゃないでしょうか。若山さんはいつまでたっても、文ちゃんを一人前扱いしなかったんですから。意図的にですよ」

若山にとって文太は、どれほど売れっ子になろうと、会社から重用されようと、自分の子分だった。その思いが、事あるごとに表出し、文太に怒りをぶつけることが多々あった。

「若山さんの『極道』シリーズと、文ちゃんの『まむしの兄弟』シリーズの両方が駄目になってきたとき、会社から二つを合わせてなんとかしろと言われて『極道VSまむし』という本（脚本）を作ったんです。まあ、東映の考えそうな助平根性の企画ですね」

中島は文太なら説得できるが、若山はどう反応するか分からないと考え、先に脚本を届けた。若山からはすぐに呼び出しがきて、「われ、まむしの味方すんのけ」と叱られた。「（文太の）まむしが立って、ワシが立ってない」というのが若山の怒りの理由だ。

「目の色が変わってきたから、こらあかんなと。こっちもあんまりやりたい企画じゃなかったから、一発殴られたら、これで飛ぶと思って、ちょっと挑発したんですよ。『若山さん、腹たつんなら、殴ってください』と言ったんです」

若山の反応は意外なものだった。急に冷静になり、中島を殴るどころか、ウィスキーを出してきて「まあ、飲めや」と勧めた。出て来たのはサントリーオールドで、酒が一滴も飲めない若山にとっては、自宅にある一番の高級酒だった。

「それで撮影に入ったんですが、ロケの現場で、やっぱりトラブルがありましてね。この頃は文ちゃんの方が興行的に上で、（俳優として）一本立ちしていたんですが、若山さんの意識の中にそれはないわけです」

ロケ現場には若山の方が早く来ており、文太は時間に少し遅れていた。中島は演出以外に二人の間を取り持つ役割があり、非常にやりにくかったという。

「若山さんが『貞夫よ、今日はちょっとな、文太に対して言いたいことがあるから、おまえは何があっても口出さんといてくれ』と言うわけね。僕が『そういうわけにはいきまへんで。スケジュール消化せないかんし。ややこしいことやめてください』と答えて、『分かっとるわい。だけどお前な、今日だけは黙っててくれや』と返されたときに、ちょうど文ちゃんが来たわけ」

怒りが沸騰していたのだろう。若山は文太が乗ってきた車の前に立ち塞がり、「役者が出来ん顔にしたろうか」とヤクザのような言葉で威嚇した。

文太の遅刻癖は新東宝の時代から続いていたのだが、若山には通用しなかった。上下関係を重んじる若山は、親分を待たせる子分など、けっして認めなかったのである。さらには、文太にいい役が付き始めたのは『極道』シリーズに出演するようになってからだ、という気持ちもある。あいつは若山一家の舎弟として鍛えられたおかげで、出世したのだ。

中島は慌てて若山を止めに入り「ロケが終わってからゆっくりやってください」と頼んだ。監督の取り成しで、その場は事なきを得たものの、文太は、自分に対する若山の態度に不満げだった。遅れてくる方が悪いのだが、自分はもう脇役ではない、という意識があった。

「彼は這い上がって行くときには凄く謙虚だったけど、あの頃には少し、スター意識が出てきていてね。そのことは僕らが注意してやればよかったんだけどね」

一方の文太は、いつまでも若山に子分扱いされることにうんざりしていた。恩義は感じているが、今は自分が主演した映画の方が客が入る。それは下積みから脱した俳優のプライドでもあった。若山と文太、二人の意識に大きな乖離《かいり》が生まれていたのである。

「このときのトラブルがこの映画を非常に象徴しているわけです。僕はこの映画を流すことを必死に提案したんだけど、他に封切る作品がなかったんですよ。俊藤（浩滋）さんも投げてしまっている映画で『お前は両方（若山と文太）と話が出来るんやから、適当にやっておいてくれや』

となるわけです」

ロケ現場で若山に叱られて以降、文太は意地になったかのように時間を守った。少なくとも、若山と共演するときは、定時に現場に入っている。

アンチ任侠映画

中島は文太と、69年公開の『日本暗殺秘録』に始まり、82年公開の『制覇』まで20本の映画作品で組んだ。中島が一貫していたのは、初対面のときに見た文太のギラギラとした眼差しと、その奥に見える虚無を大切に撮り続けてきたことだ。

「彼の存在感は従来の任侠映画には向いていないと思っていたんですよ。男の縦社会で、親分がいて、子分がいて、上のために命を落とすようなものには合わないと」

文太自身も、アンチ任侠映画を探っていた。鶴田浩二や高倉健が築いた路線に乗るには遅すぎたし、なにより、耐えに耐えたあげく義憤を感じて最後に殴り込みをかけるという、古風なパターンには馴染めない。これまでの東映作品とは違う、なにかゲリラ的なことをしなければ、芽が出ないという思いがあった。

東映に移籍して、なによりよかったのは、中島や鈴木則文のように、自分の考えに共感してくれる進歩的かつ意欲的な相手に出会えたことだ。

「僕は京都に送られたとき、時代劇だけやろうなんて、これっぽっちも考えていなかった。監督になってからも、いつか現代劇をやれるだろうと思って『893愚連隊』という本（脚本）を書いたんですけど、岡田茂さんが『おまえ、京都の撮影所で現代劇なんか作るノウハウ全然あらへんぞ。どうすんのや』と言うので『いや、オールロケーションでやりますから、何とかなりますわ』と答えて、それででき上がったんです」

会社が出したのは1500万円という低予算だった。中島は実際にオールロケーションで撮影し、その斬新な映像が評価されて、日本映画監督協会の新人賞と日本映画記者会の特別賞を受賞している。中島には、困難な状況を突破し、新たなものを創造する反骨精神があった。

文太はもう一人、深作欣二にも出会っていたが、同じ進歩的、かつ意欲的な監督といっても、深作はタイプが違っていた。

中島は深作について「監督の中では一番仲がよかった」と語る。

「僕が東撮で仕事をするときはサクさんが世話をしてくれたし、サクさんが京撮に来たときには、僕が世話をした」

深作と中島は生涯の盟友だった。中島はまた、鈴木則文とも親しかった。この3人の監督に愛され、文太はスターへの階段を駆け上っていく。

梅宮辰夫との出会い

菅原文太が「辰ちゃん」と呼ぶ梅宮辰夫に初めて会ったのも69年、『不良番長』シリーズの2作目『猪の鹿お蝶』（監督・野田幸男）に出演したときだった。

このシリーズは当時、企画製作本部長だった岡田茂が、梅宮の主演映画を作ろうと考え、オートバイを駆使したアクション映画を構想したもの。梅宮の役は新宿の不良グループ「カポネ団」の番長と決まった。「カポネ団」はアメリカの暴走族ヘルズ・エンジェルスがモデルである。

任侠映画の勧善懲悪とは真逆のユスリ、タカリ、カツアゲの日々を繰り返すグループの無法ぶりが新鮮だったのか、若い観客を中心に支持され、すぐにシリーズ化が決定した。68年から72年までの5年間に16本製作されている。

プロデューサーの吉田達は、このシリーズの成功でボーナスをなんどか受け取った。

「岡田さんが『おまえ、よくあんな企画で当てたな』と喜んでくれてね。『気張らないでやった方が当たるんじゃないですか、東映は』って答えたんだけど」

吉田はシリーズの製作中、ある新劇の女優と親密な関係になった。

「一本だけ、僕が惚れたその女の子を、梅宮の相手役に抜擢したんですよ、プロデューサー権限で。そしたら……」

普段はやらないが、吉田はその女優が撮影所にやってきたとき、自ら衣裳部屋まで案内した。部屋の前に着くと「達ちゃん」と呼びかける声がした。振り向くと文太が立っていた。『不良番長』の衣裳合わせで来ていたのだ。

文太はその女優を見たとたん、口を噤《つぐ》んだ。女優の方も、黙って文太を見つめている。

「二人とも、衣裳部屋の入り口に立ったままで、中に入ろうとしないんだよ。じっと見つめ合ったままで。あとで分かったことだけど、彼女と文ちゃんは、以前に同棲していた仲だった。僕はそんなこと全然知らなかったから、その女優を使ったんだけど、新劇をやっていたのに意外に芝居が下手でね。出演は二度となかった」

文太はシリーズ16本のうち、8本に出演している。3作目からは山城新伍が加わったこともあり、徐々に喜劇的なシーンが増えていく。ストーリーも理不尽な暴力描写が薄れ、任侠映画のような勧善懲悪的な要素が強くなった。

梅宮辰夫は、初めて共演した文太のことを、こう回想する。

「俺たちから見たら、ああ、もう流れ流れて行くところがなくて（東映に）来たのかという感じだったの。一番最初のイメージはね」

梅宮は文太より5歳下の38年生まれ。東映5期（58年）の入社で、1期上に山城新伍と室田日出男が、1期下には千葉真一がいる。序列を重んじる社会において、10年近くも後に入社した文太に対しては、自分の方がはるかに先輩で、格上だという意識は強かっただろう。

「もちろん、それはあります。先輩というより、俳優の力としては自分の方が上だというね。僕は東映でずっと丁寧にやってきていましたから」

文太が移籍した頃の東京撮影所には、梅宮の先輩にあたるような俳優はいなかった。先輩たちの多くが、京都撮影所で仕事をしていたからだ。吉田達が当時の撮影所の事情を語る。

「あの頃は、大泉で撮って調子がいいと（監督も俳優も）京都に呼ばれるわけ。だから、東京は永遠にスターがいないんだよ。みんな連れていかれちゃうから」

東映東京撮影所（通称・東撮）と東映京都撮影所（通称・京撮）の違いを大まかにいえば、東撮が現代劇中心の映画製作で、京撮が時代劇の製作と分かれていた。撮影所の歴史や製作本数の違いもあり、力関係は圧倒的に京撮の方が強かった。

梅宮は「東撮のトップには高倉健さんと僕しかいなかった」と振り返る。

「それが、健さんまで京都に行っちゃって、僕一人で頑張らなきゃいけないのかなと思ったこともありました。鶴田（浩二）さんも最初は東京で撮っていたけど、京都にとられた。でもまあ結局、色々な助っ人が来て、例えば安藤昇だったり、健さんも、3、4本に1本は東京に帰ってきてやるようになったし」

実質的に東京撮影所の看板スターは梅宮であり、誰より派手に遊んでいたという。夜の銀座に繰り出すのは毎晩のことで、女性には異常なほどモテた。岡田茂が梅宮の私生活を知って、プレイボーイを描く『夜の青春』シリーズを製作したほどだ。

さらに、『不良番長』シリーズの撮影中、梅宮は銀座のバーでスカウトマンをしていた従兄弟から「日本人より日本人らしい外国人女性がいる」と聞き、店に顔を出すことにした。

「誰か一緒に行く奴はいねえかと。それでその日たまたま文ちゃんを『ちょっと銀座に行こうよ』と誘って店に行ったの。僕も彼女に会うのはその日が初めてだったもん」

梅宮が言う「彼女」とはクラウディア夫人のことである。夫人とは72年、梅宮が『仁義なき戦い』に出演する前年に結婚している。

「僕の理想の女性は、(男から) 三歩下がって三つ指ついてという、そういうのがいい」

話の途中で、同席していたクラウディア夫人が「そんな人いるのかしら」と声を上げた。

「理想なんです。理想というのは、I think、I hopeなの」

むきになって言い訳する梅宮と夫人のやりとりを聞くと、微笑ましくて、仲のいい夫婦だということが分かる。

「銀座の店を出たあとは、3人で六本木のステーキハウスに行って、それが最初です」

その夜は、文太が梅宮と夫人の仲を取り持つような役割を果たしてくれたという。

十八番は『夜霧のブルース』

だが、文太と親しくした話はそこまでだった。文太の方から酒を飲もうと誘われたことはなかったか、と尋ねたとき梅宮は首を横に振った。

「地味な男なの、あの人は。銀座に飲みに行ってナンパするとかはしない。一切しないというタイプなの。当時の映画スターとしては、まあ地味だったですね」

実は取材中、梅宮から「僕は本当に、あの人とは深い付き合いはしていないから、期待しないでください」となんどか念を押されていた。

「まず、普段華やかさがないからね。車も持たなかった人です。移動はタクシーだし。真面目だから、仕事場にはせっせと行くけれども、終わったらさっさと帰るという、それでは皆さんとのお付き合いが出来上がっていかないし、僕もあまり付き合いがなかったんだと思います」

「スター」とはどういう存在なのか、自分たちはファンから何を期待されているのか、梅宮のようにそのほとんどを実践してきた人間にとって、文太は異質に映ったのだろう。

「派手に仲間を誘って飲みに行こうとか、ない人だから。彼は、酒でお金を使うことはないでしょ。そういうところが僕らと違う。当時の僕たちはゴールデン街なんかに行くとみっともない、やっぱり銀座だよと、そういう意識ですから」

吉田達もまた「文ちゃんは、貧乏生活の感覚が抜けないのか、ケチだった」と言う。

「『仁義なき戦い』が当たって、僕にもご馳走してやると言うのでついて行ったら、新宿のゴールデン街だった。あそこに高い店はないでしょ。一人3000円くらい。梅宮辰夫とか松方とかが行くのは銀座で、金の使い方がハンパなかったけど、文ちゃんは全然違う」

20歳で映画界に入った梅宮は、先輩のスターを仰ぎ見て育った。

「僕らは、もう佐田啓二さんとか、高橋貞二さんとかが、スターとしての目標だったんです。あいう人たちを見習って、あんなふうになりたいと思ってやってきた。だから文ちゃんと（意識の）開きはありますよ」

梅宮は200本以上の映画に出演しているが、その作品の多くを覚えていないという。

「まあ、銀座で遊ぶ金と、車を次から次に買い替える金、それだけあれば御の字、という感じで仕事をしてきたからね。当時は（撮影の）ノルマをこなしているという感じで」

梅宮の盟友で、釣り仲間でもあった松方弘樹もブログに綴っている。

〈何のために俳優をやっているかと言えば、美味いものを食って、いい酒を飲んで、いい車に乗って、いいオンナと仲良くするというね（中略）。楽しく遊ぶために一所懸命働いてましたから〉

（松方弘樹ブログ・2011年12月17日）

『仁義なき戦い　広島死闘篇』で千葉真一が演じた大友勝利の台詞、「わしら、うまいもん食うてよ、マブいスケ抱くために生まれてきとるんじゃないの」を地でいくような言葉である。

「彼とのエピソードは少ないけど、はっきり覚えているのは、とにかく（文太は）カラオケが好きだったことですね。演歌の古い歌、それもディック・ミネの『夜霧のブルース』が大好きで、どこへ行ってもその曲を歌う」

あるとき、沖縄に東映の直営館がオープンしたので、専属の俳優たちが駆り出されて舞台挨拶をした。俳優が映画館のオープン祝いに行くのは、よくあることだったという。

「あのときは、里見浩太朗、藤純子、山城新伍、千葉真一もいたな。それに僕と菅原文太も入れて、大挙して沖縄に行きました。舞台挨拶が終わったあとは、地元の人に連れられて、一軒、二軒と飲み歩いたんですが」

文太はどの店でも『夜霧のブルース』を熱唱した。そして、三軒目に移動したときだった。

「クラブに入ったら、すでにカラオケの『夜霧のブルース』の前奏が始まっていたんです。そうしたら彼がマイクを取って歌い始めたの。自分のためにリクエストされた曲だと思ってね」

だが、リクエストしたのは、その店で飲んでいた地元のヤクザだった。自分が歌うつもりで待っていたのに、いきなり文太にマイクを取られたヤクザは「この野郎」と怒り、どうカタをつけるのかと脅しをかけてきた。

「僕らを店に連れて行ったのも地元のヤクザでしたから、ヤクザ同士で話をしてもらって、なんとか収まったけど、あれには笑っちゃったね」

その場は文太も頭を下げたが、いつも謝ってばかりではなかった。

「菅原文太と山城新伍は、すぐに町の人と喧嘩するの。なにかしょっちゅう（揉め事が）あったみたいです。道ですれ違ったときにどうだったとか、名前を呼び捨てにされたとか、やめておけばいいのに、素人相手に本気で怒ったりする」

スターであることを自覚し、一般人と距離を置いていた梅宮には信じられない思いだった。

同時代人の感覚

繰り返すが、69年は文太の映画人生において、大きな変動があった年である。

『不良番長』シリーズで梅宮と出会い、『仁義なき戦い』のキャラクターに結びつく『現代やくざ』がシリーズ化され、『日本暴力団　組長』で初めて深作欣二と仕事をした。

さらには『日本暗殺秘録』で中島貞夫とも初めて組み、文太が主演のシリーズのひとつ『関東テキヤ一家』（監督・鈴木則文）も始まっている。

他にも、のちに東映を代表する監督になる降旗康男、佐藤純彌と出会った。降旗の『現代やくざ　与太者の掟』『現代やくざ　与太者仁義』、佐藤の『旅に出た極道』『組織暴力　兄弟盃』のそれぞれ2本に出演している。

年間の出演本数が15本で、主演の作品も多く、売れている俳優の仲間入りをした年となった。

この年、初めて文太と組んだ深作は、文太が松竹に所属していた頃から意識していたという。

木下恵介監督の『死闘の伝説』は、松竹時代の文太の代表作と評価する人も多いが、深作は別な作品で文太の存在に注目した。安藤昇主演の『男の顔は履歴書』である。

〈その朝鮮人暴力団の中に、ガリガリに痩せた軍鶏のごとき青年がいて、肩肘怒らせて日本人への怨みつらみをブチまくっていた。演技はまだ生硬の域を出なかったが、それでも松竹男優陣には見られない硬質な個性が印象に残った。それが菅原文太という俳優だった〉（田山力哉・責任編集『野良犬の怨念　菅原文太』）

深作は文太が演じた役に、陽の当たる場所を知らない人間特有の苛立ちを感じたのだという。

〈またそこには、うすら寒い孤独感も重なってもいた。それもその筈だ、新東宝という俳優としての生家を失って漂泊していた彼にとって、松竹は、いわば軒先三寸借り受けての旅の宿にすぎなかったのだから〉（同）

やっと出会えた2人だが、すぐに意気投合したわけではなかった。

〈文太との初仕事「日本暴力団　組長」にしても、続く彼の主演作「血染の代紋」にしても、もうひとつ私自身が乗り切れない不満がついて廻った〉(同)

深作が文太について積極的に語るようになるのは『血染の代紋』を撮影したあとで、文太のある言動に共感を覚えたからだった。

『血染の代紋』は文太と梅宮辰夫が主役であり、鶴田浩二が脇に回っている。文太は横浜の埋め立て地にあるスラム出身の若い組長で、同じ出身の子分を失ったとき、その肉親に責められて、滂沱《ぼうだ》の涙を流すというシーンがある。ここで文太は自前の涙を流すことが出来なかった。

役に感情移入して本物の涙を流す俳優はいるし、その涙には観客の涙腺を刺激する迫力がある。極端に言えば、役の設定によって、いくらでも泣けるのが俳優である。どうしても無理なときには目薬を使うのだが、文太は、本番の前から目薬を用意していた。涙を流す試みすら放棄していたのである。

〈「僕はどうしても泣けないんで」とか何とか口の中でボソボソいいながら、テレ臭そうに目薬を自分の目に流し込んでいた。そうした彼のありようが私には少し意外だった〉(同)

なぜなら、このシーンは、義理人情の世界を描く任侠映画にとっては見せ場のひとつで、重要な部分だった。ここで男泣きして、グッと観客の心を摑む必要があるのだが、文太はそういう計算も度外視しているように思えた。

〈それがもし怠惰な姿勢からだとしたら、私も監督として黙っていなかっただろう。ところが「泣けない」という彼の云い方はきわめて素朴で自然だった。「ナルホド、そうかも知れないな」と私は思ったものだ〉(同)

深作が文太に同調したのは、このシーンが自身の感覚と生理からも遠いまやかしの設定だと感じていたからだ。情緒的な演出過多の任侠路線に否定的な考えを持っていた深作は、企画を通すために、あえて会社が好む芝居を用意した。だからこそ、文太が「泣けない」と言ったとき「こういう質の情緒に酔うことは出来ない」という主張だと受けとめた。

〈人間を世代で分類する見方を私は必ずしも好かないが、その時の彼には、同時代人としての共通の感覚が感じられた〉(同)

そして深作は、いつか文太と、互いの感覚が一致した映画を作ろう、と決意する。

〈その後、私が東映を去って独立プロなどを渡り歩いたこともあって、文太との交渉は二年ほど絶えた。まだ「出会いがあった」というほどの関係も生まれないままに〉(同)

2人が再会するまで2年の時を待たねばならない。その間に文太は出演本数を増やし『関東テキヤ一家』『現代やくざ』『まむしの兄弟』など三つのシリーズを抱えるまでになる。スター俳優へと邁進中であり、私生活でも長男に恵まれて、順風満帆に思えた。

第4章　スター前夜

不器用な父

1970年2月、東映京都撮影所で撮影中だった三島ゆり子は、ある噂を聞いた。

「文太さんにお子さんが生まれたので、お赤飯を配るらしいという話でした」

同月、文太に長男の薫が誕生していた。上に3歳になる長女がいるが、よほど嬉しかったのだろう、文太は撮影所で赤飯を配り、笑顔を振りまいた。

さらに2年後には次女が生まれるのだが、3人の子供たちの中で、文太が特に可愛がったのは、この長男である。仕事で自宅を留守にすることが多かった文太は、薫の写真を常に持ち歩き、可愛くてたまらない、といった表情で眺めた。また、地方ロケから帰宅するときには、薫への土産を忘れなかった。男の子用の玩具を買い求める姿を複数の付き人が目撃している。

取材で度々耳にしたのは、文太は薫を〝溺愛〟していたという言葉である。

「子煩悩とはちょっと違うんだよね。完全に男の子のえこひいきなんですよ」

そう語るのは、編集者の宮本和英である。宮本は東京藝術大学に在学中、文太の子供たちの家庭教師をしていた。

「最初は、子供たちが描く絵などを見てもらいたい、という話だったんですよ。菅原さんのお父さんが絵描きですので、そういう方面への憧れとか興味があったんだと思います」

宮本は文太の自宅に通ううちに、子供たちの遊び相手になった。図画工作を教えるだけでなく、映画館や博物館に連れて行ったり、勉強も見た。

「僕が（大学の）1年から3年までの2年間くらいですね。単なる家庭教師というより、親戚のお兄さんみたいな感じだった」

宮本が驚いたのは、文太の子供への接し方だった。

「菅原さんは、誰が見ても不器用なんですよ。子供にどう接していいか、あまり分かっていない感じで。子供たちはまだ小さかったけど、お父さんがいると明らかに緊張していましたね」

宮本は、母親の文子に「あれは、ちょっと拙《まず》いんじゃないですか」と話したことがある。

「薫君は、3人姉弟の中で自分が男の子だからえこひいきされていると、感じているわけですよ。そのことで、お姉ちゃんや妹に凄く気を遣うわけね。気持ちの優しい子だから」

文子は宮本に「息子が生まれたとき（文太は）『慶応幼稚舎に入れて、運転手つきの車で送り迎えさせてやる』みたいなこと言ってたのよ」と笑って話したという。

自宅にいるとき、文太が話しかけるのは、もっぱら薫だった。姉妹に対しては言葉少なだったという。ある日、文太は次女をひどく叱った。

「薫君と次女が騒いでいて、虫の居所が悪かったのか、次女のお尻をバンバンと叩いたりしたのを覚えています。僕がいる前でしたから、うわっ、と驚いた」

娘は叱っても、息子は叱らなかった。

「薫君には怒れないんでしょう。そこはちょっといびつだったのかも知れません」

文太は宮本に初めて会ったとき「先生、親父さんはいくつなの？」と尋ねた。

「僕は親父が26歳のときの子だから、親父は比較的若いわけですよ。そしたら菅原さんが『まだ親父さんがそんな齢か。いいなあ』と言ってね。何がいいのかと思ったら『せがれがもう20を超えているのか』と」

この当時、文太は40代前半で、宮本の父親は40代半ばだった。おそらく文太は、薫が成人する頃に自分は60歳近くになっていることを考え、宮本の父親の若さを羨ましく思ったのだろう。

「奥さん（文子）は極めて常識的な感覚を持っている人で、教養もあるし、芸能人の妻という浮ついた雰囲気は全くなかった。子供たちにはいいお母さんという感じでね」

「お竜」の相手役に

息子の誕生で発奮したのか、文太は70年に自己最高となる20本に出演している。前年公開された『関東テキヤ一家』は、文太と南利明のテキヤコンビが全国各地の祭礼、高市《たかまち》を巡って暴れまくる男のドラマで、任俠映画のニューウェイブとしてシリーズ化が決定した。主題歌「関東テキヤブルース」は文太の作詞である。

また、2作目の『関東テキヤ一家　喧嘩仁義』（監督・鈴木則文）の併映は『緋牡丹博徒　お竜参上』（監督・加藤泰）で、こちらにも文太が出演している。

『緋牡丹博徒』シリーズは藤純子主演で8本製作されており、文太が出演したのはそのうちの『一宿一飯』『お竜参上』『仁義通します』の3本である。なかでも『お竜参上』は、シリーズ最高傑作と評価が高い。

　この作品では、文太が純子の相手役で、二人のラブシーンが特に美しかったため、力の入った惹句が作られた。

〈つろうござんす浮世のしがらみ　純子は何んにも言いません　文太も何んにも言いません　ここで別れりゃ二度とは会えぬ　熱いものがこみあげる　だが美しい――　無言で見せて　無言で演じたラブシーン〉

　映画の後半で、故郷に帰る青山常次郎（文太）をお竜が見送るシーンがある。雪が降りしきる今戸橋に立ち、お竜が常次郎に言う。

「こいば、汽車ん中でも、あがって下さいまし」

　弁当と蜜柑を渡そうとしたが、蜜柑が転がり落ちてしまう。お竜が蜜柑を拾い、再び手渡そうとして、一瞬、見つめ合う二人。溢れそうになる思いを抑え、二人は静かに別れていく。

『緋牡丹博徒』シリーズは、ひたすら藤純子という女優の魅力で成り立っているような作品である。藤は18歳で映画デビュー。実父の俊藤浩滋は岡田茂に説得されて娘の出演を承知したというが、藤が緋牡丹のお竜こと矢野竜子を演じることになったのは22歳のときだった。

　1作目の『緋牡丹博徒』が公開されたとき、観客は藤の美しさに魅了された。

「私はこれから男になっとよ」と話すとき、身に着けていたのは地味な紺無地の着物だったが、すらりとした肢体によく似合った。黒髪を結いあげた襟足や白いうなじはか細い女を感じさせる。意志の強そうな目は時に涙もろく、「死んで貰うばい！」と叫んできりりと結んだ唇は薄紅色だった。そして立ち回りのとき、着物の裾を割って、ちらりと覗く細いふくらはぎ。弱冠22歳の藤は匂い立つような女の色香を放っていた。

任俠映画の華、お竜さんに思いをかけられる男の役は、鶴田浩二か高倉健にほぼ限定されていた。だが、文太は『お竜参上』で、二人と同じポジションについた。橋の上のラブシーンには、熱い心を持ちながらも、無言を貫く男の哀愁が漂っている。

本人が選ぶ好きな出演作品に入っていないのが不思議なくらいだが、当時の文太は加藤泰の演出に抵抗があった。型にはめられ、自分の個性が生かされていないと感じていたという。

加藤の作品はローアングルとクローズアップ、長回しの多用が特徴で、撮影時には、キャメラの側にしゃがんだり、地面に座り込んだりして、被写体や俳優の演技を見つめる。目線は限りなく低く、必要とあれば、道路に穴を掘ってキャメラを据えた。

そんな加藤の映画世界に文太は無理やり捻じ込まれていると思い、『お竜参上』で演じた役にむしろ不満を感じていた。いくら高い評価を得ても、愛着が持てない作品だった。

『トラック野郎』生みの親

71年、文太が出演した映画は2月公開の『関東テキヤ一家　喧嘩火祭り』（監督・鈴木則文）に始まり、12月の『関東テキヤ一家　浅草の代紋』（監督・原田隆司）まで15本に及んだ。

前年から多忙が続いていたが、『まむしの兄弟』という新たなシリーズもスタートしていた。

1作目は『懲役太郎　まむしの兄弟』（監督・中島貞夫）で、通称ゴロ政こと政太郎を文太が、弟分の勝次を川地民夫が演じた。安藤昇も金バッチの大幹部役で共演している。

当時、映画館では次回に公開される映画の予告を放送しており、『懲役太郎　まむしの兄弟』の放送用原稿が残っていた。

〈この映画は、前科十二犯、五年振り十二回の服役を終え出獄した菅原文太と、兄弟分の川地民夫が、世間から毛虫のように嫌われながら、ゆすり、たかりと気の向くままに暴れまわる痛快な姿を、スピード感あふれる画面構成で描いたものでございます〉

企画は俊藤プロデューサーで、川地民夫はこれが東映初出演である。川地の役は、当初渡瀬恒彦が予定されていたが、俊藤が川地を強く推したので変更された。

脚本は、東映生え抜きの高田宏治。高田は俊藤から「娑婆より刑務所暮らしの方が長い奴がおる。こいつが出て来て暴れまくる映画をやろう」と言われて脚本を書くことになった。

高田は「俊藤さんは結構新し物好きだった」と語る。

「これまでと変わったことをやりたかったんでしょう。この映画で、菅原文太のコメディセンスを発見したのが収穫ですね。おかげで『トラック野郎』のような大傑作が生まれた。『まむしの兄弟』は『トラック野郎』の生みの親です」

ゴロ政と勝次は町のチンピラで、やることなすことが笑いを誘うのだが、任侠に対する美意識がある俊藤は、高田の脚本に啞然としたという。

「僕は大阪の出身ですから、どちらかというと、ずっこけのお笑いが得意だったんですよ。いままでの任俠映画の主人公には出来なかったことを、『まむし』でかたっぱしからやろうとした。

文ちゃんはああいう渋い顔だし、それを崩すというのは、かなり勇気がいったんですけどね」

ある日、ゴロ政と勝次は早崎というヤクザ（安藤昇）が風呂に入っている姿を目にする。早崎の身体は刺青だらけで、背中一面に竜が彫られていた。

「二人は、それを見て度肝を抜かれるわけです。本物の、代紋を背負ったヤクザの姿に圧倒されて、刺客であることを忘れてしまう」

そこからは喜劇のパターンになる。本物になるためには刺青が必要と思ったが、時間とカネがないのでとっさの間に合わせで格好つけようとし、それがラストの滑稽な悲哀に結びつく。

ラストシーンは殴り込みだが、豪雨の中を走り、暴れ回ることで、二人の見栄が露見する。もろ肌脱いだまむしの兄弟の背中には、天に昇る竜ではなく、地味な大蛇の刺青があった。しかも、墨汁で描かれているので、雨に打たれて溶け始めていた。撮影ミスではないかと議論が起きたシーンである。

「僕はこの作品で任俠映画を越えたヤクザ映画を作ることができた。初めて自分の世界を見つけることができたんですよ」

高田は文太を「庶民派のスター」だという。

「大阪の街を2人で歩いているときに、若いチンピラみたいなのが『おう文ちゃん』と声をかけてきたら、『おう』と手を挙げて応えて、相手が『さばけてまんな』と言うようなくだけた雰囲気は持っていましたね」

一方で、文太の映画俳優としての奥の深さは『山口組外伝　九州進攻作戦』（監督・山下耕作）で演じた夜桜銀次に象徴されているという。

「あれは筋の通ったヤクザの話とは違うでしょう。完全に本筋から離れた、型にはまっていないヤクザ。あとは深作さんとやった『組長最後の日』とか。ああいうものが彼に合うんじゃないかな。『仁義なき戦い』よりも凄みが出るというか」

高田は文太に、雪に閉ざされる厳しい風土から出て来た人間の匂いを嗅いでいた。

「どこか陰鬱な、妙な気迫というか、男の色気を感じるところはありましたね」

翌72年、文太は「自分にとって思い入れが深い映画」という深作欣二の作品に出演する。

藤純子の引退

ここで文太が所属する東映の内情に触れておきたい。

東映は71年夏から72年にかけて、大きな転換期を迎えた。

まず、71年8月に大川博社長が亡くなり、後継者争いが起きた。岡田茂が最有力とされていたのだが、本人が大川の息子・毅を推すので、なかなか決まらない。その最中に、取締役だった御大・片岡千恵蔵が手を挙げたことで、事はさらに複雑になった。東映で大きな権限を握っていた俊藤浩滋が、野心のあった千恵蔵を担ぎ出したのだ。

ここで登場したのが東急グループの総帥・五島昇である。東映は創業以来、東急グループに恩義があり、五島家には頭が上がらない。五島昇が「君に社長になってもらいたい」と指名したことで、ようやく岡田茂が後継者に決まった。まだ47歳の若さだった。

続いて同秋には藤純子の引退が発表され、「チョンマゲのない時代劇」と呼ばれて全盛を誇った任侠映画の翳りが顕著になってくる。

悪玉のヤクザの仕打ちに対して我慢を重ね、最後の一線を越えたときに殴り込みをかけるというお馴染みのパターンに、もはや観客は飽きていた。それを感じ取った会社は、何か新しい流れを見つけなければと模索を始めた時期でもあった。

藤純子の引退は、東映から主役を張れる女優がいなくなったということだけでなく、鶴田浩二や高倉健、若山富三郎らの出演作にも、少なからず影響を与えた。藤の引退から間をおかず、彼らが長年抱えていたシリーズ物が次々と終了していったのである。

藤は、京都女子高校の生徒だったときに、マキノ雅弘監督にスカウトされて映画界入りした。18歳から26歳までの8年間で、90本もの作品に出演している。デビュー当時、育ての親になったマキノ監督から「おまえは、見かけは妙に女っぽいくせに実は男か！」と叱られたこともあるが、着実に演技力を磨き、見事、東映の看板女優に成長した。

だが、藤もまた任侠映画に限界を感じるようになっていた。会社に人情ドラマの企画を持ち込んだこともあるが、まるで相手にされなかった。藤は撮影で鬱憤が溜まると、いつもスタッフに瓶のコーラを1ダース買ってきてくれるよう頼んだ。そして、衣装部屋の裏にあるコンクリートの壁の前に立ち、箱からコーラを取り出すと、壁に向かって次々と投げつけた。それが、藤のストレス解消法だった。

72年3月、藤純子引退記念映画『関東緋桜一家』（監督・マキノ雅弘）が公開された。藤へのはなむけの意もあり、高倉健、鶴田浩二、若山富三郎、片岡千恵蔵などオールスターが顔を揃えた映画で、文太も出演している。藤はラストシーンで、「皆さん、お世話になりました」と静かに挨拶をして、スクリーンから去って行った。

同年、高倉健の人気シリーズだった『昭和残俠伝』が、9作目の『破れ傘』（監督・佐伯清）で終了することが決定した。鶴田浩二も、実質的に東映任俠映画主演作の最後となる『日蔭者』（監督・山下耕作）の出演を終えた。

チンピラ、文太

任俠映画の終焉という東映の一連の流れは、文太にとっても大きな転換期となった。会社が模索していた新しい流れといえる映画に出会えたからである。

文太は72年5月に公開された『現代やくざ　人斬り与太』、同じく10月公開の『人斬り与太　狂犬三兄弟』の2作で深作欣二監督と組み、かつてないアナーキーな主人公を演じた。文太の新境地を開く作品だったが、ここにひとつ秘話があった。

『現代やくざ』の前に文太は深作の『血染の代紋』（70年）に出演しているのだが、映画の撮影が終わったあと、プロデューサーの吉田達は、意外なことを聞いた。

「ある日、文ちゃんがやって来て、『達ちゃん、もう僕の企画に深作欣二を指名しないでね』って言ったんです。それで後日、俊藤さんに『文ちゃんが、深作さんはもう嫌だと言っています』と伝えたら、『えっ！　何でや』と驚いてね」

俊藤は首を傾げていたが、吉田には理由が分っていた。

「要するに、文ちゃんの芝居が凄く下手だったんですよ。下手だったから、監督は台本から台詞をどんどん削っていって、オープン（セット）を『走れ、走れ！』と言って、（芝居を）動きで見せるようにした。そのことで文ちゃんは傷ついたんです」

文太はもっと台詞を喋りたいと思ったが、現場では言えなかった。俳優としての自分を否定された気持ちになったのだろう。

「『血染の代紋』は低予算で、撮影時間も限られていた。深作さんは悪条件を何とかしようと思って、必死でやってたわけです。文ちゃんには物足りなかっただろうけど、深作さんは本来、細かくて微妙な、山田洋次監督の映画のような芝居は嫌いなんですよ。むしろ粗削りな芝居をする、文ちゃんのような役者を好んでいた」

吉田は文太の気持ちを承知していながらも、『現代やくざ　人斬り与太』の企画を深作に持っていった。深作が東宝配給の『軍旗はためく下に』を撮り終えたあと、予定が入っていないのを聞きつけたからだ。俊藤が深作を気に入っており、使いたがっているという事情もあった。

そんな事情を知らない深作は、脚本家・石松愛弘の準備稿を読んで喜んだ。

〈読んだらチンピラもので、菅原文太主演だという。その二つで心が動いたんですよね。チンピラ、文太、やりたいな〉（深作欣二・山根貞男共著『映画監督深作欣二』）

もし、吉田が文太の希望通りに深作を外し、別な監督を選んでいたら、映画は全く違ったものになっただろう。

「僕は俊藤さんの子分だから、俊藤さんの意思が最優先課題。あの映画が結果的には文ちゃんの出世作になったし、恨まれてはいないと思うけどね」

深作は撮影に入る前、文太に提案した。

〈「この映画で一番わるい野郎は主人公なのだ。たまにはそんな映画があってもいいのじゃないか」。文太は全面的にこの提案に賛成した。もし人間に出会いという状況があるとすれば、「人斬り与太」こそが菅原文太と私の出会いだろう（中略）。文太も私もどんなにこの主人公の像を愛したことか。そして私はこの仕事を通して、文太の中に同時代人としての感覚の噴出を認めた〉（前出『野良犬の怨念　菅原文太』）

「同志を得た」

映画の冒頭は麻雀シーンから始まり、文太のナレーションが被さる。

「俺の名前は沖田勇。スケにも喧嘩にも強いが、博奕だけは苦手だ。みんなはよ、俺の生まれた年が悪いというんだ。昭和20年8月15日、日本が戦争に負けた日に生まれたから、よっぽど負け癖がついているんだろうと」

主人公は組織に組み込まれず、己の欲望に忠実に生きるチンピラで、堅気の人間を脅して金を奪い、女を犯して売春宿に売り飛ばすというろくでなしである。また、気が短く、すぐに暴力をふるう。このキャラクター設定は、深作が考えた。

石松の準備稿では、一番のワルは別にいて、主人公が義理人情を重んじる任侠映画の影を引きずっていた。深作はこれに納得せず、書き直したのだ。出来上がった映画の惹句は〝鬼才深作欣二監督が描く血と暴力の世界〟である。

共演は安藤昇、小池朝雄、三谷昇、内田朝雄、待田京介。そして文太の情婦役に渚まゆみ。安藤昇の配役は、当初深作が断ろうとしたが、俊藤が「絶対に入れろ」と押し込んだ。

吉田達には、もう深作とは仕事をしたくない、と話した文太だが、この作品ではヤクザのしきたりを無視して暴虐非道に振る舞うチンピラを生き生きと演じている。深作が主役の文太を想定して書いたシナリオなので、台詞も多い。名台詞と言えるのは、映画の後半で、身の危険を感じて、どこか地方に潜伏するという内田朝雄を文太が諭《さと》す言葉だろう。

「一度負け癖がついた犬はなぁ、それっきり噛みつくことさえ、忘れちまうんだ。俺たちも同じことよ」

文太はまた、拳銃で撃たれたときに悲鳴をあげ、「医者だ、医者だぁ！」というアドリブを放った。ヤクザとしては無様《ぶざま》で、役の性格を摑んでいなければ出てこない台詞である。

深作欣二は、画面に余白、あるいは空間が出来るのを極端なほど嫌う。映画の特色になったキャメラは手持ちで、左右にぶれるのはもちろん、上下が逆さになったり、時にはストップモーションが混じる。フィルムの粒子が荒く、ドキュメンタリーを見ているような画像である。しかも、ライトを当てることが少ないので、全体的に薄暗い。

〈そんなこんなで映画が出来上がってみたら、俊藤さんは「これはおもろいわ。これでいいんだ」と。さらに「全部がこれでは困るけど、これからはこういうことを考えなきゃあな」と言ったのには、周りはちょっと首をひねってましたけどね（笑）〉（前出『映画監督深作欣二』）

深作はこの作品で、文太の演技を評価し、文太が演じた主人公に共感していた。

〈思えば、我々は今まで任俠映画を作りながら、どれほどこういう生き生きした感覚をとりコボして来たことか。撮影を続けながら私は思った―「ここに同志を得た」と〉（前出『野良犬の怨念菅原文太』）

文太もまた、のちに『仁義なき戦い』が大ヒットしたときのことを振り返り、雑誌のインタビューを受けてこう語っている。

〈みんな「仁義なき戦い」といってくれるけれども、僕の中には「人斬り与太」「狂犬三兄弟」の方が未だに愛着としては残っておるですね〉（「キネマ旬報」2015年2月上旬号）

脱任侠映画

続く『人斬り与太　狂犬三兄弟』（監督・深作欣二）もキャメラワークは同じで、この手法がまっすぐ、翌年の『仁義なき戦い』に引き継がれる。

共演は、田中邦衛、三谷昇、今井健二、内田朝雄、室田日出男、菅井きん。

文太の相手役は前回と同じく渚まゆみである。プロデューサーの吉田が、深作の映画には東映の女優とはカラーが違う方がいいだろう、と考えて連れてきたのだという。

渚の役は田舎から出て来たばかりの娘・道代。文太が演じる権藤の店で売春を強要されたとき、頑として拒む。怒った権藤は道代を犯し、あとで処女だったことに気付くのだが、「今日は休んでいいから、明日からはしっかり客を取ってくれよ」などと非道な言葉を吐く。鶴田浩二や高倉健には絶対に言えない台詞だ。それでも言うことをきかない道代を、権藤は裸にして閉じ込める。だが、道代は全裸のまま逃げ出し、夜の町を走り抜けようとした。

〈あれは大泉のオープンセットなんです。エキストラが大勢いるわけで、よくやってくれましたよね。一本目では渚まゆみ君は「やだあ、やだあ」と言って、おっぱいひとつ見せなかったんだけれども（中略）二本目のときは「わかりました。おっしゃるとおりにやりますから」と言ってくれた〉（前出『映画監督深作欣二』）

大映の専属女優だった渚は、深作の映画への出演が東映での初仕事だった。文太も、渚の思いきった演技を絶賛している。

〈あの時の渚さんほど、すごい女優は後にも先にも会ったことがない。単なる演技じゃなかったからだと思うな。彼女自身、お父さん、お母さん、別れちまって、苦労してる。ずっと持ち続けている怨念みたいなものが噴き出たんでしょう〉（「サンデー毎日」76年10月10日号）

渚にとっても思い出深い作品になったようで、当時を懐かし気に振り返った。

〈文太さんが演じた主人公は、表面的には暴力的ですけど、芯には人間味のある温かさを持っているから憎み切れないんですよね（中略）。当時は、ご長男の加織（薫の芸名）さんがまだ小さかったので、口では言わないんですけど写真を見て「可愛いんだよ」という感じで笑っていらしたのも忘れられないです〉（前出「キネマ旬報」）

『人斬り与太』と『狂犬三兄弟』の主人公はともに多数の銃弾を浴びて命を落とす。任俠映画からの脱却を強く意識していたせいか、ドスや短刀での立ち回りは少ない。拳銃の方が現代的で、リアルという要素もあったのだろう。また、どちらの作品にも、赤飯の握り飯が効果的に使われている。赤飯は深作の好物である。

もうひとつ、2作に共通していたのは、興行成績が今ひとつだったことだ。それを聞いた文太は深作の前で「なぜ当たらないんだろう。当たらなきゃ駄目なんだ。手前でいくら満足したって」としきりにぼやいたという。

〈それは、彼の長い下積みの過去が云わせた痛切な本音だったに違いない。だが、映画というものは当てようと思って当たるものではない（中略）。とにかく見に来てくれたお客サンだけは満足させて帰そう、というところが関の山ではないか？〉（前出『野良犬の怨念　菅原文太』）

深作は「当たる当たらんは時の運だぜ」と答えて、文太を慰めた。

同じ72年、文太は中島貞夫監督とも組み、『木枯し紋次郎』と『木枯し紋次郎　関わりござんせん』の2作に出演する。

中島の作品では、深作のそれとは正反対の寡黙な男を演じ、俳優としての幅を広げていく。

文太の股旅映画

72年元日、フジテレビ系列で「市川崑劇場」と銘打ったドラマが始まった。放映されたのは、笹沢左保の小説が原作の『木枯し紋次郎』である。主演は「俳優座」に所属していた中村敦夫。紋次郎の「あっしにゃあ関わりのないことで」という決め台詞や、いつも口に咥えている長い楊枝などが話題になり、さらには上條恒彦が歌う主題歌『だれかが風の中で』が大ヒットして、平均視聴率30％、最高視聴率は38％を記録している。

この人気に注目したのが、東映の上層部である。特に、お家芸の時代劇を復活させることが悲願だった東映京都撮影所では、「うちでも木枯し紋次郎を」という声が上がった。東映はすぐに笹沢左保から映画化の許可を取り、俊藤浩滋プロデューサーが企画を立ちあげて、中島貞夫監督に声をかけた。

「おい、紋次郎をやってくれ」

俊藤に求められた中島は、市川崑監督の紋次郎を画期的なテレビ時代劇と捉えていたが、自分が撮るのなら、もっとスケールを大きくして、殺陣も従来の股旅映画のような綺麗事ではなく、リアルなものをと考えた。

中島は撮影にあたって、論理的にテーマを決めることから始めたと回想する。

「股旅というのは、表街道を歩けない旅で、凄くしんどい。人目を忍んで、必死になって生きようとする旅です。映画の紋次郎では、その本質をやろうと」

中島は紋次郎の役を、初めから「文太で行く」と決めていたという。菅原文太でなければ「やる気が失せていただろう」とも語った。

「彼と最初に会ったときの、飢えているあの感じが(紋次郎に)ピッタリだった。文ちゃん自身に内面の暗さがあったと思うんですけど、ギラギラ光る目と、非常に虚無的なうつろな目との対比、それをどう使うか、話し合った記憶があります」

中島は、菅原文太の個性を生かした股旅映画を作ろうと考えた。

「衣裳も文ちゃんに合わせて、大きく変えました。例えば、合羽がありますね。これまでは俳優さんの足を長く見せるために膝上10センチになっていたんです。足の短い人が多かったんでね。でも、それでは実用的ではないから、長くしてくれるように頼みました」

中島が「合羽は本来雨露を凌ぎ、寝るときには身体をくるむ実用的なものなのに、足の短い俳優たちのファッションになっている」と指摘すると、衣裳部は抵抗を示したというが、最終的には中島の主張が通り、文太仕様に作り替えられた。

リアルな立ち回り

「文ちゃんは時代劇の様式を全然知らないわけです。訓練を全く受けていなかったから、それなら今までやってきた現代劇の動きでいいんじゃないか、とも話しました」

中島の話に文太も乗ってきた。二人は呼吸を合わせて、映画版の紋次郎の人物像を創り上げていく。中島はまた、時代劇が隆盛だった頃から、立ち回りはなんのためにやっているのか、という根本的な疑問を持っていたと言う。

「二人で話し合ったのは、本人が生き延びるための立ち回りをやろう、ということです。自分からは斬りにいかない。斬られそうになるから、仕方なく斬って逃げるというね。時代劇をきっちり仕込まれていた人だと、逆に、僕が狙った立ち回りはしんどかったと思いますよ。(時代劇の)所作、約束事を、ほとんど外していますからね」

そうしてスタートした『木枯し紋次郎』は、66年公開の『沓掛時次郎　遊侠一匹』(監督・加藤泰)以来、6年振りの東映時代劇になった。

中島はテレビとは違う映画のスケール感を見せるために、三宅島でのロケを敢行する。島には10日ほど宿泊して、撮影を続けた。

三宅島は伊豆諸島の島で、活火山があり、しばしば噴火する。江戸時代には流刑地として知られ、紋次郎も人の罪を被って、島流しになった。いつとは知れぬ放免を待つ身である。だが、ある日、自分が庇《かば》った相手に裏切られていたことを知り、島抜けを決意する。流人たちが伝馬舟に乗り、島抜けするときの撮影は、困難を極めた。風が強く、予想外に潮の流れが速かったからだ。文太を含む俳優たちが乗り込んだ船が、沖に流されるというアクシデントもあった。

そんな事情もあってか、中島はこの1作目より、2作目の『木枯し紋次郎　関わりござんせん』の方がやる気が出たと言う。

「2作目は、なぜ、紋次郎から『関わりござんせん』という台詞が出るのか、それをテーマに作ったドラマなんです。本当に関わらなかったら、ドラマが成立しないわけでね。テレビの紋次郎は明るくて、股旅には似合わないと思っていたので、文ちゃんには、さらなる暗さを要求したところがあります」

紋次郎は、人とのしがらみを切ろうと思い、自分を浮世から切り離そうとするが、もがくほど、しがらみに搦めとられてしまう。「関わりござんせん」と言いながらも、関わっていく男。それが紋次郎の股旅だと、中島は結論付ける。

2作目の紋次郎は、赤子の自分を間引きから救ってくれた姉を探している。女郎で実は紋次郎の姉という役を演じているのは市原悦子。存在感が大きく、演技派の市原でなければ、役が成立しなかったと思えるほどだ。

文太と市原の芝居で見せる場面が多いのだが、雨の中での立ち回りは、殺陣の指導を超えた乱闘に近く、リアルな迫力があった。それを想定していた中島は、キャメラを長回しすることで、泥水に足を取られ、体勢を崩しても、激しく動き回る文太の姿を捉えた。

〈土砂降りとか、火の中で立ち回りをやらせるとリアルになるんです。異常な設定を与えるとその瞬間から人間っていうのはハイになっちゃってかなり動きが変わってくる（中略）。殺陣は文ちゃんの方がテレビの敦夫より巧かったね〉（中島貞夫著・河野真吾編『遊撃の美学』）

この映画の音楽は、作曲家の津島利章が担当している。深作の『現代やくざ　人斬り与太』や『仁義なき戦い』の印象的なメロディを作ったのも津島である。

『木枯し紋次郎　関わりござんせん』は、中島にとって充実感のある作品だったが、客は入らなかった。中島は市原をキャスティングしたことで、会社の上層部から「お前は女の趣味が悪いから、客が入らねえんだ」と言われていた。時代劇復活を期待した会社は「やっぱり、あかんわ」と失望したという。

『仁義なき戦い』始動

『木枯し紋次郎』が撮影されている間に、東映は実録路線に向けて、動き出していた。『仁義なき戦い』である。広島の美能組組長だった美能幸三が獄中で書いた手記は、いかにして東映実録映画『仁義なき戦い』シリーズの原作となったのか。

映画が大きな成功をおさめれば、みなが自分の手柄にしたがるものだが、ここでも関係者の証言は、すべて異なる。

まず、文太によれば、新幹線で東京と京都の撮影所を往復しているとき、駅の売店で買った「週刊サンケイ」がきっかけだったという。同誌を手に取ったのは、表紙に文太が『現代やくざ人斬り与太』に出演したときのイラストが使われていたからである。

ページをめくると、飯干晃一の『仁義なき戦い』の連載記事が目にとまった。記事を読み、これは映画になると思った文太は、京都撮影所に着くなり、俊藤に雑誌を持って行った。

〈麻雀やってる最中の俊藤さんに、『これちょっと読んでください』って言ったら、『ああ、わかった、置いとけ、置いとけ』なんていう。俊藤さんにしてみたらその時の勝負のほうが極めて大事なんでね〉（立松和平『映画主義者　深作欣二』）

次の日、文太が俊藤に「あれ、読んでもらえましたか」と尋ねると「なんのことや」とすっかり忘れていた。そこで再度週刊誌を買い求めて、「絶対に読んでくれ」と念を押したという。

〈その翌日、「あれ、おもしろいなあ」というので、「いや、おもしろいじゃなくて、やらせてください」とお願いしました。それですぐ「日下部呼べ、五朗呼べ」ということに〉(同)

俊藤がプロデューサーの日下部五朗に「おい、この原作取らんかあ」と話し、日下部が「わかりました」と答えて、映画化がスタートした。これが、文太の回想である。

ちなみに文太は、晩年の80歳になったとき、作家の林真理子と対談し、林に〈私、今回初めて知ったんですけど、「仁義なき戦い」って、菅原さんご自身が「これをやりたい」って、連載していた週刊誌を持ってプロデューサーに言ったんだそうですね〉と聞かれ、こう答えている。

〈そう、それは本当だ。いろんな説が飛びかっていて、「俺がやった」というのが3人も4人もいるんだけど、本人が言うんだから間違いない〉(「週刊朝日」2013年9月27日号)

また、林が〈監督の深作欣二さんも、菅原さんがプロデューサーに推薦したって本当ですか〉と質問を続けると、自信たっぷりに答えている。

〈ああ本当だ。(中略)俊藤さんが「誰にするかな、監督」と言うから、「深作はおもしろいですよ。思い切って彼にやらせてみてください」と言ったんだ(中略)。はじめは「ん? どんな監督や」と言ってたけど、俺と深作とやった作品を見てくれて、「おもしろいやないか。あれで行こう」となった〉(同)

この発言は、明らかにおかしい。俊藤はまず、文太が東映に移籍する前の63年公開『ギャング同盟』(主演・内田良平)で、深作を起用している。さらには、67年に『解散式』(主演・鶴田浩二)、68年に『博徒解散式』(同)、69年には『日本暴力団　組長』(同)と続けて起用した。

文太と深作が組んだ『現代やくざ　人斬り与太』や『人斬り与太　狂犬三兄弟』も俊藤のプロ

デュースである。俊藤が深作を知らないはずがないのだ。深作もまた、『日本暴力団　組長』におけるインタビューで、俊藤とのエピソードを語っている。

〈(僕が) 松竹に行ってそろそろいい加減に飽きがきたときに吉田達がきて、俊藤さんが話したいと言ってると。行ったら「いつまで松竹で何をやってるんだ」といきなり言われて、「もう飽きたろう。うちに帰ってやれ」ということになった〉(前出『映画監督深作欣二』)

『仁義なき戦い』一作目の公開は73年だが、俊藤は、少なくとも63年から深作を知っており、その作品を気に入っていたのである。

現地取材へ

次に俊藤の証言だが、『仁義なき戦い』に関わったきっかけについて、やはり本人は「週刊サンケイ」を手にしたことから始まったと回想している。

〈私は京都から東京本社の企画会議に行くとき、新幹線の駅で第一回の載ってる号を買《こ》うた。ええタイトルやなあと感心して、読むと、中身が面白い。で、東京の企画会議に出て、これをやろうと即決した〉(前出『任侠映画伝』)

文太が買い求めた「週刊サンケイ」は、72年5月26日号で、飯干の連載は前の週から始まっていた。俊藤の証言が正しければ、文太から週刊誌を渡されたときには、すでに前の号を読んでいたことになる。果たしてどちらの証言が正しいのか。

社長の岡田茂の記憶もまた異なる。

〈ある日、「週刊サンケイ」の編集長が「岡ちゃん、いい素材が入ったぞ。ともかく来いよ」と電話してきたんです。さっそく編集部に行って「どんな素材だ？」ときいたら、「仁義なき戦い」だった。いいタイトルだ〉（前出『映画主義者　深作欣二』）

編集長は岡田に美能幸三の分厚い原稿を見せたあと、飯干晃一にノンフィクションとしてまとめさせて、連載を始めることを話した。

〈「これは面白い。のった。ぜひ映画化したいから頼む」と言いました。それから脚本を笠原和夫に頼んだ〉（同）

岡田の場合は、連載が始まる前に、映画化を決めていたことになる。岡田はまた、監督の選定については、当初から深作を想定していたという。

〈なぜ深作欣二かというと、こういうものを撮るのは、任俠物を撮りつけた監督では難しいと思ったんだ。その頃、深作が監督して当たったためしがなかった、実録、実証的な映画の方がいいと思ったんです（中略）。深作には力がある。それは見抜いておった〉（同）

最後は、プロデューサーの日下部五朗の証言である。日下部は、そもそもの始まりは、自分と脚本家の笠原和夫が、飯干晃一の自宅へ別な企画の相談に行ったことからだと語る。

〈いろいろ話を聞かせていただいたあとで、「こんな手記があるんだけど」と見せられたのが、広島抗争で刑務所に入っていた美能幸三の原稿で、飯干さんはそれを「週刊サンケイ」に連載するという〉（日下部五朗『健さんと文太　映画プロデューサーの仕事論』）

後日、日下部は「週刊サンケイ」の連載を読み、血が熱くなった。これまでの任俠映画とは異なる裏切りに次ぐ裏切りや、親分も子分もない生の欲望が渦巻き、本物のヤクザが血を流す世界を、自分の手でぜひとも映画化したいと思った。

〈俊藤さんや渡邊達人企画部長に相談してみると、「ええんやないか」という（中略）。俊藤さんも、これからは少し実録寄りで行くしかないかと、いくぶん方針を変更していたようである〉（日下部五朗『シネマの極道　映画プロデューサー一代』）

広島出身の岡田茂は、主要な登場人物を知っていて、大変乗り気だった。すぐにゴーサインが出たが、会社は「広島はまだ触ったら火が付きそうな状態だから、現地取材はしないで貰いたい」という。美能幸三には会わず、飯干晃一の原作を使えば充分という方針である。

だが、脚本を担当する笠原和夫は「そんなことでは、いいモノは書けない。俺は納得できない」と突っぱねた。笠原は、徹底的な取材を基に登場人物の背景や人格を設定し、執筆することで有名である。日下部は大先輩の正論、かつ強固な意志に逆らうことは出来なかった。

〈会社に内緒でどうにか金を工面し、何の当てもなかったが、笠原さんと二人で、美能氏が住む広島県呉市へと出かけて行った。二十年に及ぶ広島抗争の発端となった流血の現場である〉（同）

経緯は違えど、文太、俊藤、岡田、日下部の4人がそれぞれに原作に入れ込んでいたようだが、企画の提案はほぼ同時期と考えていい。原作を最初に手にしたのは岡田だとしても、実際に企画が動き出したのは週刊誌の連載が始まったあとである。連載記事を読まなければ、『仁義なき戦い』がどんな展開になるのか、予想がつかないし、企画書も書けない。

文太、岡田、俊藤、日下部の4人とも、自分の手柄のように話しているのは、全員が原作に注目し、企画の実現に向けてなんらかの働きかけをしたからである。実録路線という大きなうねりが起きようとしている中で、『仁義なき戦い』は東映で映像化されるのが必然の作品だった。

第5章　『仁義なき戦い』ヒットの陰で

美能を探して

必然ではあったが、東映が『仁義なき戦い』を映像化するのは一筋縄ではいかなかった。

72年9月末、笠原和夫と日下部五朗は広島県呉市に降り立った。『仁義なき戦い』の原作となる手記を書いた美能幸三に会い、映画化の承諾を取るのが目的である。

笠原にシナリオの執筆を依頼したのは俊藤で、大げさな映画にすると広島のヤクザがうるさいから、当事者には一切取材をせず、パッと本（脚本）を纏めて、チャッと撮って、ノンスター、白黒映画でやりたい、という意向だった。いわば添え物映画の扱いである。

問題は、美能が刑期を終えてシャバに出て来たばかりで、所在不明だったことである。「週刊サンケイ」の連載が始まってから身の危険を感じ、隠れているのかもしれない。

二人して市内を探し回り、つてを辿ってなんとか美能に会うことが出来たのだが、笠原が映画化の話を切り出すと、美能は「だめだ。映画なんか信用できん」と言い放った。

だが、笠原が戦時中、大竹の海兵団にいたことを知ると、態度が軟化した。美能も同じ海兵団にいたからだ。

〈「絶対映画に使わないんなら、広島事件の本当の話をしてやる、わからないところは教えてやる」と言い出した。それでいろいろ詳しい話を聞いてみると無類に面白い（中略）。裏話を延々七時間くらいかけてしてくれた〉（笠原和夫『映画はやくざなり』）

呉から戻ってきた笠原は、美能の手記を熟読し、頭を抱えた。「複雑怪奇」「極めてややこしい」「奇妙奇天烈」「捧腹絶倒のズッコケ」などの言葉で、脚本化の困難さを語っている。さらに、美能がまだ映像化をＯＫしていないので、原作をそのまま使うことは出来ない。

笠原は悩んだあげく、会社に対し「広島事件は複雑すぎて処理できない。呉の抗争事件だけなら纏めてみる」と話した。それでも脚本に手を付けかねて四苦八苦していたある日、一本の映画と出会う。笠原がたまたま入った映画館で観たのは、日活ロマンポルノの『一条さゆり　濡れた欲情』（監督・神代《くましろ》辰巳）だった。

一条さゆりは関西ストリップの女王と呼ばれ、引退公演では猥褻物陳列の容疑で逮捕されている。ステージの十八番には、『緋牡丹博徒』の主題歌に合わせて踊る〝緋牡丹お竜〟があった。

〈一条さゆり、白川和子、伊佐山ひろ子の三女優の裸身が、文字通り組んずほぐれつ、剝き出しの性本能をぶつけ合う一時間あまりの映像は、この上なく猥雑で、従って真実であり、固唾を呑む暇もないほど迫力があった〉（笠原和夫『破滅の美学』）

笠原はこれからの映画はこうでなければならないと思い、『一条さゆり　濡れた欲情』の迫真性ある手法をもってすれば『仁義なき戦い』の材料は捌《さば》けるという、強い自信を抱いた。

笠原はまた、方言の台詞を書くのも好きだった。社長の岡田茂が広島出身なので、シナリオの出来不出来について怒鳴られるときは、いつも広島弁である。

「こんなが、詰まらんもん書きくさって！」

耳慣れているので、あの方言と語調をそのまま真似て書けばいい。

キャスティングへ

笠原はいつもシナリオの筋書きを巻紙状に作る。何メートルにもなる巻紙を壁にぐるりと貼り付けてから、執筆を始めるのだ。執筆中は部屋の窓に覆いを掛け、暗室状態にした。

そうして約2カ月かけて脚本を書き上げると、会社の方針が変更されていた。白黒の添え物映画ではなく、普通サイズのカラー映画で時間も長くていいと、スケールアップしていたのだ。

ここからキャスティングが始まるのだが、主人公、重要な脇役たち、監督、キャメラマンなどの選出に紆余曲折があった。

まず、文太が演じることになる主人公の広能昌三については、渡哲也が本命だったという話がある。プロデューサーの日下部は、こう振り返った。

「僕はもの凄く彼（渡哲也）に出てもらいたくて、熱海の病院で療養していたところを訪ねたんですよ。彼を説得するために。そうしたら、胸を患っていて、まだ体力が回復していないと。この通り、作品に出られる身体ではないので申し訳ないと、断られたんです」

療養が必要と聞き、日下部は渡を諦めた。その後に浮上したのが、文太の名前だったという。

「外で（主役を）探さなくても、うちにいるじゃないかという話になって、文太に決まった」

文太が週刊誌の連載を読んでいて、俊藤に「これをやりたい」と頼んでいたことも幸いした。

続いて松方弘樹が、最後に殺害される若頭・坂井鉄也役に決まった。松方の名前は当初、広能昌三役としても挙がっていたが、普通サイズのスケールの映画だと松方ではまだ弱いという理由で、急遽、文太に決まったという話もある。

この頃、松方はいずれ親（近衛十四郎）の七光りが消えて、自分も消えてしまうのではないかという危機感を持っていた。キャスティングが決まったときには、ここが俳優としての正念場だと思い、腹を据えて撮影に臨んだという。

次に作品全体の狂言回しとも言える山守組組長・山守義雄役は、当初、三國連太郎の名前が挙がっていたが、岡田茂が「三國では映画が暗くなる」と却下した。岡田は「岡山の出身なので、広島弁のイントネーションが上手い」とという理由をつけて、金子信雄を推した。金子は東映映画に何十本も出演しており、どんなに悪辣、非道な役を演じても、どこかしら憎みきれない愛嬌がある。岡田は、そんな金子を買っていた。金子は実は岡山ではなく、東京の出身だったのだが。

ところが、撮影が間近に迫ったとき、金子がひどい風邪をひいて入院してしまった。そこで芸達者な西村晃の名前が浮上したが、金子は、この役はなんとしても自分がやりたいと思い、病院を抜け出してきた。「死んでもやるから、やらせてください」などと声を震わせながら直訴する金子を見て、岡田は配役を決定する。

監督と脚本家の因縁

肝心の監督は、最も難航した。俊藤は『現代やくざ　人斬り与太』『人斬り与太　狂犬三兄弟』で起用した深作欣二の演出を気に入っており、再び文太と組ませれば実録映画という名にふさわしい作品になるのではないか、と構想していた。

だが、京都撮影所内で「深作は東京撮影所の監督だ。あれを連れてこなくても、京都には工藤栄一や中島貞夫がいるではないか」という声が上がる。「深作は扱いにくいし、大きなヒット作がない」というのも反対の理由になった。

岡田茂は逆に、深作は反抗的だからこそいい、と考えていた。

〈深作はいうことをきかないんだよ。僕のいうことを。「おまえはダメだ」っていうても「それはですね……」ってむにゃむにゃいいながらきかないんだよ（中略）。こういうやつは見どころがあると思ったね。これだけ僕の前でも盾ついて絶対いうことを聞かないのは才能あるわ、と〉（山根貞男・米原尚志共著『「仁義なき戦い」をつくった男たち　深作欣二と笠原和夫』）

岡田も深作の起用に賛成したが、一番の難関が控えていた。脚本の笠原が、深作の名前を聞いたとたんに、強い拒絶反応を見せたのだ。なぜだったのか。

64年、笠原が『顔役』（監督・石井輝男）の脚本を書いていたときに、深作との間でトラブルが起きた。当初は深作が監督に決定していて、脚本の第一稿も会社からＯＫが出ていたのだが、深作が脚本を直したいと言ってきたのだ。

〈東（東京撮影所）の深作、西（京都撮影所）の加藤泰と言えば、鬼神も三舎を避けると言われるほど、引くことを知らぬ、粘りに粘る監督さんである。しかしこちらも直したってギャラが増える訳ではないから、抵抗を試みた〉(前出『映画はやくざなり』)

抵抗はしたものの、深作は「人物に一貫性がない」と主張して譲らなかった。笠原は仕方なく深作と二人で直しを始めたが、深作のパートが遅々として進まない。深作はこの頃、東映専属の中原早苗と親密な関係になっており、そちらに気を取られていたのである。

怒った笠原は「いい加減にしろ、ふざけんじゃねえ！」と吐き捨て、宿を飛び出した。

翌日、深作は会社の会議中に血を吐いて倒れた。胃潰瘍だった。そのあげく、深作は監督を降り、石井輝男がリリーフしたという経緯がある。

前例を踏まえ、笠原は俊藤に強く念を押した。深作が脚本を読んで何を言おうと、一行一句直させない、と。胸の内では、もし、深作が直しを要求してきたら、脚本を引き上げ、映画の企画を流してやろうとまで考えていた。京都の連中は深作の恐さを知らないのだ。

俊藤に念を押した2日後の深夜、笠原の自宅に電話が入った。

「あれを、そっくりそのままやらせて貰います」

深作の声で、脚本の直しは一切いらないという。しかも、脚本の出来をしきりに褒めるので、笠原は拍子抜けして「あなた、本当に深作さん？」と聞きたくなった。

深作は、後日、笠原の脚本を読んだときの感想をこう語っている。

〈大変面白かったですね。笠原（和夫）君は広島弁を見事に駆使しながら、あの頃の魅力的なヤクザ群像を活写して、優れた青春映画に仕立て上げていた〉(同)

こうしてようやく監督も主だったキャスティングも決まったが、クランクインまでに解決しなければならない問題が、まだいくつも残っていた。

美能を承諾させた決め手

クランクイン1週間前になっても、深作欣二は京都撮影所（京撮）に現れなかった。『仁義なき戦い』のスタッフはほとんどが京撮の人間で、様々な打ち合わせが必要なのだが、東京から動かずにいた。不安材料が残っていたからである。

深作は映画の要となるキャメラマンに『現代やくざ　人斬り与太』や『人斬り与太　狂犬三兄弟』で組んだ仲沢半次郎を希望した。今回も仲沢の手持ちキャメラで撮影したいと伝えたのだが、会社は京都のキャメラマンを使え、という。また、原作の手記を書いた美能幸三がいまだに映像化を渋っているという話も耳に入っていた。いわば、見切り発車の状態にある。

さらに私生活では、この年（72年）の9月に長男の健太が生まれていた。深作は42歳、妻の早苗が37歳である。初めての子供なので、喜びはひとしおで、出来ることなら毎日、顔を眺めていたい。東京から離れがたい思いだった。

ただし、『仁義なき戦い』は、自分が監督するという意志は揺らがなかった。

〈第一部の準備稿を読み終わった時、正直な話、私は眼を洗われたような思いだった。というのも、その時期私が模索しつつどうしても摑み切れなかった世界がみごとに描きつくされ、お前のやりたかったものはこれだろうと突きつけられたためである〉（「シナリオ」74年7月号　シナリオ作家協会）

結局、深作が京都入りしたのは、クランクイン3日前だった。撮影を担当することになったキャメラマンの吉田貞次は、当時の混乱をこう回想している。

〈もうディスカッションもなにもする暇がない。なにを考えているのか互いによくわからないまま、ぶっつけで撮影に入った記憶があります〉(前出『「仁義なき戦い」をつくった男たち 深作欣二と笠原和夫』)

京撮の関係者は少なからず戸惑っていたが、深作は、意に介する様子はなかった。菅原文太はそんな深作の態度を、当然だと言う。

〈あの人は物怖じしない人だから(笑)。初めての陣営に乗りこんで、結構最初から平気でマイペースを通しきっていたからね〉(「アサヒ芸能」2014年12月25日号)

クランクイン直前まで揉めていた美能幸三の許諾については、最終的にゼネラルプロデューサーを務める俊藤浩滋がまとめた。

説得は難航を極めており、日下部が飯干晃一や京撮の所長だった高岩淡らを連れて、なんども呉を訪れたが、美能の態度は変わらなかった。週刊誌の連載だけでも組関係が大騒ぎになっているのに、映画になったらどんなことが起きるか。身の安全を考えれば承諾できない、という。

そこで俊藤は、昔の伝手を頼った。俊藤にしか出来ない解決法である。

〈ボンノこと菅谷政雄組長の舎弟だった波谷守之さんという同じ呉出身の親分が中に入って話をまとめてくれたんです。この波谷組長の親分筋にあたる人に、原爆で亡くなった広島の渡辺長次郎親分がいて、私がかつて若い頃、親しくしてもらっていた五島組の大野福次郎親分と偶然、兄弟分だったんです〉(「アサヒ芸能」99年4月1日号)

波谷守之は、美能が服役していたとき面会に行き、カタギになることを強く勧めた人物である。美能は今回もまた波谷の説得を受け入れて、映像化を承諾した。

初めて笠原和夫のシナリオを読んだとき、美能はいくつかのクレームをつけたが、その後はおおむね協力的だった。例えば、美能の背中には大きな鯉の刺青が彫られており、それを文太の背中に再現してポスター撮影することになった。鯉の刺青は臀部《でんぶ》まで延びていて、全体を見るためには美能に裸になって貰う必要がある。スタッフが恐る恐るお願いすると、美能は「ええよ」と、あっさり脱いでくれたという。

ただし、『仁義なき戦い』というタイトルは、最後まで嫌がった。〈自分は仁義を求めて生きてきた。計算ずくでヤクザは生きてられるもんじゃない〉との思いからである。

俊藤はまた、俳優たちのキャスティングでも手腕を見せた。

〈1作目の松方弘樹の役を、当初、僕の下におった日下部プロデューサーが小林旭を持ってきたんですよ。僕は、松方がいるんやからダメ、と〉(同)

松方が演じた山守組組員・坂井鉄也役は文太との絡みが多く、悲劇的な最期を迎えることで、強い印象を残す。坂井の死が次なる抗争を招くのだが、小林旭では格好が良すぎて、坂井の小心さ、脆さ、人の良さは表現できなかっただろう。

深夜作業組

72年11月中旬、深作は広島と呉でロケハンしたのち、京撮のスタジオで撮影を開始した。脚本の笠原和夫はぎりぎりまで京都の定宿で直しを続けていたが、東京本社で『仁義なき戦い』の製作発表が開かれるのを区切りに、帰京している。

撮影に入った深作は、文太が評した通り、マイペースを貫いた。東西の撮影所の気風の違いなど、どこ吹く風である。むしろ、京撮の独特な雰囲気を楽しんでいた。

京都における深作について、息子の健太は、こんな話を披露してくれた。

「親父がよく言っていたのは、自分は水戸出身なので茨城弁が抜けなくて、助監督を始めた頃には、興奮すると語尾が上がってしまい、みんなに笑われた。特に女優さんに笑われるのがショックで、一時は失語症になったそうです。でも、京都の撮影所に行ったら、標準語もへったくれもない。全員が関西の人間ではないのに、エセ関西弁で話している。訛は誰も気にしないし、活動屋同士のコミュニケーションが出来て、気持ちがよかった、と」

京撮では、東京から気取った監督が来ると、嫌がらせを受けることがあった。格好をつける人間を嫌うのだが、深作にはむしろ好意的だったという。その裏には、深作の盟友というべき中島貞夫監督の協力がある。中島は、深作が京都で仕事をしやすいよう、自分が一番いいと思うスタッフを揃えて、深作組につけたのだ。健太には感謝の気持ちしかない。

「中島さんは、本当に優しくて、天使のような方なんです。あの方がつないでくださったから、親父は京都（撮影所）のしきたりや面倒くさいことも、クリアできた」

居心地のよさを感じた深作は、クランクイン当初から、いつも通り粘りに粘る演出を続けた。そのため、撮影が深夜に及ぶことが度々だった。じきに「深作組」は「深夜作業組」の略称ではないかというジョークが撮影所内に広まった。

それでも、深作は嫌われなかった。岡田茂は、深作は俳優たちに愛されていたという。

〈どういうわけか、ひじょうに役者に人気があった。決して彼は優しくいいませんよ。相当役者ともやりあっているし（中略）。たとえば菅原文太はもともと松竹の出身で、うちに慣れないところもあってかわいそうだったし、誰もあいつの力をなかなか見抜かんのだよ。深作は落ちこぼれのような文太の力を見抜いたんでしょう。おそらく、共感するところがあったんだ〉（前出『映画主義者　深作欣二』）

岡田は深作とは経営的な問題でなんどか口論した。撮影に時間をかけ過ぎて、予算を超過することが多々あったからだ。だが、出来上がったものを見ると、納得してしまうという。

〈ひとことでいって、ほんとうにいい男です（中略）。しつこくねばって、撮影に時間がかかっていやになると思われても、最後にはみんなから誉められる監督だった〉（同）

確執

一方で、文太が主演した『仁義なき戦い』『新仁義なき戦い』の各シリーズと、『県警対組織暴力』のすべてをプロデュースした日下部五朗は、深作監督への不満を募らせていた。

「僕は深作欣二と長いこと仕事しましたが、二度と付き合いたくない監督ですね」

私は思わず耳を疑った。日下部は撮影の最中、深作に腹を立てることが度々だったと言う。それは、深作が初めて京都撮影所にやって来たときから始まっていた。

「一日中、この野郎が、と怒っていましたね。顔を見ると、嫌だという気はしないんだけど」

日下部が腹を立てた主な理由は、深作が予算や日程を平気でオーバーさせ、なんど注意しても聞き入れなかったからだ。

「撮影所にセットを作るでしょう。深作はちょっとしたところが気に入らん言うて、全部、壊しちゃうんだから。それで、また建て直させるわけだ」

当然ながら、セットを一から建て直すと、予算のみならず撮影時間もオーバーする。進行係が作成したスケジュールも大幅な変更を余儀なくされた。深作はまた、セット内の照明を逆の位置に変更するのも日常茶飯事だった。入念に準備していたのに、初めからやり直しである。

「深作は役者に『どうも違う。微妙に違う』と言うんですよ。『文ちゃん、微妙に違うよ』と。そんなこと言われても、役者はどうしていいか、分からんで」

深作は、俳優の演技にOKを出したあとでも「少しだけ、微妙に違うんだ。もう一度やってみよう」とテストを重ねた。周囲が「何回もしつこいなぁ」とあきれても、納得するまで粘る。

だが、これは俳優を傷つけないようにNGを出す、深作特有の思いやりだったのではないだろうか。俳優の演技を頭ごなしに叱らず、「いいんだけど、少し違うから、もう一度やり直そう」という表現で、場を和らげていたのではないか。

『代理戦争』と『頂上作戦』で助監督を務めた土橋亨も、深作は、とにかくテストに長い時間をかけたと話す。画面の細部に拘《こだわ》る深作流の演出方法だ。

「サクさんは最初に前を見ていないの。後ろの大部屋の俳優さんばかり見て、芝居を直す。そうしてだんだん、手前に来るわけ。画面の奥の方から芝居を固めていくから、何度もテストを繰り返すことになる」

主役の文太のテストが最後になるのは、いつものことだったと言う。

スタッフから報告を受けた日下部は「あいつが、またか」と苛ついた。心穏やかな日は、ほとんどなかったと振り返る。

「彼は惚れた女優に対しては『微妙』とは言いませんよ。自分の作品に抜擢した松坂（慶子）とか、荻野目（慶子）には言わない」

日下部は、深作が脚本を直さずには済まないことも、気に入らなかった。『仁義なき戦い』の笠原の脚本は例外中の例外である。

「厄介というか、扱いにくい監督ではあった。結論が出たかと思うと、またディスカッションを始めて蒸し返すんだ。壊し屋だね」

深作は徹夜好きで麻雀好き。毎晩のようにスタッフと飲み歩き、タフに映った。日下部が思い出すのは、ちょっとした時間があれば、撮影現場で眠っていた深作の姿だ。

「スタッフには迷惑のかけっぱなしだったが、役者には好かれておった。文ちゃんの才能を開花させたのは、深作欣二ですよ。彼が文ちゃんの持ち味を最大限、引っ張りだした」

不満を語る一方で、日下部は自著の『健さんと文太　映画プロデューサーの仕事論』では、深作を褒めている。

〈品ということでいえば、深作はどんな荒くれ男を撮っても、品を保っているところがあった。それは彼の書く文字を見れば一目瞭然である。実に達筆で、きれいな字を書く〉

あんなに美しい文字でラブレターを書かれたら、女性はころりと参るだろう、とまで語るのだが、埋められない溝が出来ていたのである。

定型のない監督

撮影のスタートは変則的だったが、日が経つにつれ、現場は活気を帯びてきた。文太は深作の演出について「自由に泳がせてくれる」と語る。

〈その代わり、もっとないか、それだけか、とくたくたになるまで演技の可能性を求めてくる。「バカヤロー、それじゃだめだ」と怒鳴るだけで、どうしろとは言わない。（中略）深作組の現場に充満する高揚した空気は、独特のものだった〉（「日本経済新聞」２００３年１月５日）

映画の後半で見せ場がある。坂井（松方弘樹）は、山守組長（金子信雄）が組員のヒロポンを横流ししていた件に怒り、啖呵を切る。

「おやじさん、言うとってあげるが、あんたは初めから、わしらが担いどる神輿じゃないの。組がここまでなるのに、誰が血流しとるんや。神輿が勝手に歩けるいうんなら、歩いてみないや、のう！」

『仁義なき戦い』第一作の印象的な名台詞で、口真似したファンも多いだろう。

老獪な山守は、広能（文太）を利用して坂井を消そうとする。

「昌三、わしに力貸して、坂井を殺《や》ってくれい、頼む！」

広能は、泣き落としが得意技の山守にうんざりしつつも、親分子分の盃を交わしたからには逆らえない。不本意ながらも、坂井の襲撃を決意する。

山守役の金子信雄はまさに怪演で、こんな親分のために命を賭けるのは無駄死にだと思うほどずる賢い。脚本の笠原は、金子の芝居を見て、頭を抱えたという。

深作もまた、当初は金子の演技に「こういう親分って本当にいるのかな」と不安が付きまとっていたというが、単純な悪役ではなく、悪辣さと小心さ、変わり身の速さが入り混じった人物像を演じているのだと分かり、引きずり込まれていった。

広能は山守の懇願を受けて、坂井の潜伏先を襲う。殺しは失敗して、坂井と車に乗り込んだとき「つくづく極道が嫌になっての……」などと弱音を吐く坂井を、諭すように話す。

「最後じゃけん、云うとったるがよ、狙われるもんより狙うもんの方が強いんじゃ……そがな考えしとったら、スキが出来るぞ……」

広能と別れたあと、坂井は山守組組員に狙撃されて絶命した。強い怒りを覚えた広能は坂井の葬儀に乗り込み、祭壇に向けて銃を乱射する。激昂した山守が言う。

「広能ッ、おまえ、腹くくった上でやっとるんか！」

ここで文太は、シリーズを代表する名台詞を吐く。

「山守さん、弾はまだ残っとるがよう……」

ラストシーンを笠原は、こう書いている。

〈シン、と見送る一同の視線の中で、不敵に歩み去ってゆく広能。その、孤独な、殺意に満ちた顔に―エンド・マーク〉

撮影が続く中、文太はあるニュースを耳にした。会社がシリーズ化を検討しているという。

「悪役の華を咲かせて死ね」

『仁義なき戦い』には、鶴田浩二、高倉健、若山富三郎ら東映を代表するスターは一人も出演していないが、会社の上層部が「これは話題作になる」と判断し、続編の製作が決定した。

1作目の公開は1973年1月13日、正月映画第2弾と決まり、2作目の公開はゴールデンウィークあたりにしたい、という具体的な案も出た。

現場の熱気は京都撮影所内に広まっていた。監督の深作欣二は、気を遣わなければいけない大物俳優がいないことで、マイペースを保ちノビノビと演出しているように映った。

繁華街のロケでは、ほとんどがゲリラ的手法で撮影された。まず撮影所でアクションシーンのリハーサルをしたあと、現場へ行って、いきなり本番を撮る。小型の手持ちキャメラの撮影なので、通行人には、本物のヤクザが凶器を持って暴れ回っているとしか見えず、映画だとは気づかない。一一〇番され、パトカーがやってきたこともあった。

また、三上真一郎が演じた新開宇市が広島駅のホームで刺殺されるシーンは、実は京都駅のプラットホームで撮っている。本来なら駅の許可が必要だが、下りるわけがないので、無断撮影して、さっさと逃げた。ゲリラ撮影は一発勝負のため、撮る方も撮られる方も必死である。それがまた、映像に強いインパクトを与えている。

深作は特に大部屋俳優の使い方が上手かった。台詞のない脇役にも、前に出て芝居するように指示する。文太は、深作が大部屋俳優一人一人の名前をちゃんと覚えていた、と語る。

〈それまでの任侠映画は主演とその脇を固める何人かさえいれば、あとはどうでもいいんですよ(中略)。深作さんは末端の役者に至るまで現場での仕事を見て、目をつけた連中を抜擢して、働く場を与えてやったっていうのかなあ。だからこそ彼らは非常に奮い立ったんです〉(前出『映画主義者　深作欣二』)

『仁義なき戦い』は、戦後混乱期の青春群像を描いているので、主演クラスの俳優だけでなく、脇役の誰もが主人公に成りうる。シーンによっては、主演クラスに殺される悪役の方が目立っていたりする。深作が悪役を演じる俳優たちに口癖のように言っていたのは「七、八秒のフィルムをやるから、悪役の華を咲かせて死ね」だった。

脇役たちの熱演

文太は〈「仁義なき戦い」シリーズは、決して予算があるほうじゃなかった〉と振り返る。

〈私と深作さんが一緒にやった映画で、そんなにたくさんの予算なんかくれるわけない。当時撮っていた任侠映画の半分ぐらいの予算じゃないかと思います。私のギャラだって最初は二百万円ですから。しかし、この作品をきっかけに、それまで鬱々としていた若い、端役しかもらえなかった俳優たちが、地面からワーッと湧いて出て来た〉（同）

大部屋俳優の中でも出色だったのは、川谷拓三である。深作は、京都撮影所で川谷を初めて見たとき、殺陣師の上野隆三に「あんな坊やみたいなの、この映画にはいらないよ」と話した。

川谷は小柄で痩身。見ようによっては童顔である。だが、そこらに転がっている死体から始め、身体を張って斬られ役、殺され役を演じてきた「拓ぼん」は、どれほど過酷なアクションでも、果敢に挑んだ。撮影中、生傷は数えきれず、死に瀕したこともある。

「あのシリーズでは脇がまた良かった。あれだけの脇役たちが生き生きと躍動していた作品は、僕が助監督をやった中でも秀逸でした」

助監督の土橋亨は『代理戦争』の撮影のとき、深作から川谷拓三を託されて、演技指導をした。本当は別の俳優が配役されていたのだが、深作は気に入らず、川谷を使いたがったのだという。

土橋の指導もあってか、川谷は、広能組の小心な組員・西条勝治役で印象的な演技を見せた。台詞が多く、不始末の詫びで手首を切り落としたり、鉄砲玉になる渡瀬恒彦に自分の愛人（池玲子）をあてがうなど、見せ場がいくつもある。その結果、深作に引き立てられ、シリーズ中4本の作品に出演している。深作が会社の意向を無視して俳優を抜擢した、恰好の成功例である。深作自身は「京都の大部屋俳優の数が揃っていたのが良かった」と語っている。

〈拓三あたりはね、酒飲みゃ乱暴極まりない酔い方をする男だったけど、本当の役者になろうという熱意は人並み以上に強かった。映画をよく見ているし〉（杉作J太郎・植地毅編著『仁義なき戦い 浪漫アルバム』）

深作は京都の俳優だけでなく、東京から室田日出男と八名信夫を連れて来た。川谷は深作作品の常連俳優たちに強い関心とライバル意識を持っていたという。のちに川谷は室田とともに、大部屋俳優が結集した『ピラニア軍団』を結成している。

だが、脇役の中で最も強烈な個性を演じたのは、山守の親分こと、金子信雄だろう。映画のクレジットで金子は脇役扱いだが、準主役クラスの立ち位置で芝居をしている。

山守が大勢の子分を従える組長とは思えない言動を繰り返し、自分はけっして手を汚さずに勢力を拡大していく様は、映画の嘘のようにも思える。けれど、笠原和夫が描いたのは美能の手記に基づく親分の人物像で、誇張していたわけではない。

例えば、手記の中にこんな実例がある。

親分の山守のモデルである山村辰雄には涙腺を自由に操れるという特技があった。窮地に立つと、誰の前であろうと泣き崩れる。組員の前ではひときわ、涙が効果的だった。

〈幸三、助けてくれい。この通りじゃ〉（飯干晃一『仁義なき戦い 決戦篇』）

いい齢をした親分の涙を見て子分は動揺し、泣き落としに負けてしまう。女房の邦香（映画では木村俊恵が演じた利香）も山村をサポートして、子分たちを説得する。

〈とにかくうちの言うたらね、人がええもんじゃけん、ようしてやっちゃ、いつも人に手を噛まれて、あとでメソメソ泣くんよ〉（飯干晃一『仁義なき戦い　死闘篇』）

泣いたあと、山村はコンパクトを取り出し、赤い鼻の頭をパフで叩いて化粧直しをする。山村の無理をきくうちに美能はノイローゼになり、ヒロポンを打ち始めたという。

また、山村のせいで服役し刑期を務め終えた美能に対して、100万円を渡すという約束だったのに、40万円に値切るという吝嗇《りんしょく》ぶりを見せる。さらには組の関係者から出入りの業者でスーツを作ろうと誘われ、美能が応じたところ、後日山村から罵倒された。

〈このクソ馬鹿たれが。わりゃあ、いったい誰がゼニを出すとおもとるんない。言うとったるがよ、お前らが着る背広いうたら、七、八千円も出しゃ、なんぼでもあらあ〉（前出『死闘篇』）

金子が演じた山守は、山村辰雄という現実の親分の姿を投影した人物だったのである。

厳寒の写真撮影

72年の暮れ、1作目の撮影中、東映宣伝部は写真家の富山治夫に「ポスター用の写真を撮ってほしい」と依頼していた。アート系の写真を撮る富山に、新しいイメージのポスターを期待したのである。文太が富山を指名したという説もある。

当時の富山は芸能関係に関心が薄く、菅原文太の名前も知らなかった。

〈でも、仕事の依頼があったので、取り敢えず京都へ行こうというわけで、そこで文太さんと初めて顔を合わせたのだが、なんとなくギコチなかったのを覚えている〉（前出『野良犬の怨念　菅原文太』）

富山と親しくなるためか、文太は宿泊先の旅館から、富山が泊まっていた京都ロイヤルホテルに移る。1週間ほど二人で食事をしたり、酒を酌み交わすうちに、気持ちが通うようになった。

それでも富山はブラブラしているだけで、一向に写真を撮る気配はなかった。

〈私には従来のスチル写真を撮る気はなかった。むしろ、スチルとか映画にないような、私自身のイメージづくりをしようという気持ちが強かった〉(同)

文太も富山に共感し、イメージが決まったところで、二人は極寒の若狭湾《わかさ》へロケ地探しに出かける。ここからは真剣勝負で、お互いに妥協はしなかった。

〈私の細やかなイメージを（文太は）身体をはってふくらませてくれた〉(同)

文太は、凍えるような夜明けの海に、褌に晒《さら》しを巻いただけの姿で飛び込んだ。身体には、美能幸三と同じく背中から臀部にかけて鯉、右肩に唐獅子、左肩に般若の刺青が描かれている。手に持っているのは本物の日本刀で、海水を浴びて錆びるというアクシデントもあった。

若狭の海に寒風が吹き荒ぶ。富山は、このままでは文太が風邪をひくのではないかと心配し、撮影中止を申し入れたが、文太はきっぱりと断った。

〈そこが役者根性、目的のためには何もいとわぬと、凄い迫力と鋭い役者感覚にジリジリと押しまくられて、撮影終了〉(同)

『仁義なき戦い』シリーズのポスターや、文太のプライベートを切り取ったモノクロ写真の多くは、富山が撮影したものである。

笠原和夫の困惑

菅原文太は『仁義なき戦い』が何十年経っても根強い人気を誇っている理由を尋ねられたとき、こう答えている。

〈何なんでしょうかねえ…いろいろ意味づけをする人はいるけど、まあ、単純に作品がおもしろいからじゃないかな〉（「アサヒ芸能」２０１４年12月25日号）

文太は笠原和夫の脚本の凄さも認めていた。

〈監督もそうだし、俳優もそうだし、津島利章氏の音楽もそうだったけれど、やっぱりいい脚本に出会うと、何か触発されてくるもんがあるんだろうなあ（中略）。それでいうと笠原さんの『仁義なき戦い』は、一つ一つのセリフに至るまで、本当によく行き届いて書いてあったからね。非常に研ぎすまされていた〉（同）

その笠原は、『仁義なき戦い』の試写を見たあとで怒り狂ったという。

〈なんだ、あれは。話をちゃんと纏めてないじゃないか。キャメラはキャメラでカチャカチャ動き回り、人間の顔がフレームに収まらずに切れている〉（前出『映画はやくざなり』）

１９７２年12月28日、午後４時、東映京都撮影所で、『仁義なき戦い』の試写会が開かれた。約１時間半後に映画のエンドマークが出た瞬間、笠原は堪えに堪えていた怒りを爆発させ、席を蹴るようにして外へ出た。

〈そりゃおれのホンも纒まりが悪いものだったが、監督がさらに引っかき回しやがって、どんな話か分かりゃしない。こっちが苦労した群像ドラマの厚みも焼跡の青春の哀愁もふっ飛んで、目が回るだけじゃないか。言わんこっちゃないぜ、だからおれは深作の起用に反対したんだ！　今

回は負け戦だけは避けたかったが、あの野郎のせいで、こりゃダメだ〉(同)

深作の顔を見たら何と言ってやろうか。2階の企画室で考えていると、スタッフが上がってきて口々に「素晴らしい」「興奮した」「傑作だ」「あんな映画見たことない」などと褒め称えた。「あれは当たるよ。絶対」と断言する者までいる。試写室は拍手喝采だったという。さらには深作を称える乾杯の用意までしていた。笠原は困惑した。

みんな頭がおかしいんじゃないか……。

この夜、笠原は関係者たちと祇園で飲み歩き、二次会あたりから荒れ始めて、深作にひどい言葉を投げつけたという。

だが、明けて73年1月13日、シリーズ一作目となる映画が封切られた日の深夜、笠原は京都の映画館へ出かけて、認識を一変させる。映画館はほぼ満杯の状態で、観客の熱狂が伝わってきた。笠原は大勢の観客に混じって映像を追ううちに、激しく動き回るキャメラをリズミカルだと感じ、試写室とは違う大画面の迫力に興奮した。画像が上下逆になれば、首を斜めに動かしてみたり、観客と同化していたのだ。文句なしに凄い、面白い。

〈わたしは深作欣二監督の得難き才能を見損なっていた訳で、映画館の暗闇で密かに脱帽し、おのれの不明を恥じた〉(同)

映画は、これまでヤクザ映画に見向きもしなかった朝日新聞の映画評でも絶賛された。おかげで各紙誌にも記事が載るようになり、会社の予想を上回る大ヒットとなっていく。

そんな中、深作は社長の岡田茂から一通の電報を受け取った。

「ダイヒットオメデトウ、キクンノゴフントウニココロカラカンシャシマス」

東映に入社して20年。会社の最高責任者に感謝されたのは、監督になって初めてのことであり、深作はわが目を疑った。

俊藤の企み

一方で笠原は、『仁義なき戦い』の第2作を依頼されており、題材選びに苦慮していた。社長の岡田は「広島事件」を書けと言うが、飯干晃一の連載はまだ続いており、完結するまでには時間がかかる。なにより問題だったのは、広島ではいまだに抗争が継続中だったことである。

そこで笠原が考えたのは、原作に短く登場する山上光治という若い殺し屋を主人公にしてはどうか、というものだった。山上は常にブローニング38口径オートマチック拳銃（映画では45口径）を持ち歩き、生涯に5人を殺害した。必ず一発で相手をしとめ、倒れた相手の死亡を確認してから現場を去ったという。広島極道の典型として伝説になっている男である。

今回は群像劇ではなく、24歳の若さで自殺した山上に焦点を絞って、情念の芝居を作ろう。

笠原は会社の上層部と企画部に脚本の趣旨を話して、了解を取ったものの、この作品『仁義なき戦い　広島死闘篇』は二つの問題を孕《はら》んでいた。

まず、東映のお家事情である。

任俠映画の父とも言える俊藤プロデューサーは、『仁義なき戦い』の監督に深作を選んだとき、これからは任俠映画と実録映画の二つの路線で製作を進めようと考えていた。だが、岡田茂は初の実録映画の成功を受け「今後、任俠映画は製作しない」という方針を打ち出した。

鶴田浩二、高倉健、若山富三郎、菅原文太らのマネージメントをしていた俊藤にとっては「あまりの仕打ち」であり、到底承服できるものではない。任侠映画が東映を支えてきた歴史、その恩恵に後足で砂をかけるつもりか。

岡田が任侠映画を見放したのは、映画を上映する全国の館主たちの意見が大きく影響していた。もはや従来の任侠映画では客が集まらなくなっており、館主たちは「これまでと同じような映画なら、我々は小屋にかける必要を認めない」という。「『仁義なき戦い』ならよろしい」とも言われ、岡田は方針転換を決意したのである。

それから間もなく、笠原は企画部から思いがけない連絡を受ける。「文太が急に映画を降りたいと言ってきた」という。理由を聞いても抽象的なクレームで意味が分からない。

そこで、笠原、深作、文太が顔を合わせ、話し合いの場を持つことになった。

深作はまず、『仁義なき戦い』が文太主演のシリーズということは動かないが、2作目は番外編的に作るしかないと考えていることを、文太に伝えた。1作目とは設定が異なることを理解してほしい、とも話した。丁寧に説明したつもりである。深作は回想する。

〈そしたら文太が「じゃあ、俺は出ないほうがいいのかな」「馬鹿なこと言いなさんな。お前さんが出なくてどうするんだ」そのうちに笠原さんもカーッとなるし、文太と怒鳴り合いを始めた〉（前出『映画監督深作欣二』）

笠原もまた、文太に「第2部は出番が少ないよ」と前もって伝えてあったし、本人は承知していたはずである。それなのになぜなのだ。文太としばしの口論の末、笠原は言った。

〈「お前、表に出てやるか⁉　何なんだ。前と言ってることが違うじゃないか！」とね。そうしたら、「そっちがやる気なら、やってもいいです」なんて言うから「ふざけるんじゃない。俺がガラス瓶、パンと割ってお前の顔を傷つけたら、もう役者としてやっていけないんだぞ。それでもやる気あるのか」と言ってやったら、間に深作が入って「まあまあ」と（笑）〉（笠原和夫・荒井晴彦・絓秀実『昭和の劇　映画脚本家　笠原和夫』）

深作が仲裁に入り、文太は険悪な雰囲気のまま帰っていった。そのあとは、笠原、深作、プロデューサーの日下部らが話し合い、「文太が出ないのなら、出なくてもいい。代わりの役者を使ってでも撮る」という結論に達した。

笠原は文太の態度が短期間のうちに変わったことについて、原因を考えた。文太の背後には俊藤がいる。俊藤は、任俠路線を切り捨てた岡田に対し、文太を出演させないことで意趣返しを企んだのではないか、というのが笠原の推測だった。

笠原は73年3月14日の日記にこう記している。

〈結局は、（降板理由は）役不足ということで、それに、俊藤氏が裏で強硬にこの作品を流すことを画策しているらしい。文太も、それらのことを率直に口に出して云わぬからこじれる〉（笠原和夫『「仁義なき戦い」調査・取材録集成』）

〈そうしたら今度は、また文太が再逆転して、「出させていただきたい」と〉（同）

『仁義なき戦い』は、封切館の上映が終わったあとも、二番館、三番館にかけられ、興行収入を増やしていた。各方面の評価も高い。そんな映画のシリーズ化が決まったとき、主役を降りる役者はまずいない。俊藤に言われて一度は出演を固辞したものの、文太の本音ではなかった。俊藤に逆らうことになっても、「自分は出演したい」という気持ちが勝ったのである。

このあと俊藤が文太の映画をプロデュースする機会は激減した。俊藤の東映における権限が、大幅に失われていったからだ。

岡田と俊藤の不仲はマスコミでも報じられ、一時は俊藤が鶴田浩二や高倉健など自分の息のかかった俳優たちを連れて独立しようと画策したが、今回も東急のトップ・五島昇が仲裁に入り、事は収まった。岡田と俊藤の手打ちとなった映画が、73年8月公開、高倉健主演の『山口組三代目』(監督・山下耕作)である。

役の入れ替え

こうした東映のお家事情のほかに、『仁義なき戦い　広島死闘篇』には、もうひとつ問題が発生していた。最初のキャスティングでは、山上光治がモデルの主人公の山中正治を千葉真一が、大友勝利を北大路欣也が演じることになっていたが、北大路が「暴れまくる大友役は自信がない」と言い出したのだ。「山中の役なら理解できる」とも訴えるので、二人の役を入れ替えねばならない事態になった。

深作はこれを聞いたとき、千葉はなまじなことでは承知しないだろう、と思った。なぜなら、千葉と北大路には、以前にも役の取り替え騒動があったからである。『海軍』(監督・村山新治/63年)という戦争映画で、千葉は真珠湾に突っ込んでいく将校の役、北大路は病気で戦場には行けない友人の役だったが、土壇場になって北大路が千葉の役をやりたい、と言い出した。会社は、御大・市川右太衛門の息子で、東映のプリンスと呼ばれる北大路の要望を無視するわけにはいかず、変更を認めたといういきさつがあった。

案の定、千葉は説得に来た日下部を「納得できない」と突っぱねた。すでに台詞も入っていて、役作りは出来上がっているという。そこで、深作が千葉に会い、諭すように説得した。

〈お前さんには山中ができるだろうけれど、逆に欣也には大友は逆立ちしてもできない。できないから彼は正直に言ってるんだ（中略）。事情がこういうふうになってくると、最初のままで欣也の大友だったら、今度は俺が監督を断るわな〉（前出『映画監督深作欣二』）

結果的に、千葉は折れて、大友役を引き受けた。役作りは一からやり直しである。

だが、千葉はのちに「大友をやって本当に良かった」と回想している。

〈自分が広がったなって思う。あれから役者として役の見方も変わったし（中略）その後いろんな役に挑戦したくなってきた〉（鈴木義昭『仁義なき戦い　公開40周年　そのすべて』）

実際、この作品で主役を食うほど目立っていたのは、下品極まる台詞を吐き、暴力の限りを尽くす荒くれ者・大友勝利を演じた千葉だった。

千葉は、テキ屋の仁義を説く父親に向かって、「のう、おやじさん、神農じゃろうと博奕打ちじゃろうとよ、わし等うまいもん喰うてよ、マブいスケ抱く為に生まれてきとるんじゃないの。ほうじゃけん、銭に体張ろう言うんが、どこが悪いの」と話し、笑い飛ばす。

シリーズの登場人物の中で、広能昌三に続いて大友勝利に人気があるのは、千葉の吹っ切った演技が強い印象を残したからだろう。

『広島死闘篇』は73年4月28日に公開され、1作目に続くヒットとなった。続く『代理戦争』で、文太は東映のトップ俳優としての貫禄をみせるようになる。

第6章　揺れ動くスター

トップ俳優へ

シリーズ3作目の『仁義なき戦い 代理戦争』がクランクインしたのは1973年7月下旬。この作品あたりから、菅原文太の言動に自信がみなぎってくるようになった。

〈もうオレの顔なんか映ってなくたっていいんだ。とにかく作品のムードが出てるものならそれでいいから、オレの顔の大きさなんかにはこだわる必要はないよ〉（「アサヒ芸能」2015年1月1・8日号）

これは映画の宣伝ポスターを製作するとき、文太が宣伝部次長の小野田啓に話した言葉である。スター中心主義の東映において、ポスターには主演俳優の顔や全身写真が一番大きく配置されるのが通常で、あとは準主役が周りを取り囲むような形で配置される。だが、文太は「そんなことはどうでもいい」という。

文太の意思を反映して出来上がったポスターやパンフレット、チラシは、これまでの東映では考えられないほど斬新だった。拳銃がポスターの中心にあり、その周りに文太と準主役、脇役の顔が散らばっている。また、俳優たちの顔をずらりと並べ、殺された役の俳優に×印を付けたものもあった。文太にだけは×印がなく、「こいつだけがなぜ生き残った⁉」という惹句がついた。

東映に移籍した直後から、文太は高倉健を強く意識してきた。高倉は文字通り、東映の顔である。だが、文太は「自分の顔より、映画のイメージの方が大事」と話すようになった。余裕を感じさせる発言の背景には、文太の立ち位置の変化があった。

73年9月、文太は高倉健、鶴田浩二を抜いて、東映ナンバーワンの俳優に選ばれていた。『代理戦争』の公開に合わせ、東映が9月19日と25日に東京と大阪の劇場で行ったアンケート調査で、ファンの支持は高い順に、菅原文太が41・8％、高倉健が30・3％、鶴田浩二が20・5％、安藤昇が7％、渡瀬恒彦が5％という結果が出たのだ。『仁義なき戦い』シリーズで得た人気が、はっきり数字となって表れたのである。

配給収入は、1作目が5億3000万円、2作目が4億5000万円、3作目は5億8000万円を記録するのだが、文太は、シリーズ2作目にして東映のトップ俳優に躍り出た。

〈ヒットも人気も、もちろん、うれしいです。でもね、映画俳優なんて、いつもあやふやな所に立っていて、だれも守ってくれない（中略）。だいたい、過去にどんな栄光を背負った役者でも、永遠にそれを持ちつづけることはできない〉（「平凡パンチ」73年12月17日号）

だからこそ、その時代とともに生きるしかないし、それが面白さだと話すが、一方で、自信も覗かせる。俊藤浩滋プロデューサーの任侠路線に乗れなかったことが、逆に幸いしたという。

〈俊藤さんに『二年遅かった』といわれましたね。でも、それが結果的にはよかったんでしょう。任侠もののワクに組み込まれていたら、健さん鶴さんを越えることは全くできなかったでしょうからね〉（「週刊朝日」73年9月7日号）

この発言は、〈過去にどんな栄光を背負った役者でも、永遠にそれを持ちつづけることはできない〉につながる。自分のことを話しているようで、高倉健、鶴田浩二を過去の栄光扱いしているようにも聞こえる。8月16日生まれの文太は、アンケート結果が出たときは40歳。まさに遅咲きのドル箱スターの誕生である。

貧乏ゆすりが共通点

深作欣二はこの頃の文太を、しきりに「同志」と呼び、「野良犬文太」と親しみを込めて話す。〈彼の顔は、ノッペリした、いわゆる役者顔ではなく、苦労した人間の顔です。戦後の混乱期の体験を、どこかに引きずっている苦さ、彫りの深さがある。それが、スターといわれるとき、彼が示す気恥ずかしさに、よく出ている〉（前出「平凡パンチ」）

任侠美学へのアンチテーゼ作品である『仁義なき戦い』は、東映の伝統であるスターシステムを揺るがせた。東映移籍当初は仰ぎ見る存在だった高倉健を人気の上で追い抜いたという事実が、文太に大きな自信を与えたことは間違いないだろう。

3作目の『代理戦争』からチーフ助監督についた土橋亨は、撮影の合間、深作に菅原文太のどんなところが良いのか、尋ねたことがある。

「貧乏ゆすり、と深作さんは言ったの。文ちゃんは現場で何もしていないとき、貧乏ゆすりをするんですけど、それが役にピッタリだと」

その言葉の意味は、じきに分かった。土橋は3作目の『代理戦争』と4作目の『頂上作戦』の製作のとき、美能幸三に会って聞き書きをしていた。

「ホテルに酒を持って行って、美能さんの支離滅裂な話や、東映の悪口ばかり言っているのを、テープレコーダーに収めて、肝心なところを起こすわけです。それをまとめて脚本の笠原（和夫）さんに渡すことを繰り返しました」

美能に会って、土橋は深作の言葉を思い出した。

「似てるんですよ、文ちゃんに。美能さんも、貧乏ゆすりをするんです」

広能昌三のモデルである美能は、用心深くて、話をしている間も貧乏ゆすりをするほど落ち着きがない。これまでの凄まじい経験のせいか、常に緊迫感があったという。映画の広能も、周囲に注意を払いながら、次に起こる事態に備える役柄だ。

「深作さんは『鶴さんや健さん、富さんたちは、どうしても静《スタティック》的な芝居になってしまう』と話してましたね。文ちゃんは、そうはならない。例えば、健さんだったら、何も言わずにぐっと三白眼で睨む、いわゆる決まりの芝居。マキノ雅弘監督は、健さんのことを『あれは喋らん方がいい。なるべく台詞を省けよ』とおっしゃっていたけど、『仁義なき戦い』のような映画では、そういう芝居は合わないでしょう」

土橋は、深作は文太にほとんどダメ出しをしなかったと話す。

「『微妙なんだよな』とか言って、何度もテストを繰り返すことはありましたが、本番で文ちゃんのNGは、数えるくらい。それだけ、広能役がピタッとはまっていた」

美能の場合は、なんども周囲の裏切りに遭って用心深さが身に付いたのだが、文太にも、苦労を重ねてきた人間の慎重さを感じたという。

実録映画とモダンジャズ

土橋はチーフ助監督として、撮影の全体的な流れを把握し、様々な調整を行った。監督や俳優、スタッフたちの動静に気を配っていると、様々な情報が耳に入ってくる。

「これは同期の助監督から聞いた話ですが、なんの作品だったかな、文ちゃんが主役で、地方の宿泊ロケに行ったときのことです」

撮影隊はロケ地の宿に泊まり、撮影が終わると、街に繰り出して飲むのが慣例だった。だが、助監督だけは翌日の準備があるので、飲みに行くことはできない。

「そのかわり、宿の部屋には食べ物から飲み物から全部揃っていて、飲食自由です。そうしたら、文ちゃんがやって来て『ここはいいんだよな。飲むもの食べるもの、何でもあるし。楽しいよな』と言って、部屋に居座ったそうです」

文太は街に繰り出すことはせず、いつも助監督たちと話をしていたという。

「議論好きだったのかな。主演俳優が助監督の部屋に入り浸るなんて、まず、聞いたことがありませんね」

また、高倉健や鶴田浩二、若山富三郎には、それぞれ取り巻きのスタッフがいたが、文太はそういう人間は作らなかった。俳優との付き合いも同じである。

「あれだけ色々な人たちと共演しているけど、親しい付き合いはなさそうでしたね。東映の俳優というより、むしろ加藤武さんとか、田中邦衛さんとか、新劇系の人とは合うのかな、楽しそうに話をしていたから」

土橋はあるとき、文太とモダンジャズの話で盛り上がった。

「僕が大学生のとき、ジャズ・メッセンジャーズが来日したんですが、アルバイトした金で日比谷公会堂へ行った話をしたら、『おお、あのとき行ったのか』と。『好きなんですか』と尋ねたら『もう大好きだ』と答えて。それで、文ちゃんは物凄くモダンジャズに詳しいんですよ。マイルス・デービスが特に好きでした」

任俠映画が正調演歌の世界なら、実録映画で展開されたのは即興のモダンジャズの世界だろう。のちに文太は『仁義なき戦い』を振り返り、こう記している。

〈……混沌、喧噪、生々しさ、レジスタンス、荒々しさ、センチメント、アドリブ、それらがあの時大きなボイラーの中で悲鳴をあげていた。俺だけでなく、旭が、欣也が、梅宮が、渡瀬、室田、拓三、志賀勝が、金子さん、加藤武さん、三樹夫さん、方正さんが、思えばマイルス・デービスであり、キャノンボールであり、サム・ジョーンズ、ハンク・ジョーンズであり、アート・ブレーキィ、ボビィ・ティモンズ、リー・モーガンであったと思う〉(『東映映画三十年』東映)

ジャズ好きの文太ならではの文章である。

小林旭の存在感

3作目となる『代理戦争』では、広島を支配していた村岡組が跡目を山守義雄に譲ったことから、跡目確実と目されていた打本組の打本昇と対立が起きる。打本は勢力を保持するために、神戸の明石組と舎弟盃を交わし、一方の山守も、明石組と勢力を二分する神和会と兄弟盃を交わす。この時点で広島抗争は「明石組と神和会の広島代理戦争」と呼ばれるようになる。

文太が演じる広能は、山守と打本の間で揺れ動く。山守に翻弄され、優柔不断な打本に振り回され、ついには破門されてしまう。

様々な人間が交錯する『代理戦争』の中で出色なのは、初登場の小林旭である。小林は村岡組の幹部・武田明を演じており、武田の登場で、ドラマの流れが政治的な要素を帯びてくる。

深作は、武田の役には小林旭のような重さが必要だった、と語っている。

〈ただやはりね、あの『渡り鳥』の大スターが本当にみっともないヤクザになれるのかどうか心配ではあったけど（笑）〉（前出『仁義なき戦い　浪漫アルバム』）

日活でマイトガイと呼ばれ絶大な人気を誇った小林は、斜陽の日活を去り、72年に東映に移籍。『仁義なき戦い』のスクリーンに登場したときには、大喜びしたファンも多かった。小林は、出演当時の心境を著作でこう振り返っている。

〈俺は役者馬鹿なんだよ。役者として、あくまで役作りのためにそういう組関係者の人たちと接したり飲んだりしたことはあった（中略）。俺がやった役のご本人と、銀座で月に三回くらいは飲んで話していたよ。なるほどこういう性格の人か。こういう話し方をするんだな、っていうのが分かるじゃない（中略）。『代理戦争』からの参加だったけれど、この時は、深作欣二監督の作品をそれなりに仕上げてあげたい、そんな気持ちだった〉（小林旭『熱き心に』双葉社）

『代理戦争』で大振りなサングラスをかけて現れた小林は、明らかに東映のスターとは毛色が違っていた。ある種の華やかさを漂わせていて、ヤクザ御用達の野暮なスーツを着ていても、どこかスタイリッシュだった。
もっとも、小林がその魅力をいかんなく発揮するのは、4作目になる『頂上作戦』である。

マイペースの頑固者

『仁義なき戦い　代理戦争』の公開を終えたあたりから、文太の身辺が慌ただしくなってきた。まず、シリーズの成功を受けて、取材の申し込みが殺到し、マスコミへの露出がかつてないほど増えた。著名人との対談も、短期間に数多くこなしている。付き人も、最初は一人だけだったが、数人抱えるようになった。

また、1作目は200万円だった出演料が倍近くになり、100万円の大入り袋もなんどか受け取っている。公務員の初任給が8万6000円、山手線の初乗り運賃が60円（76年統計）の時代である。出演料の200万円は現在の600万円くらいの価値があっただろう。

「自分はこれまで根無し草のように住居を転々としてきた」と語っていた文太は、この頃、杉並区南荻窪に自宅を購入した。次女が生まれ、3人の子供の父親にもなっていた。

本人は多忙を極め、東京と京都の撮影所をひたすら往復する日々だったが、麻雀好きなので、その時々のメンバーと卓を囲んだ。

文太の最初の付き人だった司裕介は、「オヤジは、手のかからない人だった」と振り返る。

「オヤジが麻雀しているときに、僕が『帰ります』というと『おおそうか、ご苦労さん』という感じでね。自分の身の回りのことは自分でやるし、必要な物は本人が買ってきた」

麻雀には、性格が出た。山城新伍が文太と卓を囲んだときのことを回想している。

〈彼の人生がたぶんそうであったように、パイの一枚一枚を、あまりにゆっくり慎重に切るものだから、いちじるしくリズムが乱れ、気の短い渡瀬恒彦などはいらいらのしっぱなしで、結果は文ちゃんのペースに乗せられて負けてしまうという、なんといわれても自分のペースをくずさない頑固者の一面を見せる〉（「週刊女性」76年1月1日号）

山城は、そんな文太に、東北人独特のバイタリティを感じたという。「文太は頑固者」という点では梅宮辰夫の意見も一致している。

「『仁義なき戦い』の撮影で、広島ロケに行ったんです。俳優たちがまとまって、京都から山陽新幹線に乗り、広島へ行くんですけど、途中、岡山のあたりで、付き人の司裕介が『辰兄、ちょっと困っています。助けてください』と言ってきた」

梅宮が「どうしたんだ」と尋ねると、司は「また、オヤジが始めたんです」と答えた。文太が「車掌と揉めている」という。

「僕が『無賃乗車でも疑われたのか』と聞くと、『持ち込みです』と。よく司の話を聞いてみたら、文ちゃんが岡山駅のホームで立ち食いうどんを買って、そのうどんを食堂車に行って食べようとしたら、車掌に注意されたんだと」

梅宮はすぐ司とともに、食堂車へ向かった。そこで文太は車掌に向かって「誰が決めたんじゃあ！」と怒鳴り散らしていた。

「文ちゃんは、外から持ち込んだものを食堂車で食べてはいけない、というルールを誰が決めたのか、と怒っていたんです。立ち食いのうどんなんだから、店で食えばいいのにね。言い出したらきかない。頑固でねえ。あの人らしかったな」

梅宮は、文太は融通がきかない性格だった、と言う。司は私の取材を受けたときに「オヤジは手のかからない人だった」と話したが、実際は手を焼くことが度々あったのだ。

付き人のバイク事故に

司裕介は京都撮影所の大部屋俳優で、殺陣の技術集団「剣会」のメンバーである。文太に付いたのは、72年の『木枯し紋次郎』からだった。

「会社から『文太さんの面倒を見てやってくれ』と頼まれたんです」

文太に挨拶をして3日後、まだお互いに気心も知れていなかったが、司は三宅島の宿泊ロケに同行することになった。付き人としての初仕事である。

「監督も含めて、スタッフは皆さんペンションに泊まっていたんですが、主役のオヤジと共演の江波杏子さんは旅館です。あれは嫌でしたねぇ。本当に」

何が嫌だったのか尋ねると、「食事のとき」だと言う。

「身の回りの世話が必要なので、僕も旅館に泊まっていたんですが、朝と夕、オヤジと江波さんと僕の3人でご飯を食べるでしょ。会話がないんですよ。シーンとして」

文太は喋らない、江波も全然喋らない、司は何を話していいか分からない。聞こえるのは漬け物を噛む音ばかり。そんな状態が10日間も続いた。

「もの凄く長く感じましたね。スタッフのペンションは撮影が終わると、楽しそうにどんちゃん騒ぎをしているのに、こちらは、宿の女将さんまで気を遣って、ヒソヒソと声をひそめて話すような状態で。1日でもいいから、あっちに移りたかった」

三宅島では魚料理がよく出たが、文太は刺身が苦手だった。特に青魚が駄目だったという。

「マグロはまず食べなかった。寿司もあまり食べないし、ただ、焼いたサンマは好きでした。小さいときに、何かあったんでしょうかね。息子の加織も同じで、刺身が苦手でした」

付き人になってから、司は文太が主演する映画のほとんどに出演している。『仁義なき戦い』のときは、文太が頻繁に自宅に電話しているのを覚えていた。

「京撮の部屋に電話があったので、内線から東京につないでいましたね。携帯電話がない頃ですから。奥さんと長い時間、話していた」

幼い子供たちの様子も気になっていたのだろう。家族思いの一面を見せている。

司が覚えている限り、文太は監督や俳優の悪口を言ったりはしなかった。共演した女優についても、ほとんど語らない。

「ただ、渚まゆみさんのことは褒めてましたね」

渚とは『現代やくざ　人斬り与太』『人斬り与太　狂犬三兄弟』で共演し、一部のマスコミで二人の関係が話題になったこともある。京都ではプロデューサーに連れられて芸者遊びもしたというが、遊びについては、特に口が堅かったという。

付き人になって数年後、司はバイクの飲酒運転で事故を起こした。新聞にも載るほどの大きな事故で、全治一カ月だった。退院して間もなく、文太から東京の自宅に来るよう言われた。叱られるのかと覚悟していたのだが、違った。

「『今日は司の全快祝いをやろう』と言われてね、僕はもう大泣きです。嬉しかったなぁ。奥さんもいらして『お酒を飲んで運転してはダメよ』と注意されたけど、優しかった。だけど何日かあとで、梅宮辰夫さんに会ったときは怖かったです。『おい司、東映の俳優で酒をくらって事故を起こしたのは誰だ』と聞かれて。僕なんですけどね。梅宮さんは、かなり怒っていた」

文太の付き人としては一番古く年長で、兄貴分の存在だったのが司である。司の記憶では、入れ替わり立ち替わりで、20人以上の付き人がいたという。

付き人ではないが、司と同じく「ピラニア軍団」の団員になった志賀勝は、任俠映画の時代からなんども文太に斬られたり、殴られたりした。大部屋俳優なので固定給と日給だけでは生活が苦しく、文太を相手に「当たり屋」になったことを語っている。

〈チャンバラの刀とか、ケンカのパンチが当たってしまったら、当てた主役が手当てとして5000円くれんねん。それで、わざと当たりにいく〉（「サイゾー」2013年11月号）

5000円は、臨時収入としては大きく、少々の怪我をしてでも欲しい金だった。

〈中村錦之助さんや、大友柳太朗さんは上手だから絶対に当てへんけど、菅原文太さんなんかは、頭が悪いから、よう当ててきよったわ（中略）。ほんまに当ててるんやから、そらうまく映るわな（笑）〉（同）

志賀が文太を「頭が悪い」と言ったのは、5000円の手当てを払うことになるのが分かっていても、避けようとしなかったからである。現場の迫力を優先したためだったのか。『仁義なき戦い　頂上作戦』でも、文太は志賀を含めた「当たり屋」たちになんどか金を支払った。ただし、付き人が「今のはわざと当たりに行っただろ」などとチェックを入れるので、2000円にダンピングしたこともあったという。

もっとも、この頃の文太に少々の出費は痛くも痒くもなかった。会社の待遇が大物扱いになり、出演料も交渉次第ではさらなるアップが見込めたからである。

嫉妬の対象

73年に『仁義なき戦い』シリーズは3本製作されているが、文太はその間にも『まむしの兄弟 刑務所暮し四年半』(監督・山下耕作)、『まむしの兄弟 恐喝三億円』(監督・鈴木則文)、『やくざ対Gメン 囮』(監督・工藤栄一)、『山口組三代目』(監督・山下耕作)、『海軍横須賀刑務所』(同)の5本に出演している。もはや高倉健に当たっていたスポットライトを奪ったかたちであり、周囲の見る目も変わってきた。

一方では、嫉妬の対象にもなっていた。社内で「文太が生意気になりやがった」「最近、態度が横柄だ」「あいつは変わった」という声も聞かれるようになった。

文太と『仁義なき戦い』『仁義なき戦い 頂上作戦』の2本で共演した俳優の三上真一郎は、松竹時代から文太と親しい関係だった。芸歴は長く、笠原和夫が1作目の『仁義なき戦い』で三上が演じた新開宇市を見て「自分が脚本に書かなかった人物背景を見事に演じてくれた」と感心した俳優でもある。

松竹を解雇されてフリーになった三上はシリーズ4作目『頂上作戦』(74年)の撮影中だった文太を、こう回想している。

その日は深作監督にしては珍しく、撮影が定時で終わり、夕食後にアフレコ(撮影後、画像に合わせて音声を録音すること)が行われる予定だった。俳優たちはアフレコ・ルームに集合して、開始を待った。だが、予定時間がとうに過ぎても、主役の文太が現れない。

〈梅宮辰夫、田中邦衛、東映専属の俳優も含めておよそ三十人ほどは、することもなく椅子に座り主役のお出ましを待つしかない。そんななか、東映では鶴田浩二より古い梅宮辰夫が製作部に向かって、「おい！　文太はどうしたんだ？　早く呼んでこい！」イライラした様子である〉（前出「チンピラ役者の万華鏡」「映画論叢」）

連日の深夜撮影で、誰もが疲れている。梅宮が怒るのは当然だが、文太がいなければアフレコは出来ないので、我慢して待つより他なかった。

〈やっとお出ましとなった主役は、ほんのりどころか明らかに一杯聞し召して、爪楊枝を銜《くわ》えておいでだ。それでは始めましょうとマイクの前で主役を囲み、テストが始まった〉（同）

ところが、1回目のテストが終わったあと、文太はミキサー室へ行き、スタッフとなにやら話し合いを始めた。俳優たちは元の椅子に戻り、再開を待った。しばしあり、助監督の声が響いた。今夜は文太の出ていないシーンだけのアフレコにしてほしい、という。

〈おやおや主役は体調が可笑しくなったか、それとも飲み量が足りないのか？　唖然呆然とする我々を一瞥することもなく、明るいベージュのカシミア・コートを肩にかけた主役は、製作部を従え颯爽と出て行った。（中略）外から流れてくる冷たい風に向かって堂々と歩いて行く菅原文太。その背中には、主役は俺だぜという気構えが漂っていた〉（同）

そこには、約12年前、7歳下の三上の前で「松竹は冷たい」「約束が違う」と嘆き、大粒の涙を流した男はいなかった。

のちに文太は、高倉健と鶴田浩二を例に出し、「人気はその時のもので、永遠に続くものではない」と語った。賢明な文太は、自分もまた同じ命運にあることを予想していただろう。人気商売の儚《はかな》さを自覚していたからこそ、ひとときの栄光を謳歌したのかもしれない。

主演男優賞

74年1月、映画雑誌「キネマ旬報」は、73年度の日本映画ベストテンを発表した。各賞の選考結果を知って驚いたのは東映上層部である。

「あんなこ難しい雑誌に選ばれるような映画に客は入らない」というのが会社の考えだったが、ベストテンのうち、2位に『仁義なき戦い』、8位に『仁義なき戦い　代理戦争』が選ばれていたのだ。読者選出のベストテンでは、『仁義なき戦い』が1位である。さらに、脚本賞を笠原和夫が、読者選出の監督賞を深作欣二が受賞したという。

だが、一番の話題は、主演男優賞を獲得した菅原文太だった。東映の俳優で「キネマ旬報」の主演男優賞に選ばれたのは、文太が初めてだったからである。しかも、これまで対象にもならなかったヤクザ映画での演技が認められたのだ。

ちなみに、主演女優賞は奇しくも文太と『木枯し紋次郎』で共演した江波杏子。江波は作品賞の1位に選ばれた『津軽じょんがら節』(監督・斎藤耕一)での演技が受賞理由となった。

表彰式で文太は、いかにも照れ臭そうに挨拶をした。

〈思えば映画界に入って十五年、演じた役の中で、暴力と関係なかった役はほとんどありません。それもあまりカッコいい役ではなく、デカい声を出したり、女をムシったり、それで賞をいただくというのは何とも妙な気持ですが、まアこれも、十五年間ひたすら同じような役を演じて来たことへの努力賞のようなものかと〉(前出『野良犬の怨念　菅原文太』)

脚本賞の笠原和夫も受賞に恐縮し、おもはゆそうに語っている。
〈ヤクザ映画というものはかつてジャーナリズムから抹殺されていた時期がありました。映画コンクールなどもいわば銀座の表通りで行われていることで、新宿の裏通りあたりをウロついている我々ヤクザ映画の作り手には縁のない世界だと思っていました（中略）。明日からは賞のことは忘れて、また新宿の裏通りに戻って行くつもりで〉（同）
監督の深作もまた、映画が興行的成功や受賞というかたちで報われたことは喜んだが、それよりも大事なことがある、と強調した。
〈恐らく我々よりも鬱屈して生きている連中と、ある共感をわかち合うことの方に、我々のより大きな喜びがあった筈だ。我々も早いところ、あの馴染み深い裏通りへとって返さねばなるまい（中略）。我々の映画を支持してくれる人たちが住んでいる街へ〉（同）
これまで賞から縁遠かった3人は、晴れがましい席に臨んで、当惑していた。文太も、雑誌の取材を受け、自戒気味に語っている。
〈こんなことでいい気になっていると、ポイとやられますからね。あぶないあぶない〉（同）
深作や笠原の「裏通りに戻る」という言葉は「初心を忘れない」という覚悟の表明である。
実際、文太は、新宿ゴールデン街に凱旋しているが、店の反応は意外なものだった。
吉田達は、文太に連れられて馴染みの店に入ったときのことを覚えている。
「女の人が5、6人でやっている小さな店があってね、文ちゃんが椅子に座るなり、『仁義なき戦い、見てくれた？』と聞いたら、『文ちゃん、悪いけど、もっと小さな映画の方がいいわね』と口を揃えたの。『人斬り与太　狂犬三兄弟』とか『現代やくざ　新宿の与太者』の文ちゃんの芝居の方がよかったって」

吉田は自分がプロデュースした映画のタイトルが出て喜んだが、文太は機嫌が悪くなった。ゴールデン街には映画や演劇の関係者が通う店がいくつもあり、店の従業員たちには映画通が多い。そんな街では、文太が特別扱いされることはなかったという。

「文ちゃんが祇園でモテたという話はよく聞いたな。だから、京都の方が居心地がよかったと思うよ。東京では持ち上げる人が少なかったもの」

古巣のゴールデン街では今ひとつの扱いだったが、東映はもろ手を挙げて受賞を喜んだ。74年1月15日に公開されたばかりの4作目『頂上作戦』にハクが付き、文太が度々マスコミに露出することによる宣伝効果もあったからである。

吉田はこの頃、渡瀬恒彦が酔って文太に絡む姿を、なんどか目撃している。

「渡瀬は喧嘩が強くてね。酒を食らって、菅原文太を投げ飛ばしちゃうわけだ。東映の俳優の中では一番の暴れん坊だった。たいして名前が売れてるわけでもないのに、誰を相手にしても怖がらないんだよ。俊藤（浩滋）さんが『おい、達、よく見ていろよ。渡瀬は上に行くぞ。主役にごますって役を貰うような奴は絶対に主役を越えられないけど、あいつなんか、ちょい役で主役の文太を投げ飛ばすんだからな』と言って褒めていた」

渡瀬に絡まれた文太は、相手の酒癖が分かっているので、適当に流すというか、本気の喧嘩をするようなことはなかったという。

「文ちゃんと特に仲のいい俳優は思いつかないけど、渡瀬のことは、わりと気に入っていたんじゃないかな。あとは、共演が多かった川地民夫とか」

さらに同年、文太は『仁義なき戦い』の挿入歌として「吹き溜りの詩」というレコードを発売する。作詞は深作欣二と池田充男。低音で文太が歌い出す挿入歌は、映画の人気が相乗効果となり、40万枚を売り上げた。成功が成功を呼ぶという、輝かしい時間の一ページである。「キネマ旬報」に続いて、文太は京都市民（現・国際）映画祭の主演男優賞を獲得した。ファンは男性だけでなく、女性にも広がった。ベテランアナウンサーの下重暁子は、文太との対談で「今日はいつになく緊張している」と語り、演技派と呼ばれる吉行和子は「映画とテレビで共演できて、とても嬉しかった」と振り返る。太地喜和子は「いつか必ず文太さんと共演したい」などと熱いエールを送った。深夜興行には仕事を終えた水商売の女性も押しかけ、映像に見入った。

一方、文太が最もライバル視していた高倉健は、72年に、抱えていたシリーズ作のすべてが終了したため、73年の東映出演作品は『山口組三代目』、『現代任俠史』（監督・石井輝男）、『ゴルゴ13』（監督・佐藤純彌）の3作だけだった。74年には、ついに『三代目襲名』（監督・小沢茂弘）の1作だけの出演になる。

この頃、社長の岡田茂はビジネスを重視し、もはや客が呼べなくなった高倉を切り捨てようとしていた。金を稼げてこそのスターだ。

吉田は、「岡田さんは、俳優が商品でなくなったら、即、切る人」と評する。

「それまでどんなに可愛がっていてもね、鶴田さんであろうと、健さんであろうと、売れなくなったら（岡田は）冷たいんだよ。会社が儲けるために仕事してるんだから。『俺は勲章を貰うために働いてるんじゃない』とか言ってたな」

出演作が激減した高倉は、75年、『神戸国際ギャング』（監督・田中登）の出演を最後にして東映を去る。会社への大いなる貢献者である自分への冷たい処遇に、高倉が強い怒りを覚えても不思議ではない。東映との確執は、高倉の晩年まで続いた。

文太の出演作は、73年は8本、74年は12本と本数こそ横ばいだったが、脇役ではなく主演作品が増えていた。これ以降は、年に数本の出演になるが、その代わりに出演料が跳ね上がった。最終的には1本あたり千万単位のギャラを貰っている。

高倉の衰退とほぼ同時に、文太の時代が始まっていたのである。

名ラストシーン

73年に始まった『仁義なき戦い』シリーズは、もはや社会現象と言っていいほどの人気を博し、4作目の『頂上作戦』は3億7100万円の配給収入をあげた。

この作品で一番の名台詞は、広能昌三（文太）と、武田明（小林旭）が裁判所の廊下で交わす会話だろう。広能と武田はかつては敵対する仲だったが、警察が威信をかけて、組のトップを検挙する「頂上作戦」に出たため、今は互いに服役を待つ身である。

裁判所の外は雪が降り続いており、広能の手首には手錠、二人は素足に雪駄を突っかけている。ときおり、寒さに二人の体が震える。

「昌三、何年打たれたんない」

「七年と四カ月じゃ、そっちは？」

武田は、長い懲役刑になるだろうと予想し、広能に山守組長の刑が1年半だったことを告げる。血で血を洗う抗争の原因を作った男が、誰より軽い罪だったという。

「一年半と七年か……間尺に合わん仕事したのう……」

このあと、広能はつくづくと語る。

「もう、わしらの時代は終《しま》いで……。十八年も経って、口が肥えてきたけんのう」

武田は深く頷き、広能に別れの言葉を掛ける。

「昌三、辛抱せいや……」

「おう、そっちもの……」

淡々としているが、戦い抜いて日が暮れたヤクザの悲哀が滲み出ている台詞である。このシーンで、文太と旭は、同じ末路を迎えたヤクザとして、息を合わせた芝居を見せる。どこか突き抜けた小林の佇まいもいいが、文太の朴訥な語り口が、リアリティを感じさせた。

故郷の宮城県から上京してきたとき、文太が話す言葉は東北の訛が強かったという。水戸弁の深作欣二もそうだが、人に訛を笑われると、話すことが苦手になる。無口になるのだが、その無口さが活きるのが、耐えに耐えた人間が放つ一言である。

「間尺に合わん仕事したのう……」

言葉の重さ、深みが短い台詞に凝縮されていた。

このラストシーンを書き終えたとき、脚本の笠原和夫は、『仁義なき戦い』シリーズは完結したと思った。長い抗争の末、広能と武田は「自分たちの時代は終わった」ことを悟り、表舞台から去って行く。これ以上はない結末である。

だが、岡田茂はさらなる続編を書いてほしい、と依頼してきた。社長直々の頼みだが、笠原は首を横に振った。抗争の中心にいた人間たちが服役したあと、どうストーリーを展開させよ、というのか。残っているのは親分の留守を預かる子分だけなのだ。無理難題というものである。

別な作品を書きたいという思いもあり、笠原は続編を断った。リリーフとして、後輩の高田宏治が執筆することが決まる。

週刊誌への抗議

『仁義なき戦い』シリーズの5作目は『完結篇』というタイトルで74年6月29日の公開が決定したが、この間、文太を激怒させる事件が起きた。

〈子ぼんのうな父——菅原文太の素顔〉

女性週刊誌がスクープとして、文太と家族が自宅近くを散歩する姿を盗撮したのである。

〈広い木造の2階建て　芝生の庭に2匹の犬が遊んでいる　緑の多い静かな住宅地　ここが　あの男・菅原文太のやすらぎの場所（中略）映画で見せるあの非情な姿はとおい　やさしい父の顔だけが……〉（「女性セブン」74年6月19日号）

写真は、文太と長男の薫が歩き、その後ろを、次女を乗せたベビーカーを押しながら文子が追いかける姿が撮影されている。

記事が掲載された直後、文太は東映の宣伝部長を通して、週刊誌に抗議を申し入れ、マスコミ各社に怒りをぶちまけた。

〈これはオレへの〝仁義なき戦い〟だ。盗み撮ったカメラマンを含めて編集責任者を何が何でも、鉄拳で制裁しなければオレの気持ちはおさまらない。アバラ骨の二、三本は折ってやる（中略）。なまはんかなお詫び広告なんかでは引きさがらない〉（「週刊朝日」74年6月21日号）

怒り心頭に発していたのだろう。後日、下重暁子のインタビューを受けたときも、週刊誌への報復をまくし立てている。

〈たとえばメシ食っているところへズカズカ土足であがられたようなものです。無断で隠し撮りをするのは絶対に許せない。向こうがそうくるのは対抗するのにいくら考えても一つしかない(中略)。無断で侵入した人間は殺しても罪にならないという法律がある以上、あとは目には目を、歯には歯で、暴力でいくしかないわけです〉(「ヤングレディ」74年7月1日号)

かなり荒っぽい発言だが、家族を表に出さないという建前は、自分の職業に関わっているからだと、付け加える。

〈ヤクザ映画をやっている俳優を支持してくれる人たちは、家族ももてない、家ももてない、あらゆる怨念をもった人たちです。それだからこそ、カッコよくやってのければのけるほど、喝采を送ってくれるんですね。それなのに、俳優の周辺に甘美な甘い家庭生活なんてものがチラつけば、イメージとしてはまずいですよ。ファンにとってはあまり見たくない部分です〉(同)

私生活は一切見せず、映画の主人公のスカッとしたイメージだけを残すのがファンに対する俳優の誠意ではないか、というのが文太の主張だった。

確かに、抗争に明け暮れるヤクザを演じている俳優が、実はマイホームパパだったと報道されれば、映画のイメージは崩れるだろう。しかし、文太は自分が子供に甘い父親であることを、積極的に語ってもいるのである。

〈一人息子がいるんだけど、その息子は、萩原朔太郎じゃないけれども、一生居候してくれてもいい。そのくらいの銭は、オレが使わないで残してやると思っているわけです。何でもいいから好きな生きかたをしてくれ。ヤクザになるならなってもいい、ジゴロになるならなってもよい（中略）。何がしら親父の遺産を一生食いつぶすことでもよし〉（同）
広能昌三が聞いたら、「こん、馬鹿たれが！」と怒鳴りつけそうな言葉である。

文太の「やる気」は落ちていた

『仁義なき戦い　完結篇』の脚本を執筆することになった高田宏治は、笠原和夫から、長い巻物状の資料を渡された。そこには、人物、土地、風習などを取材したスクラップや、自分ならストーリーをこう展開させる、という内容が詳細に記されていた。

後輩といえども現役の脚本家同士、いわばライバルである。手の内を晒すような資料を受け取った高田は「この人はサムライやな」と感心したという。

高田は『完結篇』を書くにあたって、これまで笠原が描いてきた群像劇ではなく、一人の強い上昇志向を持った人間を主人公にしよう、と考えた。熟慮の末、いまだ現役である広島の三代目共政会会長・山田久に焦点を絞った。

〈すでに菅原文太はスケジュールもないし、やる気も落ちていることがわかっていた。真の主役は文太ではない。となると、やはり主人公は山田久だ〉（高田宏治＋編集部『東映実録路線　最後の真実』）

文太が演じる広能昌三を主人公に出来ないのなら、山田をモデルにした松村保（北大路欣也）を主役に据えたストーリーを紡ぐしかない。結果、もはや齢を取ってしまった広能昌三や武田明（小林旭）は脇に回り、野望に燃える次世代が台頭する物語となった。高田はこう語る。

「『完結篇』は文ちゃんの出番が少ないというより、本人に出る気がなかったからです。映画の後半で、とってつけたような芝居になったけど、『仁義なき戦い』に関しては、シリーズの最初の頃から日下部（五朗）に不満を漏らしていたらしいしね。例えば、金子（信雄）さんが受けて、お客さんが笑うでしょ。他にも松方（弘樹）とか、その篇にかぎって言えば自分より立っている役がいくつかあるじゃないですか。そうすると、当然、自分は主役なんだからもう少し芝居をなんとかしてくれ、という気持ちになってくるわね。でもそんなこと言われても、脚本家は絶対に聞かない。自分が思うように書くからね」

高田は、文太については、「自分の仕事を冷静に分析していた人間」と語る。

「彼は『仁義なき戦い』における自分の立ち位置がどこか、よく分かっていたと思うんですよ。狂言回しは金子信雄がええとこ全部持っていってるからね。彼は踊らされているだけで。あの映画では、深作欣二と笠原和夫だけがクローズアップされたじゃないですか。文ちゃんには、それは面白くなかったんじゃないかな」

『仁義なき戦い』は菅原文太の代表作と言われているが、高田の考えは違っていた。『仁義なき戦い』といえば、深作欣二と笠原和夫の二人だと断言する。

「俳優さんの中で、鶴田浩二というのは、根っからの役者。好きな女を抱いて、うまいもん食って、俺の一生はそれでいいみたいなところがあった。健さんは、よう分からんけど、周りが作った役者みたいな感じでね。文ちゃんは、いつも揺れ動いていたんじゃないかという気がするな。こんなんでいいのか、本当にいいのか、と思っていた気がしますね。それは彼が持っているインテリジェンス独特の暗さで、彼の持ち味でもある」

一方、監督の深作欣二は、撮影が終了したあと、『完結篇』で暴走する若い組員たちのキャスティングについて、反省の言葉を話している。

〈ほんとならショーケン（萩原健二）とか松田優作あたりを引っ張ってこなきゃいけないんですよね。彼らの長髪スタイルは『仁義なき戦い』シリーズのそれまでのイメージとは合わないけれど、それでもええやろうと思う（中略）。ショーケンや優作が出てたら歴史に残ったろうに、と思うなあ（笑）。考えてみたら惜しいことをした〉（前出『映画監督深作欣二』）

深作はテレビドラマの『傷だらけの天使』を撮影したとき、主役のショーケンから「なぜ、俺が『仁義なき戦い』に出ていないんですか」と聞かれたという。

この頃は、ショーケンも優作も20代半ばで、血の気が多いチンピラ役はピッタリはまっただろう。深作監督から出演のオファーがあったら、二人とも喜んで受けたに違いない。

前述したように『完結篇』が公開された74年、文太は12本の作品に出演している。毎月1本の映画撮影で、確かにスケジュールは詰まっていた。疲れも蓄積していただろうが「やる気が落ちていた」のは、ヤクザ映画に食傷気味だったせいなのか。高田はこう考えている。

「文ちゃんは、頭がいいし、自分の仕事を冷静に分析していた人だから、結局は東映京都の限界を感じて、『トラック野郎』に行ったんでしょう。鈴木則文とは気が合ったんじゃないかな。京都組としては、彼を東京に持っていかれたのは残念だったけれど」

夜桜銀次

74年4月、『仁義なき戦い　完結篇』の撮影中、『山口組外伝　九州進攻作戦』（監督・山下耕作）が公開された。文太が演じた主人公のモデルは、全身に夜桜が舞う刺青が彫られていることから夜桜銀次と呼ばれた実在のヤクザ、平尾国人である。山口組の鉄砲玉として西日本で暴れ回ったが、九州では三下扱いだったという。

映画化の際、プロデューサーの日下部五朗は、銀次が石井組の親分の舎弟であったため石井組を訪ねて挨拶をした。ところが幹部の組員たちは「親分を差し置いて、あんなチンピラを映画にするのか」と怒り、日下部を軟禁するという暴挙に出る。日下部は会社を通じて山口組に連絡を入れ、田岡一雄組長自らがすぐに解放するよう話したため、事なきを得たが、初っ端《しょぱな》から躓いてしまった。実際の銀次は賭場を荒らすなど、しごく行儀の悪い暴れ者で、相手選ばず理性もなく向かってくるため、ヤクザの間で褒める者はいなかったという。

映画の銀次は、白いスーツに黒のシャツ、白いネクタイを結び、小ぶりなサングラスを掛けていて、かなりスタイリッシュだ。文太は元モデルだけあって、キザ過ぎて浮いてしまうようなファッションを、見事に着こなしていた。また、ラストで組員に射殺される悲劇は待ち受けているものの、銀次が淋病をうつされて、弟分（渡瀬恒彦）と一緒にペニシリンの注射を打つシーンは、ドタバタ喜劇というか、ユーモラスに描かれている。

賭場を中心にして騒動を起こし、あちらこちらに逃亡していたせいで滅多に会えぬ銀次の妻を演じたのは渚まゆみ。文太と渚は『山口組外伝　九州進攻作戦』を含めて5作で共演し、今回も息の合った演技を見せている。

だが、二人の共演はこれが最後になった。渚はこの作品の撮影を終えたあと、作詞作曲家の浜口庫之助と結婚し、映画界から去っていった。浜口が渚より27歳上だったため、年の差婚としてマスコミの話題になったものである。

通常なら、これで渚との縁が切れるところだが、文太は渚の引退から間を置かず、浜口を訪ねて自分の持ち歌になる楽曲を依頼している。そうして出来上がったのが浜口の作詞作曲による「命半分ある限り」と「闇夜の唄」だった。

文太はこれらの歌に続き、『トラック野郎』のテーマソング「一番星ブルース」（作詞・阿木燿子 作曲・宇崎竜童）をレコーディングする。この時点で、文太は、鶴田浩二や高倉健に続いて、歌の興行も出来る俳優になった。

興行を仕切っていたのはプロデューサーの俊藤浩滋である。俊藤にとって、自分の子飼いとも言える俳優たちを地方のホテルやナイトクラブのステージに出演させ、そこから得る収入は大きかった。日下部は、「東映という会社の中に俊藤プロダクションがあるようなもので、文太の映画出演には俊藤の許可が必要だった」と回想している。

裏社会に顔がきいた俊藤には特別なルートがあり、その筋の人間が経営しているバーやキャバレーに鶴田、高倉、文太らを連れて行った。鶴田は昔から歌手としても人気があったし、高倉には「網走番外地」などのヒット曲がある。スクリーンでしか見られないトップスターの登場に店側は大喜びで、ほぼ俊藤の要求通りのギャラを払ったという。

「歌謡ショーの出演で、全国のキャバレーを廻りました」

そう語るのは文太の付き人だった司裕介である。

「俊藤さんの藤映像（藤映像コーポレーション）は、そういうイベントをやっていましたから。オヤジとよく一緒に行ったのは、川地民夫さんとか曽根晴美さん。川地さんは歌がうまいんですよ。

オヤジはアイ・ジョージの『赤いグラス』とか、鶴田さんの持ち歌も好きだったです」

文太のギャラはワンステージ数百万円だったという。

「興行があるとき、僕は絶対に付いて行きました。いい小遣い稼ぎになりましたからね。オヤジから貰う、興行先の人から貰う、お兄さん方から貰うで、有難かったですよ。新幹線で全国を廻って、映画のギャラの何倍も受け取った」

司は後年、ピラニア軍団に入るとき、文太に大反対された。

「オヤジから言われたのは『役者は、食うか食われるか、一人だ。劇団とは違う。群れずに、一人でやれ』。だけど、僕らはあの頃、仕事がなかったから……」

最後まで一人の役者として生きろ。それが文太の忠告だった。だが、司は、当時脚光を浴びていたピラニア軍団の一員になり、軍団を指名する仕事を得て生き延びることを選んだ。司が文太に逆らったのは、後にも先にもこのときだけだったという。

追われる立場

やる気は失せていたものの、会社の要望にこたえてシリーズ6作目の『新仁義なき戦い』（監督・深作欣二／74年）に出演した文太は、75年に入ると、揺れ動く気持ちを吐露するようになる。
〈これからは俺も追われる立場になるけど、せっかく手にしたスターの座だもの、そう簡単には明け渡さない。これまで通り、精いっぱい突っぱって生きていくよ、実録映画というのは、体を張って押しまくる男の生き様を描くものだからね〉（「女性自身」75年8月15日号）
まだまだ実録映画に拘っているように聞こえるが、この年も『県警対組織暴力』（監督・深作欣二）が公開されて評判を呼び、他に『新仁義なき戦い　組長の首』（監督・深作欣二）、『神戸国際ギャング』（監督・田中登）の撮影が控えていた。仮に食傷していようと、主役が「もう沢山だ」などと話すわけにはいかない。映画をアピールする立場である。

スターに上り詰めた自信を見せながら、「明日は奈落が見えるかも」という不安感を覗かせる。〈映画俳優というのは、俳優の部分の中でいちばんはかない仕事だ。たとえば歌舞伎とか（中略）アカデミックなジャンルというのは、一度名声を博したら、それでもっていく部分ものすごくあるでしょう。映画というのは、何本名声博しても、半年たってだめになったら全くだめ。無価値。ゼロに等しい〉（「婦人公論」75年7月号）

だからこそ面白い、とも語り、映画俳優は常に危機感とともにある、という。

〈どんな大スターでもどんな俳優さんでも、映画に関してはみんなそういう形で凋落していくし……たとえば三船敏郎だって、石原裕次郎だって同じでしょう（中略）。あれだけの大スターだって、今、菅原文太にはかなわない〉（同）

なぜならば、自分もまた後ろから来た人間にいずれは蹴落とされる運命だからと、フォローするのだが、世界のミフネや国民的スター・裕次郎の名前を例に出すところに、文太の自信が表れている。実に強気な発言である。

〈今、奈落がどっか遠くに見えているんだけど、自分はまだまだ奈落のすぐ上に立っていないだろうという、いくらか甘さはあるんだけど、わからないね〉（同）

この自信はこの年、75年に始まる『トラック野郎』シリーズの成功によって、さらに強固なものになっていく。文太は俳優人生の黄金期を迎える。

第7章　『トラック野郎』の哲学

和製『ルート66』

なんの期待もせず、急ごしらえで製作した映画が大ヒットし、傾きかけていた会社の救世主となることがある。今なお熱烈なファンを持つ『トラック野郎』シリーズは、その典型だった。

1975年春、愛川欽也は、前年に知り合った菅原文太に映画の企画を持ちかけた。大型トラックの運転手二人が主人公で、荷を届けるために全国各地を回るドラマという実に大雑把な内容だったが、文太は「ああ、いいよ」と二つ返事で引き受けた。愛川が見せた写真が、派手な電飾を施したトラックで、面白そうだと思ったからだ。

愛川は俳優座の出身で、高校生の頃から映画に強い興味を持っていた。テレビやラジオでタレント活動を続けるうち、63年、フジテレビでアメリカのTVドラマ『ルート66』が始まり、金持ちの青年役の吹き替えを依頼された。大学を卒業した青年二人が、就職はせず、スポーツカーのシボレー・コルベットに乗って、アメリカを旅するというロードムービーである。ロサンゼルスとシカゴを結ぶ旅の途中で、青年たちは様々な人と出会い、ドラマが生まれる。愛川は、文太と知り合ったときに、二人で『ルート66』のようなロードムービーをやりたいと考えたが、自分と文太が格好いいスポーツカーに乗っている絵面がどうにもピンとこない。他にいいアイデアが浮かばず、もう諦めようかと思っているときにNHKのドキュメンタリー番組が放映され、愛川はその映像に釘づけになった。

〈デコレーショントラックが近頃東名を走っているっていう特集だったんだけど、観た瞬間「これだ！」って思ったんだ。中身なんて何も決まってないんだけど、「俺と文ちゃんが乗るのはトラックだな」と〉（前出『トラック野郎　浪漫アルバム』）

愛川が観たドキュメンタリーは『カメラリポート　走る街道美学』で、のちにデコトラの団体「哥麿《うたまろ》会」の初代会長となる宮﨑靖男が取材を受けている。

文太が承知したことで、愛川の企画は東京撮影所企画部長の天尾完次に上る。天尾は映画化を会社の首脳部に進言し、京都に比べて作品数が少ない東撮を助けてほしい、と懇願した。

会社の返事を待つこと数日、同年6月、「予定していた映画が一本中止になった。安い予算なら、文太の主演で作ってもいい。すぐに企画書を提出せよ」という連絡が入った。

人気急上昇中の菅原文太の名前があったからこそ、通った企画である。映画に関する具体的な案はなかったが、天尾は苦し紛れに『トラック野郎　御意見無用』とタイトルをつけ、映画監督の鈴木則文を訪ねた。

雪の下北号

映画の公開は8月下旬と決まっており、そこから逆算すると脚本執筆期間は2週間で、撮影日数は20日という強行軍になる。天尾から話を聞いた鈴木は、これまでとは違う娯楽映画が作れそうだという予感を持ち、監督を引き受けた。ただし「シナリオライターだけは金をかけ、一流どころを頼んでほしい」と条件をつけた。だが、天尾の返事は、つれないものだった。

〈「金も時間もない映画だから、君と誰か若い低ギャラの人を探して二人で……」と言われ、助監督部の澤井信一郎に白羽の矢を立て、低予算コンビで出発進行となったのである〉（前出『新トラック野郎風雲録』）

実際の天尾の言葉はもっとざっくばらんで〈「こんな緊急のやっつけ仕事は、プロの一流のシナリオライターは引き受けない。監督が自分で書くしかないだろう」〉（同）というものだった。天尾が鈴木に脚本を任せたのは、7年前に鈴木が執筆した『緋牡丹博徒』（監督・山下耕作）が大ヒットした実績があったからである。

取材魔で有名な笠原和夫には及ばなくとも、「脚本は頭で書くな、足で書け」という教訓に従い、鈴木は共同で脚本を執筆する澤井信一郎と一緒に、長距離トラックに乗ってみることにした。

6月中旬、二人は埼玉県の集配センターへ出向き、張磨幸治というトラック運転手と出会う。三十そこそこの張磨は青森県出身で、快く同乗を引き受けてくれた。張磨の愛車は冷凍11トントラックの「雪の下北号」。後部のボディには、不吉にも、葬式の花輪が黒々と描かれている。張磨によれば「あれを見ると、車がよけてくれる」のだという。

走行中、鈴木はトラック同士がすれ違う際にホーンを鳴らす光景を目にしたとき、なぜ運転手が車をギンギラに飾るのか、本当の意味に気付いた。

〈トラックを人間にするのである。無機質なメカから人間の貌《かお》へと変えるのである。《個》が明らかになり、孤独なキャビンでハンドルを握る自分も仲間も《人格》としてすれ違っていくのである〉（小野寺勉編・鈴木則文著『権威なき権威　カントク野郎 鈴木則文』）

北帰《ほっき》行《こう》するトラックで、鈴木はいくつも脚本のアイデアを得たが、取材を終えた数日後、信じられないニュースを聞くことになる。張磨が岩手県の国道で事故死したという。張磨には妻と二人の子供がいて、妻は身障者だった。

「雪の下北号」のアンドン（灯りが付いた車名表示板）は映画に引き継がれ、文太が演じる星桃次郎の一番星号に輝いた。初回の作品は、張磨への鎮魂歌でもあった。

　脚本を書く際、澤井は「喜劇にしましょう」と気楽に話したが、鈴木は慎重な構えを取った。栄華を誇った任侠映画は終わりを告げ、鶴田浩二はテレビドラマに移行して、エースの高倉健も精彩がない。東映に残ったスター、菅原文太は『仁義なき戦い』でヒットを飛ばしているが、異色作で失敗させてはならないという思いが強かった。

　鈴木が出した結論は、ユーモアは入れるが、時代劇から続く「男の東映」という伝統精神は貫く。映画のスタイルは、人間悲喜劇とアクションとトラックの大暴走、この3点に絞った。

　鈴木は後年、星桃次郎を演じた文太をこう絶賛している。

〈人間の劣情のなかに浮かび上がるピュアな魂の光芒。報いられようと報いられまいと、無償の情熱をもって突っ走る男の真情を演じて、菅原文太の右に出る役者は日本にはいない〉（前出『新トラック野郎風雲録』）

作品の方向性とキャラクター設定が決まり、鈴木と澤井はシナリオに取り掛かった。

「菅原さんは、痩せてがりがりでね、あれがトラック運転手に合ったんだよ」

そう語るのは、「哥麿会」３代目会長の田島順市である。

「あの頃は、早く荷を届けるために、みんな寝ずに走ったから、デブはいないんですよ。いつも身を削って働いていたからね」

田島は、なにより、文太の見た目が、長距離トラック運転手のイメージに合っていたと言う。

「デコトラの業界では、菅原文太さんの星桃次郎が、今でも神様なんだ。俳優の文太さんじゃなくて、みんな、星桃次郎のファンなんですよ」

運転手の中には、映画を見て運送業界に入った者も多い。弱者に優しく、義理人情に厚い桃次郎のキャラクターが広く愛されている。

デコトラの神様

「取り締まる側の警察官にも、実はこの映画のファンが多いんですよ。警官になるような人間は、人に尽くす桃次郎が好きなんだな」

監督の鈴木は、森の石松をイメージして桃次郎のキャラクターを創り上げたという。石松は幕末期の博徒・清水次郎長の子分だが、親分をしのぐ人気を誇っている。

〈天性のお人よしで曲がったことが大嫌いの馬鹿がつく正直者。酒好きで大のケンカ好き。女に対しては純情一途で腹を決めたら一直線に突っ走る猪突猛進男だが、あきらめるのも早い〉（前出『新トラック野郎風雲録』）

まさに森の石松のキャラクターが、星桃次郎に投影された形であり、プロデューサーの日下部五朗は、桃次郎と文太にも共通点が多いと記している。

〈『トラック野郎』で主人公の桃次郎はしょっちゅうお腹を下しているが、あれは現実の文ちゃんをそのまま写したものだ。大食漢ではあったが、胃腸が弱くて栄養が身体に回らなかったのかもしれない〉（前出『健さんと文太　映画プロデューサーの仕事論』）

この点について、日下部に直接確認すると、「その通りだ」と頷いた。

「文太は便所に入ると、結構長かった思い出があるな。なかなか出てこん」

妻の文子も「夫は繊細で、すぐ胃腸にくる人でした」（「サンデー毎日」２０１４年12月21日号）と語っている。

文太が晩年までスリムな体型を保っていたのは、そのせいもあったのかもしれない。

満員御礼

鈴木と澤井が共同執筆した脚本は約２週間で仕上がり、７月に入って製作発表、クランクインの運びとなったが、低予算のため、肝心のトラックは中古車を使うことになった。電飾もさほど派手には出来ず、シリーズの最後あたりの車と比べれば、かなり地味である。

文太は「この映画で、シナリオを熟読することはなかった」と語っている。

〈大体がトラックで、短いギリギリの時間の中で荷物を運ぶ、それが着かなきゃえらいことになるみたいな状況設定で。とにかく警察の目を盗んで猛スピードでめちゃくちゃ運転してギリギリ着いた、みたいなそんな話がほとんどだから〉（前出『新トラック野郎風雲録』）

また、桃次郎の人気が衰えない理由について聞かれると「無欲！」と強調した。

〈自分のことはあまり考えない。他人や子供のために一生懸命汗を流して、危険も厭わず大暴れするのが良いんだよ〉（同）

許された撮影期間は20日で、アフレコや編集などにかかる時間を入れると、まさに超特急の仕事だったが、8月30日、『トラック野郎　御意見無用』は無事、公開初日を迎えた。

鈴木は文太、愛川、マドンナ役の中島ゆたかたちと、舞台挨拶のため、銀座丸の内東映を皮切りに、渋谷、新宿、池袋、浅草の東映直営館を廻った。予想外だったのは、どの映画館にも観客が押し寄せていて、満員御礼の状態だったことである。出演者たちが舞台に登場すると、ウワーッという地鳴りのような歓声が起きたという。

当日、岡田茂は本社の上階から丸の内東映の客の入りを眺め、すぐに続編の製作を決めた。

岡田は若い頃、女優たちから「どうして俳優にならなかったのかしら。あんなに二枚目なのに」と言われるほどの容貌だったが、外見に似合わず、強引で、独断専行のきらいもあったという。映画の三原則は「泣く、笑う、（手に汗を）握る」という信念を持っており、『トラック野郎』は、原則を踏襲した東映娯楽映画のエッセンスだと確信したのだ。

鈴木は、岡田社長は映画のタイトルをつけるのが好きだった、と回想している。

〈午前中の観客の入り方で、大ヒットが確実になったとき、岡田さんが、わたしの顔を見て開口一番言ったのは、「おい、次は正月映画や。題名は爆走一番星。どや、ええタイトルやろ！」という言葉であった〉（前出『新トラック野郎風雲録』）

撮影前はあまり企画に乗り気ではなかったのに、映画がヒットすると自分の手柄のように絶賛する。岡田の口癖は「君子豹変す」で、時代の流れと共に生きる映画人は前言を翻《ひるがえ》すことを恐れてはならない、と語って憚《はばか》らない豪胆な性格でもあった。

『トラック野郎 御意見無用』がまだ公開中の9月上旬、鈴木は澤井と共に12月公開が決まった続編の脚本にとりかかったが、文太は京都へ戻り、次回作の撮影に入った。高倉健が共演の『神戸国際ギャング』である。

文太が推した監督

『神戸国際ギャング』は高倉、文太という看板スターの共演だが、社内で一番の話題は日活の監督・田中登の起用だった。田中は72年に『花弁のしずく』で監督デビュー。翌73年の『㊙女郎責め地獄』で第14回日本映画監督協会新人奨励賞を受賞し、神代辰巳と並ぶ日活ロマンポルノのエースと称されていた。

『神戸国際ギャング』の監督に起用されたときはデビューから4年目で、38歳の新鋭である。田中は俊藤浩滋プロデューサーが『㊙女郎責め地獄』を観て気に入り、抜擢したとされているが、実際は、文太が俊藤に田中を使うよう強く進言していた。

義理と人情の世界を描く任俠映画で一時代を築いた俊藤は、実はフレキシブルで、新しいものに挑戦する気概のある人物だった。新宿ゴールデン街でサブカルチャーの洗礼を受けた文太が田中を推したこともあるが、俊藤は、一部の批評家から絶賛され、マニアから熱烈な支持を受けている監督に興味を示し、作品を観た上で起用を決めた。

映画の主人公は、山口組最高幹部のボンノこと菅谷政雄をモデルにした団正人（高倉健）。団とともにギャング団を結成する大滝健三（菅原文太）のモデルは、横浜の伝説のヤクザ・出口辰夫で、通称モロッコの辰と呼ばれていた。神戸国際ギャング団は、戦後間もなく菅谷を首領にして集まり、闇物資の強奪を重ねたグループで、メンバーに台湾人や韓国人、中国人らが混じっていたことから国際の文字がついている。

また、菅谷政雄が服飾に拘りを持つ人物であったことを参考にしてか、高倉は白いスーツとネクタイにパナマ帽、文太はやや緩めのスーツにスカーフを巻くなど、スタイリッシュだ。画像は全編通じてカラフルでバタ臭い。作品に付けた惹句も服装に焦点を当てた。

〝明日に命を持ち越すな！　彼奴らはダンディに正装してギャング戦争の口火を切った！〟

共演は丹波哲郎、大滝秀治、田中邦衛、石橋蓮司、真木洋子、ガッツ石松。

出てくる武器はカービン銃、バズーカ砲、マシンガン、オートマチック拳銃などで、これを乱射して暴れまくるシーンが凄まじい。神戸が舞台なので、人物の台詞は関西弁だが、高倉が関西弁でまくし立てる姿は珍しかった。

相次ぐトラブル

俊藤の肝いりの作品だったが、新鋭監督・田中登の起用は、伝統ある東映京都撮影所の現場に大きな混乱と事件を招くことになる。

最初の混乱は、撮影前に起きた。

「あの頃、文ちゃんは、俊藤さんにかなり我儘を言えるポジションにいたんです。だから、最近ちょっと名前が出たくらいの監督を呼べた。健さんはもう、最初から乗っていなかったですね。

だけど、俊藤さんの企画なら、断れない」

そう回想するのは、この映画の助監督についた土橋亨である。

当初、土橋はセカンドだったが、チーフ助監督の皆川隆之が撮影の準備中に下りてしまった。監督の田中の横柄な態度に耐えられなくなったのだと言う。

「(田中登は)ロマンポルノでデビューして、それでやってきた人ですよね。メジャーの本編は1億も2億もお金をかけるわけですが、ロマンポルノは1000万もかけないで作る。それがいきなり億単位の予算になり、しかも高倉健、菅原文太の共演作だから、準備段階で舞い上がってしまったんです」

田中は、これまで少人数で撮っていたスタッフが、東映では50人以上いることに驚き、本読みからロケハン、衣裳調べ、美術の打合せなどを行う中で、周囲と衝突を繰り返した。

二つ目の混乱は撮影初日に起きた。

当日は神戸の阪神電鉄下に広がる闇市という設定のモブ(群衆)シーンだった。500人くらいのエキストラを集めて、それぞれの動きを付けるのだが、田中はこんな大勢の人間を動かしたことはなかった。

「僕の下にサードはいたけど、まだ新人だったし、僕がやるしかない。班に分けて動きを細かく指示するだけでも1時間はかかるし、午前中にワンカットが回ったらいいくらいなんですよ」

だが、田中はまだ何も準備が整っていないのに、「クレーンを出せ」と言い出した。キャメラも付いていないクレーンに上がり、土橋を見下ろして「おい、馬鹿、何をやってるんだ助監督!」と怒鳴った。我慢していたが、田中の態度に土橋も切れ、二人は怒鳴り合いを始めた。

「初日の撮影はオールスターが揃っていたんです。文ちゃんはもちろん、健さんも。だから、当日はボンノさんとか、俊藤さん、他にも本社の人たちがオープンステージに集まり、ずらりと椅子を並べて見学をしていたわけですよ。田中さん、それで興奮したんです」

自分の思い通りに事が運ばず、田中は撮影に入った9時すぎには苛立ちを露わにしている。

「進行主任は真っ青になって、オロオロと動き回るし、文ちゃんは僕を睨んでくる。田中さんは文ちゃんが特別に呼んだ人ですからね。一方で健さんは、嬉しそうにニコニコしていた。クランクインの前に『俺、出たくないんだよ』とハッキリ言ってましたから」

三つ目の混乱は、高倉が最も嫌がっていたセックスシーンである。相手役は、田中の映画の常連と言っていい絵沢萠子。『㊙女郎責め地獄』や『㊙色情めす市場』などにも出演している。

当初、セックスシーンは入れない約束だった。だが、田中は、俊藤の承諾もあって、脚本通りに撮影を敢行。高倉はこれまで見せたことのない濡れ場を演じる事態になったが、ここで監督との軋轢《あつれき》が起きる。田中はロマンポルノの現場と同じように、高倉を演出した。セックス中の動きを細かく指示し、ポルノ男優を扱うような注文を出す。高倉はひたすら耐えたが、撮影を終えたあと、スタッフに怒りをぶつけた。

「誰だ、あんなのを連れて来たのは！」

同作では文太もまたセックスシーンを撮影しており、相手はハッピーという名の情婦（泉ピン子）。乱闘で負傷して入院するが、情婦との行為が激しすぎて傷が塞がらないというシーンを、文太は嬉々として演じている。

最後の混乱は、予想外の事故で生じた。撮影が終盤を迎えた頃、高倉が工場の跡地を走るシーンで、通路の丸い隙間に落下したのだ。数メートルの高さがあり、床はコンクリートだった。

「健さんは鉄筋で太腿あたりを切っていた。骨折はしてなかったものの、大怪我で大変でした。ああいう白けた現場では注意力が散漫になって、事故が起きるんです」

脚本家の高田宏治は、撮影所で見かけた田中の姿を、こう回想している。

〈田中登が東映京都に来た当初、木屋町あたりの飲み屋で、私と深作さんの『資金源強奪』（75年）のことを「あんなものは映画じゃない」と言い、次の日から撮影所の全員に無視されたことがあった。撮影所の中庭でポツンと１人で座っているのを見て、気の毒になり声をかけた覚えがある〉（前出『東映実録路線　最後の真実』）

75年10月14日、公開初日の舞台挨拶には、田中監督の他、高倉健、菅原文太、真木洋子、夏八木勲ら主だった出演者が立った。

司会者が高倉に「菅原文太さんという俳優をどのように見ていますか」と尋ねたときだった。

「東映を背負って立つ、素晴らしい俳優さんになられましたね」

まだ事故の傷は癒えておらず、映画についても満足していなかっただろうが、高倉は大人の対応で、文太を褒め称えた。文太は高倉の言葉をやや離れた場所で照れ臭そうに聞いていた。だが、自分の番になると、誇らしげに話し始めた。

「『トラック野郎』のときはありがとうございました！」

第一声は『神戸国際ギャング』ではなく、大ヒットしている『トラック野郎』についてであり、高倉とは対照的に饒舌に語ったのだった。

結果的に『神戸国際ギャング』は、高倉と文太の最後の共演作になった。高倉はこの作品を最後に東映の専属契約を打ち切り、他の現場へと軸足を移すことになる。

高倉が去るにあたって、会社は特に引き留めようとはしなかったという。様々な意味で、東映の歴史に残る象徴的な映画である。

黒田征太郎の回想

時を映画の撮影初日に戻すと、ボンノや東映のお偉方が見学していたオープンステージには、意外な人物が同席していた。イラストレーターの黒田征太郎である。黒田は俊藤から『神戸国際ギャング』のポスターを描くように依頼され、撮影所にやってきたのだ。

「普通、映画のポスターを描くくらいで、撮影現場まで行ったりはしないんですが、文太さんが連れて行ってくださるということで。その前に、俊藤さんからプロデューサーの仕事をやらないか、というお話もありました」

黒田は74年公開の『竜馬暗殺』（監督・黒木和雄）で、プロデューサーをしたことがある。『神戸国際ギャング』が公開される1年前のことだった。主人公の坂本竜馬は原田芳雄。竜馬の暗殺を企む薩摩藩士役で松田優作も出演している。「竜馬暗殺」の題字は野坂昭如の筆である。

俊藤はこのときの黒田を見込み、声を掛けたのだ。

「プロデューサーと言っても、僕は映画の資金集めをしただけなんですけど」

東京から京都撮影所に着くまでは、文太と一緒だった。

「(ステージ前の) ディレクターズチェアーに、ボンノさん、俊藤さん、文太さん、健さんと並んで、僕は健さんの隣でした。健さんとは妙な縁でちょこちょこ話をさせていただいていたので、逆に居心地が悪かったですね」

兵庫県で育った黒田はボンノとも知り合いだった。ボンノが現役で暴れていた頃、山口組系の大阪のヤクザに可愛がられていたのだという。

「ウチに来ないか、と誘われたこともありましたが、お断りしました」

当日、文太と黒田は新幹線に乗り、二人で酒を飲みながら、様々な話をした。

「僕が最初に菅原文太さんにお会いしたのは、野坂昭如さんの選挙演説のときです。選挙カーの側にいたら、ふいに文太さんが『野坂さんの応援に来ました』と言って現れて、びっくりしました。そのときの佇まいがいいなあ、と思ったのは確かです。文太さんは野坂さんのことが大好きなんですよ。新幹線の中でも野坂さんの話や文学を中心に話をされるんです」

野坂は74年7月、参院選に出馬し、落選している。

新幹線が京都に入る手前で、文太は黒田に〝仁義〟を切った。

「『おい、京都駅で下りたら、俺は変わるからな』と言われたんです。車内ではざっくばらんでラフな方だったけど、映画スターにまた戻られるんだろうなと想像していたら、その通りでした。駅に着いたあとは、雰囲気とか、歩き方まで違っていました」

京都駅に迎えにきた若い付き人たちに囲まれたとき、文太は黒田を振り返り「ほらな」とウインクしてみせたという。

黒田はまた、『神戸国際ギャング』が公開された75年、鈴木則文監督に誘われて、『トラック野郎 御意見無用』に出演していた。ライブ活動をしているとき、声を掛けられたのだ。

「監督がなにか勘違いなさったんでしょう。嫌だとお断りしたんですが、岡林信康とか宇崎竜童とかが面白がって勧めてくるので……」

黒田はヤクザ風の男という役で、文太や愛川欽也と殴り合いをするワンシーンだけの出演である。痩身長軀に鮮やかなブルーのスーツというスタイルだ。

「逃げて帰ろうと僕が思っていたのを分かってらしたんでしょうね。文太さんが庇うように優しくしてくださいまして。衣装も文太さんが『人斬り与太』で使ったものを着せていただきました。サイズが一緒だったんです」

喧嘩のシーンで、黒田は愛川を殴るのだが、「素人なので、寸止めはできません」と話すと、文太は「思い切り殴っていいんだよ」と答えた。黒田は文太の言葉に従った。

「愛川さんはすごい悲鳴を上げていました。迫真の演技でしたね」

黒田はあるとき、文太と一緒に銭湯に入ったことがある。そのとき、文太がパッチ（股引）を穿いているのを見て、嬉しくなったという。

「スターらしからぬというか。文太さんは会うたびに親密に接してくださった。野坂さんにしても、僕は交友が広いというのではなく、人運がいいのだと思っています。人って、何か人にきっかけを貰って前に進んでいけると思うんです」

『神戸国際ギャング』の興行収入は散々だったが、シリーズ2作目の『トラック野郎　爆走一番星』は、その赤字を埋めても余りある収益を上げる。翌76年にも2作品が製作され、ドル箱シリーズの快進撃が続いた。

イメージチェンジ

『仁義なき戦い』の広能昌三が当たり役となった文太は、『トラック野郎』の星桃次郎を演じるにあたって「どちらもアウトロー、本質的には変わらない」と考えたという。

〈〝トラック野郎〟だとか、やっぱり〝実録路線〟だとか、外できめつけられてしまうのは、大変に苦痛なんです。（中略）「仁義なき戦い」の〝広能昌三〟の役づくりだって、どうってことはない。強いていうなら、クールな中に無気味さを秘めた情念みたいなものをかもし出す。そこに苦労したといえるでしょう〉（「現代」76年2月号）

『トラック野郎』の企画が持ち上がったのは、広能昌三のイメージが固定してしまい、息苦しくなっていたときだった、と振り返る。

〈これは芝居なんだと思いながら、仕事が終っても広野《ママ》昌三ばりに肩ひじいからしている自分を発見して、これじゃいけないナと思っていたんだ〉（「週刊明星」76年8月15日号）

ヤクザからのイメージチェンジが成功して、『トラック野郎』は大ヒットしたが、ヒットの理由は分からないとも言う。

〈わかっていたら映画づくりに苦労はないでしょう。東映で、血、ドス、ピストルの三つが登場しないのに当たるなんて、初めてじゃないですか。でも、あんまり喜劇的になりすぎてもいけないし、苦労していますよ〉（前出「現代」）

76年2月、この年最初の仕事は『横浜暗黒街　マシンガンの竜』（監督・岡本明久）の予告編の撮影だった。母親役の三益愛子が凶悪なギャング団のボスで、息子の文太とともに、殺し、強奪を繰り返すという異色アクション映画である。

文太は、妻よりも母親を大事にするマザコンギャング・竜を演じ、自分に重ねて語った。

〈〝竜〟の場合はヨメさんも追い出すほどの潤沢な母親の愛がある。が、ぼくの場合は、母親の愛情から疎外された裏返しのマザ・コンなんだ。その結果、失われた、居心地のいい場所を求める気持ちが作動して、それを女に求めすぎて失敗もしたわけなんだが〉（「週刊ポスト」76年3月5日号）

共演は中島ゆたか、田中邦衛、千葉真一。中島は文太とのラブシーンで大胆なヌードを披露して話題になったが、本人は撮影が終わったあとで、ショックのあまり泣き崩れたという。

映画の話題作りの一つとして、マシンガンの竜はファッショナブルな衣装をまとう。白いダブルのスーツはフランス製で1着25万円。紺色のコートや白いソフト帽、ネクタイ、時計、靴に至るまで外国の高級ブランドで固めたが、文太はズボンの下に、愛用するカシミアの股引を穿いていた。胃腸が弱いので、冷えは禁物なのである。

この日は、早朝の撮影現場で週刊誌の取材を受けた。文太は、これまでの生き方を振り返り、子供の頃からだらだらと成り行き任せで生きて来た、と話したが、記者から「役の上でも計算はしないのか」と聞かれると、きっぱり答えた。

〈しないね。〝術〟として演技するなんて、考えたことがないんだ。脚本《ほん》も読まんし、セリフもおぼえん。その場その場のフィーリングで、やるだけだ〉（同）

さらには、俳優は少し不健全な方がいいし、肉体を鍛えると精神まで健全になるので、トレーニングのたぐいは一切しない、とまで語る。

〈経験でも、二日酔いとか疲れて胃が痛いとか、そういうときのほうが、映画むきの精神状態になってるよ〉（同）

そもそも映画は健全なものではないし、トレーニングをしてもタカが知れているので、酒でも飲んでいた方がマシ、というのが文太流の演技論だが、それはマスコミ向けの顔だった。

「病気」で降板

76年、文太は『横浜暗黒街　マシンガンの竜』を皮切りに『新仁義なき戦い　組長最後の日』(監督・深作欣二)、『トラック野郎　望郷一番星』(監督・鈴木則文)、『バカ政ホラ政トッパ政』(監督・中島貞夫)、『トラック野郎　天下御免』(監督・鈴木則文)と続く5作に出演する。

「菅原文太が緊急入院したらしい」というニュースが流れたのは、77年1月10日だった。そのため1月20日にはクランクインする予定だった『新仁義なき戦い』の第4作が撮影延期になった。

延期の理由は、主演の文太が出演を辞退したからだという。文太は右手に痺れを覚えたことから、脳梗塞を疑い、東京医科歯科大学附属病院の第三内科に入院。精密検査を受けていた。

マスコミでは重病説まで流れたが、東映本社の宣伝部は全面否定した。同部の佐々木嗣郎は、週刊誌の取材を受けてあっけらかんと語っている。

〈いやあ、彼の入院は、精密検査だけが目的なんです。ここ5年間、半年に1度はしていることですから、また例のことか、とぼくらは少しもびっくりしませんよ。本人は、そのたびに怖がっていますけどね〉(「週刊平凡」77年1月27日号)

拍子抜けの返事なので、記者がさらに取材を続けると、意外なことが分かった。撮影所内から、様々な証言が出て来たのだ。

〈病気ノイローゼじゃないか、と思うほど、いつもなにかの病気を心配している〉

〈やせていて大酒飲みだからガンになる素質は十分だとおどしたら、ガンノイローゼになった〉

〈精密検査で『虎の門病院』に入院したとき、直腸にポリープが発見された。医者は切らなくても心配はないと言ったが、本人が手術を希望してポリープを除去した〉

答えているのは、助監督、照明係など撮影スタッフ、大部屋俳優らである。

片手が痺れたというだけの理由で文太が脳梗塞を疑ったのは、仙台市に住む父の芳助が63歳のとき、脳溢血で倒れたことが影響している。芳助は右半身が不随になり、言語障害が残った。画家として絵筆は離さなかったものの、車椅子が必要な身体になった。父の深刻な容態を見て、文太は同じ病気を恐れたのだろう。

ただし、この年明けの検査入院は毎年の習慣ではなく、別な理由があった。

『仁義なき戦い』シリーズは『新仁義なき戦い』3作を含めて8作製作されているが、文太はシリーズ9作目となる『北陸代理戦争』（監督・深作欣二）に出演することを拒否したのだ。

日下部五朗との決別

『北陸代理戦争』がクランクインする約2週間前の77年1月11日、文太は東映東京本社へ出向き、社長の岡田茂に会って訴えた。

「前年の暮れから手に痺れがあり、病院に行ったものの、原因がはっきりしない。ついては精密検査を受けるので、1カ月ほど休養を頂きたい」

岡田は文太がこの数年、働き詰めであったことを考慮し、承諾する。

翌12日、「スポーツニッポン」は菅原文太が体調不良で検査入院することを取り上げ、文太と岡田のコメントを掲載した。

〈ボクの父親もじいさんも脳いっ血で死んだこともあって、ひょっとしたら……と思うと心配なんです〉

文太は、岡田が症状を心配し、東京の名医を紹介してくれたことを付け加えた。

〈文太君はわが社のエース。ここでダウンしてもらっては困る。でも、早く健康体になることが先決だ。この際、徹底的に病因をつかみ治療して一日も早く再登板してもらう〉（同・岡田談）

文太は「父親もじいさんも脳いっ血で死んだ」と話したが、このとき父親の芳助は存命だった。芳助が亡くなるのは、６年後の83年２月のことである。死因は急性肺炎だった。

文太が嘘をついてまで休養を申し出たのは、ヤクザ映画はもう嫌だというより、『北陸代理戦争』に出演したくなかったからだ。病気を理由にすれば、関係者に申し開きがしやすい。

さらに言えば、この映画のロケ地は厳寒の福井県で、撮影期間は26日間と、いつもながらのタイトなスケジュールである。過酷な撮影になり、体力を消耗することが予想される。『トラック野郎』で新境地を開いた文太には、この年も数本の映画出演が予定されていた。中には企画、主演の作品もある。気乗りしない映画を避けようとしたのは、不思議ではない。

プロデューサーの日下部五朗は、このときの悔しさを40年以上が過ぎても忘れないでいた。

「あれが、僕が文ちゃんと別れるきっかけになった」

日下部は、『新仁義なき戦い』の４作目として、高田宏治脚本の『北陸代理戦争』を企画していた。どうしてもやりたい実録物だったと言う。プロデュースは先輩の橋本慶一に頼んだものの、文太が出演を渋っていると聞いて気になった。

不安は的中し、続けてきた出演交渉が暗礁に乗り上げ、クランクインが迫ってきたとき、ついに橋本が文太の説得を頼んできた。文太は、『トラック野郎』シリーズのヒット祝いでゴルフコンペに行っているという。場所は伊豆である。

「文ちゃんが宿泊している熱川の旅館まで行くと、宴会で大騒ぎしていた。宴席から呼び出そうとして待っていたが、いっこうに顔を出さん」

文太の声はすれども、姿は見えない。日下部は橋本とともに待ち続けた。

「先輩と酒を飲みながら、コンチクショウと思ったね。腸《はらわた》が煮えくり返ってきた」

文太はついに現れず、日下部はその夜、橋本と二人、侘しい連れ込み宿の蒲団の上でヤケ酒を飲むことになった。近隣の旅館が満員だったからである。なんとしても『北陸代理戦争』を成功させたかったのに、主役に逃げられてしまった。

「『トラック野郎』で日の出の勢いだった彼は、『仁義』なんて、そんな古臭いものには出られるか、と思ってたんだろう。あのときの文ちゃんには、恩義もへったくれもなかったな」

日下部は、多数の任俠映画に出演した高倉健を例に出し、文太も似たような映画の連続で、まだ続けるのかという心理状態ではなかったか、と推測する。

「マンネリだったんだろうけど、これまで一緒に仕事をしてきたプロデューサーを無視したのは、『トラック野郎』の成功でのぼせ上がっていたこともあるね」

熱川でヤケ酒を飲んだ日から、日下部の気持ちは文太から離れてしまったのである。

文太の代役は松方弘樹に決まったものの、『北陸代理戦争』は災難続きだった。まず、ファーストシーンで、渡瀬恒彦がジープの運転を誤って重傷を負う。渡瀬が全治1カ月で入院したため、急遽、伊吹吾郎が代役に立ったものの、数日間は撮影が出来なかった。困り果てた深作は、盟友の中島貞夫に応援を頼み、同2月22日になんとかクランクアップ。

2月26日、『北陸代理戦争』は公開されたものの、マスコミに取り上げられることは少なく、観客の入りは記録的なほど不調だった。「仁義なき戦い」のタイトルが外れていたことも影響していただろう。のちに1億円の赤字だったことが明らかになる。

だが、災厄はこれだけでは終わらなかった。

映画の公開から約1カ月半後の4月13日、主人公のモデルとなった福井川内組組長の川内弘が行きつけの喫茶店で襲撃され、死亡するという事件が起きたのだ。

この事件が脳裏から離れなかったのだろう。深作は川内が死亡した数年後、福井市のロケ地を一人で訪れている。川内の墓参だったのだろうか。その後もいくつかの依頼はあったが、『北陸代理戦争』を最後にして、深作がヤクザ映画を撮ることは二度となかった。

10年越しの企画

77年、文太は1カ月間の休養を終え、『新宿酔いどれ番地　人斬り鉄』（監督・小平裕）、『日本の仁義』（監督・中島貞夫）、『トラック野郎　度胸一番星』（監督・鈴木則文）、『ボクサー』（監督・寺山修司）、『日本の首領《ドン》　野望篇』（監督・中島貞夫）、『トラック野郎　男一匹桃次郎』（監督・鈴木則文）と立て続けに出演した。

会社が決めたローテーションをこなしているようだが、寺山修司を監督に招いた『ボクサー』は、文太が東映に企画を出し、10年越しで実現した作品である。

当時、シルヴェスター・スタローンの『ロッキー』が大ヒットしていたことから、岡田茂はこの流れに乗じようと考えて、製作にＯＫを出し、製作会見では「監督に寺山君というのは、私にとって想像を絶する起用だが、どんなものが出来るか楽しみにしている」と語った。

この年、東映は新たな転換期を迎えていた。岡田茂は、時流に鑑みて外部資本との提携を積極的に打ち出し、アニメーション映画『宇宙戦艦ヤマト』（監督・舛田利雄）の配給に続いて、角川映画の『人間の証明』（監督・佐藤純彌）の配給権を獲得した。年末には日活撮影所所長だった黒澤満を社長にして映画製作会社「東映セントラルフィルム」（のちにセントラル・アーツ）を設立する。同社は松田優作主演のアクション映画のほとんどを手掛けた。

『ボクサー』は企画の段階で、特別出演として白井義男、ファイティング原田、輪島功一、ガッツ石松、具志堅用高ら歴代世界チャンピオンの名前が挙がっている。

文太は30代の頃から自宅にサンドバッグを置くようになり、暇があれば叩くのが習慣になっていた。常々「格闘技はなんでも好きだが、ボクシングは最も詩的なスポーツ」とも話しており、ボクサーとの交流も多い。

ボクサーの中では、ガッツ石松との交流が一番長かった。ガッツが事件を起こしたときに、文太が庇う発言をしたことで縁ができたのだ。文太は、ガッツが弟の喧嘩の仲裁に入り、８人の男を殴り倒したという記事を読んだ際、こう反論している。

〈石松のほうにはまったく一点の非もないのに、それでもやはり暴力はよくないというふうなニュアンスで書かれていて（中略）冗談じゃない。止めに入って殴りかかられて、それで殴りとばさなきゃいったいどうすりゃいいっていうんだい（中略）。こんどの石松の快挙などは、それこそ一面に三段抜きぐらいで賞賛されるべきだし、警察は警視総監賞でも具申するのが相当なのだ〉(「アサヒ芸能」72年11月2日号)

自分の企画を含めて映画の仕事は絶えなかったものの、文太はこの頃から生活の安定を意識するようになった。杉並区西荻窪に「豆の木」というレストランを開店したのである。

〈これは俳優としての保険だよ。事故が起きたり、病気で働けなくなったら困るからな。オレはどうでもいいけど、家族が食えなくなるからね。家も、いま建てておかないと、将来どうなるかわからんから(中略)。オレ自身、住むところのないみじめさを味わっているから、せめて子供たちには、普通の暮らしをさせておきたいんだよ〉(「女性セブン」77年1月1・16日号)

77年は文太にとって多忙な1年となったが、私的なトラブルが露見する。

第8章　文芸路線を目指して

幼稚園を訴える

「幼稚園に〝仁義なき戦い〟を挑む菅原文太の小市民感覚」（「週刊文春」1977年11月3日号）

77年10月末、テレビを含むマスコミ各社はこぞって、文太が起こした訴訟を報じた。東京地裁の司法記者クラブで、文太が記者会見を開いたからである。会見には当時、友人で参議院議員だったコロムビア・トップも同席。文太は「徹底して闘う」と息巻いた。

文太が東京地裁に提出した訴状は「土地所有権確認等請求」で、自宅に隣接する幼稚園がこちらの土地を侵害している、という内容だった。杉並区南荻窪にある文太の自宅は、荻窪駅から徒歩11分。前年に大掛かりな改造を終えたばかりで、2階建て10部屋の豪邸である。この幼稚園には文太の子供たちが通い、訴訟時には次女が在籍していたが、退園することになった。

訴状によると、「幼稚園の金網が地点によっては8・7センチから23センチも境界を侵している」とあるが、その面積は約2平方メートル、0・6坪である。一坪にも満たない土地争いなのに、民事訴訟まで起こしたのは、なぜだったのか。

文太本人は「これまで幼稚園と話し合いの機会を持とうとしたが拒否された」と話し、訴訟の背景として「寄付金の集め方に始まり、幼稚園の教育のあり方にも問題がある」と続けた。寄付金は、一口2万円を一家族について二口以上募り、寄付が多い順に氏名を決算書に記載したことを問題としている。大口から名前を並べる寺院の奉加帳のようなものである。教育については、園児の叱り方が問題で、改善すべきだという。

文太は「何でもかんでも、なあなあで済ませたくない。怒れなくなったら終わりだ。喧嘩上等」と力説するが、会見を取材した週刊誌は、そんな文太を皮肉る記事を掲載している。

〈大まじめにやればやるほど、なぜかコッケイさがつきまとう。本人はそのイメージダウンにどうも気がついていないらしいのが不思議。仁侠道どころか、おおそれながらと〝お上〟に訴え出る小市民・文太なんて、どっか役どころを間違えているんじゃないすか〉（同「週刊文春」）

〈その〝幼稚園〟という言葉と、菅原文太が彼に被せられたイメージも含めて引きずっているニュアンスの隔たりが奇妙でもあった。そして、それが奇妙であればあるほど、子供の通う幼稚園に対して怒る彼の姿が実像らしくみえてくる〉（「週刊サンケイ」77年11月3日号）

この件で取材を受けた東映本社は、「プライベートな問題なので」と言及を避けた。

2年後の79年3月には地裁で第1回証拠調べが行われ、文太はこの時、前年に「幼稚園110番」を開設しようと試みたことを語った。訴訟を起こして以降、全国から幼稚園に関する相談が寄せられるようになり、問題の根の深さが分かったからだという。

ところが、コロムビア・トップを始めとする国会議員たちに、国会で幼稚園教育を取り上げてほしいと頼んでも一向に埒があかない。結局、「全国から苦情が集まったら、俳優の仕事ができなくなる」という理由で、開設を断念した。

訴訟はその後も続き、約6年にも亘り、隣り同士で争うことになる。この間は双方とも一歩も譲らない構えだったものの、83年に和解のかたちで裁判は終了した。

家庭生活をマスコミに晒すことを極端に嫌い、「役者はマイホーム主義では駄目だ」と常々語っていた文太が、幼稚園相手に起こした訴訟は、言動が矛盾しているように受け止められた。

今回の取材でも「一坪くらいのこと、幼稚園に譲ってやればよかったのに」「あれは文ちゃんらしくなかった。奥さんの考えじゃないか」「男を売るスターとしてイメージダウンになった」などと語る関係者が多かった。

「事実は（報道されている内容とは）全く違います」

そう強調するのは、文太の付き人だった俳優の菅田俊である。

「オヤジとしては、幼稚園と子供たちのために、敷地の境目に塀を建てたりしないで、ボールがこちらの庭に飛んできても、自由にどうぞ、という感じだったんです。だけど、幼稚園の方が大きな塀を建ててしまったんですね」

文太は境界のことなど、どうでもよかったのだと言う。だが、大きな塀は、文太が自宅の土地の権利を守るために建てたように報道された。

「マスコミの悪意です」

ある日、菅田は写真週刊誌の記者が塀越しに盗撮しているのを見つけた。

「記者がわざと、あくどく撮っていたので、捕まえて、『いい加減にしろ』って言いました」

当時、幼稚園は子供の人数が減っており、経営が苦しかった。それが影響してか、寄付金を募ったり、突然塀を作り始めたので、文太が反応したのだという。

「長く裁判が続いていたけど、オヤジは多くを語らなかったので、誤解されたのだと思います」

民事訴訟は幼稚園の姿勢を正すためであり、訴訟をきっかけに、幼稚園教育について広く論議してほしいというのが文太の本意だった、と語る。

文太が『ダイナマイトどんどん』（監督・岡本喜八／78年）に出演している頃、付き人になった菅田俊は、俊藤浩滋プロデューサーの紹介で東映の俳優になった。芸名は菅原文太、鶴田浩二、俊藤の3人の苗字から1文字ずつ取って、俊藤が付けたのだという。

「オヤジは歴史の本をよく読んでいて、特に幕末には詳しかったですね。他に吉本隆明とか澁澤龍彥、ミッキー・スピレインとか、晩年に講演をするときには、神田の古本屋に行って、資料を探したりしてました」

菅田は映画、テレビ、舞台など活躍の場が広く、ハリウッド映画の『キル・ビル　Vol.1』（監督・クエンティン・タランティーノ）、『ラストサムライ』（監督・エドワード・ズウィック）などにも出演し、『ポチの告白』（監督・高橋玄）では主演を演じている。

「僕はもともと（高倉）健さん大好き人間だったんですけど、健さんはもう東映を辞められたあとでした。それで鶴田さんとオヤジの半々に付いていたら、あるときオヤジから『おまえは菅原一家の人間だ』と言われまして。僕をボディガードにしたかったと思うんですが」

今回、文太の付き人数名に取材したが、東映移籍後に会社が付けた司裕介らの大部屋俳優は別にして、文太が自分で選んだという付き人は、みんな身長180センチ以上の巨漢だった。菅田は187センチもある。

菅田の上には『仁義なき戦い』や『トラック野郎』に常連で出演していた付き人が数名いて、下にも文太が自ら選んだ付き人が数名いた。文太は盆暮れになると、バスを借り切って付き人たちを温泉宿へ連れて行き、宴会を開いた。称して「菅原一門の会」という。ヤクザの組ではないが、所帯を抱える親分のような立場になった。

三船敏郎と共演

訴訟を継続しながらも、文太は新たな映画の撮影に入った。文太が「富士山のような人」と仰ぎ見る三船敏郎との共演作『犬笛』（監督・中島貞夫）である。

映画は東宝の配給で、三船プロが78年に創立15周年を迎える記念作品として企画された。西村寿行の小説が原作で、誘拐された7歳の娘を捜す父親が北海道犬とともに、東京から北海道、果ては海外まで追いかけるというストーリーである。共演は北大路欣也、原田芳雄。

中島監督によれば、当初父親の役は渡哲也が演じることになっていたが、体力的な問題で降板したため、三船プロが代役として文太を出演させてくれるよう頼んできたのだという。

「文ちゃんについては俊藤さんの許可が必要なので、三船プロがこう言ってるんだけど、と話したら『おまえがいいのなら、構わない』ということになって、それで、キャスティングが決まったわけです」

ただし、東映は条件をつけた。中島が監督する『日本の首領《ドン》　野望篇』に三船を出演させるというトレードである。三船はこれを承諾し、東映初出演が決まった。
急ぎの代役を頼まれた文太は、すんなり引き受けたという。
「そういうところは、割り切りのいい男でね。気にしていなかった」
文太が承諾したと聞いた三船は、すぐに文太の自宅を訪ねた。三船プロの作品に出演してくれる礼を言うためである。このときの様子を、文太は三船との対談で話題にしている。
〈この『犬笛』は最初っから、驚天動地の大事件でしたよ。というのも、神様から突然、指名されたんですから……〉（「週刊プレイボーイ」78年4月11日号）
文太は三船を「神様」と呼び、〈オレたち活動屋にとっては大変な存在ですよ〉と持ち上げる。
〈ぼくが一番好きな日本映画は『酔いどれ天使』なんですよ。これは少年のときから、俳優である現在でも変わりませんね〉（同）
文太にとって、『酔いどれ天使』（監督・黒澤明／48年）はヤクザ映画の原点であり、その主役を演じた三船は特別な存在なのだという。
〈三船さんの迫力で仕事を受けたものの、あとで脚本《ホン》を読んでみて、正直いってゾーッとしましたね。雪のシーンばかりなんですね。高倉健サンは雪の好きなひとなんだけど（笑）、ぼくは寒いのがまったくダメなんですよ〉（同）
文太はこの撮影のために禁煙し、節酒を心掛けたものの、北海道の積雪の中を走るシーンはかなりハードで息が続かず、へたり込んでしまった。
〈ヤクザ映画の立回りもシンドイものだけど、今回のほうが数段上ですね〉（同）
三船プロが8億円ともいわれる製作費をかけて完成した映画だが、当初の予算を遥かに超えており、配給収入で回収することはできなかった。

次なる野望

高倉健が東映を去ってから1年後の77年、菅原文太は自分の肉体が〝曲がり角〟にきている、と話すようになった。

〈以前は二日酔いなんてすることなかったのに（中略）立ち回りを三日間ぐらいぶっ続けでやっても平気だったのが、息があがっちゃうってこともある。そういうのが突然くるんだ、四十過ぎるとね〉（「週刊サンケイ」78年1月5・12日合併号）

このときの文太は44歳。『トラック野郎』シリーズの6作目『男一匹桃次郎』を撮影している最中だった。同作のマドンナは20歳だった夏目雅子。

体力の衰えを自覚して、心境も変化したのか、文太は週刊誌記者が、かつて冠せられた「飢餓俳優」という言葉をぶつけると、吐息混じりに答えている。

〈飢餓感ね……、よういいますけど。それを売り物にするのにもう飽きたって感じだね。たしかに、あのころはしんどかったけど、時代そのものがしんどかった時代ですからね〉（同）

『仁義なき戦い』シリーズは76年の『新仁義なき戦い　組長最後の日』で終了しており、代わって東映のドル箱シリーズとなった『トラック野郎』は、さらなる続編が予定されていた。5作目までの配給収入の合計は約59億円。なかでも由美かおるがマドンナを演じた4作目の『天下御免』は12億8000万円とシリーズ最高の収益をあげた。

『仁義なき戦い』は、『完結篇』までの5作の合計が約22億円なので、配給収入の面だけで見れば、『トラック野郎』の圧勝である。

〈四十四歳の男が三十二歳の男を演じてバカみたいなことやっているわけですよ（中略）。しかし待てよ……と思う時ってありますよ（中略）。それをやってお客さんがシラケずに許容してくれるうちは、続けるのが義務だと思うけれど〉（同）

高倉健は、77年に東宝で『八甲田山』（監督・森谷司郎）、松竹で『幸福《しあわせ》の黄色いハンカチ』（監督・山田洋次）と続けて主演し、その演技が認められて、「日本アカデミー賞」「ブルーリボン賞」「報知映画賞」「毎日映画コンクール」などで主演男優賞、最優秀男優賞などを受賞。作品賞を含めて、この年の国内映画賞を総なめにした。任侠映画とはまるで異なる役柄で、高倉健の存在感を広く認識させたのである。

高倉の華やかな活躍を知った文太は、親しいスポーツ新聞記者に「俺も『幸福の黄色いハンカチ』のような映画をやってみたい」となんどか洩らしている。

また、高倉と同じく東映を去った鶴田浩二はテレビに軸足を移し、76年から82年までNHKの『男たちの旅路』で特攻隊の生き残りのガードマンを、78年には大河ドラマ『黄金の日日』で千利休を演じて高い評価を得ていた。鶴田を意識してか、文太は「NHKのドラマに出演したい」とも話すようになった。

78年、文太は『犬笛』の他に『トラック野郎　突撃一番星』（監督・鈴木則文）、『日本の首領《ドン》　完結篇』（監督・中島貞夫）、『ダイナマイトどんどん』、『トラック野郎　一番星北へ帰る』（監督・鈴木則文）の計5作に出演する一方で、人気絶頂の星桃次郎のキャラクターに飽き足らず、自ら映画の企画を立ち上げるようになる。

その1作目が前述の『ボクサー』で、2作目は、ヤクザ同士が抗争の決着を野球の試合でつけるという喜劇『ダイナマイトどんどん』。この映画の製作発表会見で、文太は〈脚本を読んで傑作だと直感した。健さんと勝負だ〉と語った。高倉健が主演する角川映画『野性の証明』（監督・佐藤純彌）と同日の公開を決めたからである。文太主演の2作とも興行的に不振だったが、文太はめげることなく、78年12月に3作目の製作を発表した。

映画のタイトルは童謡の曲名と同じ『赤い靴』で、監督は鈴木則文。異国に旅立つ少女と中年男の淡い恋を描いた作品というふれこみで、中年男を文太が、少女役には、歌手の雪村いづみの娘でモデルの朝比奈マリアが選ばれた。マリアを文太自らが口説き落としたのだという。

三度目の正直を意識していたのか、文太は「手ごたえを感じている」「ヒット間違いなし」などと、製作への強い意気込みを語ったが、どのような事情があったのか、映画は実現せず、幻の企画となった。

そして79年、文太はある重大な決断をする。まだ人気が衰えていなかった『トラック野郎』シリーズからの降板である。

俺の独断で切った

同シリーズは10作目の『故郷特急便』を最後に終了するのだが、公の理由は「会社が予定していた興行収入に届かなかったため」とされている。10作で合計87億2000万円を稼いだドル箱にも拘わらず、会社が『トラック野郎』を切り捨てたことになる。

確かに最後の作品となった『故郷特急便』は過去最低で6億8000万円の興行収入だった。

監督の鈴木も、興行収入の低迷がシリーズ中止の最大要因だったと、著作の中で認めている。と同時に、会社への不満を滲ませる。

〈東映にとってもあれだけ興行力、集客力のある映画企画がそう簡単にできるわけはなく、映画館主の強い要望もあって何度か、再開を打診されたが、もう、いったんさめた情熱がよみがえることはなかった〉（前出『新トラック野郎風雲録』）

そう語りつつも、鈴木は、このシリーズには完結篇があった方がいいと考え、桃次郎の人生の激情と哀切の物語を用意していたことも語っている。

「『トラック野郎』は東映シリーズ物の大傑作です」

絶賛に近い言葉で語るのは脚本家の高田宏治である。

「どうしたらお客さんに受けるのか、常に考えて創っていた。内容がスラップスティックであったり、下ネタ的なものであっても、それを突っ切ってみせたのは、（鈴木）則文さんならではの手腕でしょう。アイディアも面白いし、チャンバラ時代劇で、お姫様の危機に若侍が馬に乗って駆けつけ、助け出すようなシーンが必ず出てくるしね」

高田は、すぐに興奮するのでコーブンと呼ばれていた鈴木の才能を高く買っていた。

「則文さんは人間的にも非常に魅力的な人だったんですよ。僕は彼を活動写真家としての映画の天才だと、心から思っているからね」

文太は『トラック野郎』で鈴木と意気投合し、自らもシナリオ作りに参加して、積極的にアイディアを出した。鈴木は撮影中のアドリブも受け入れたという。そうして多くの観客に支持される作品を創り上げた。映画の成功は、二人にとって大きな財産だったはずだ。

しかし、文太は会社の都合ではなく、自分の意志でシリーズを打ち切ったと語っている。

〈東映の場合はシリーズでスタッフもほとんど変わらないで仕事をしていく。それを、俺が独断で切っちゃったんだよ。たしかに、他にも事情はあったけど、同じものはあんまり長くやらないほうがいいし（中略）。みんなギョッとして、「せっかく当たってるものを、なんで辞めるんだ」って、怒ったんじゃないかな。でも、こっちも「それはなぜか」とは説明したくないし、「辞める！」と一声で終わったから（中略）。鈴木も「なんで俺たちに相談なしで辞めたんだよ」っていうのはあったかもしれない〉（「キネマ旬報」2014年7月下旬号）

文太によれば、詳しい理由は説明したくないが、「劇場に閑古鳥が鳴くまでやるのはイヤだ」と考えていたこともあるという。そうだとしたら、鈴木と話し合いの機会を持つことも可能だったのではないか。『北陸代理戦争』のときもそうだが、正直に「次はやりたくない」と話し、関係者の理解を得ればよかった。だが、文太は今回もそれをしなかった。

シリーズの打ち切りを決めたのは岡田茂社長だったという説もあるが、この頃の文太は東映のトップスターである。文太が「11作までやりたい」と頼めば、希望は通っただろう。

鈴木と文太は出会った当初から打ち解け、毎晩のように酒を酌み交わす友人でもあった。シリーズの完結篇を作りたいという鈴木の切望を断ったのは、なぜだったのか。

哥麿会とも断絶

デコトラの団体「哥麿会」の3代目会長・田島順市は、文太は桃次郎を演じるのが嫌だったのではないかという疑問を持っていた。

「菅原さんというのは、『トラック野郎』だけのファンと、他に出演したヤクザ映画とか、農業、政治活動とかのファンに分かれるんだよね。『トラック野郎』のファンは、『仁義なき戦い』とかは別に見たくないし、興味もなかったと思う。本当にあの映画だけなのよ。でも、菅原さんはもともとインテリだから『トラック野郎』をやっているときから、俺はこんな映画は嫌だ、と思っていたんじゃないのかな」

「哥麿会」は、１作目の『御意見無用』から映画に協力している。映画の製作発表と同時に会が発足したからである。田島は９作目の『熱風５０００キロ』から参加したが、もちろん、映画は１作目から熱心に見ていた。

「桃次郎の芝居は監督の演出だけど、そこらの畑で尻を出して、野グソしていたりさ。インテリには合わなかったんじゃないか。あれは格好悪い格好良さなんだよ。あの映画は、はっきり言うと、トラックが主体だからね。俺たちにとっては、菅原さんが行くんじゃなくて、一番星号が全国へ行くっていうイメージだから」

映画の打ち切りが決定した後、「哥麿会」のメンバー数は激減した。田島は回想する。

「まだ人気がある映画だったからね、鈴木監督は、11作目をやろうとして、ロケハンも済ませていたんだよ。だけど菅原さんが急に降りてしまった。それでは、みんな途方に暮れるよね」

田島は映画が終わっても、鈴木と親しく交流していた。鈴木が「哥麿会」主催の行事に参加し続けていたからだ。

「年に３回くらいは会っていたかな。監督は晩年の10年くらいで、（完結篇の）脚本をすべて書き上げていたと思うよ。頭の中ではマドンナの配役も決まっていたし、挿入歌もね。『トラック野郎』のことはずっと忘れないでいた」

シリーズ終了から間もなく、「哥麿会」は分裂し、これまでとは違う活動を余儀なくされた。紆余曲折を経て田島が打ち出したのは、交通遺児へのボランティアや各種のチャリティ、被災地の支援などの社会貢献活動である。

田島は星桃次郎の相方・やもめのジョナサンこと松下金造を演じた愛川欽也とも親しかった。愛川もまた、『トラック野郎』の続篇に拘っていたという。

「愛川さんも心残りだったんだよね。もう自分は脇役でもいい、若い者を応援するような、運転手のOBみたいな役でもいいから、あの映画をなんとか復活させたいと思っていた」

周囲は熱い想いを棄てずにいたが、11作目が製作されることはなかった。

「それでも、俺は菅原さんに声を掛けていたんだよ。『哥麿会』はボランティアとか、チャリティを続けていたんで、何かあったら、来てください、って。だけど、一切来てくれなかったね。本人の意志だったのかどうか分からないけど、奥さんが窓口になって、ギャラの話になるんだ。1回100万くらいのことを言われるから、話ができなくなった」

文太がチャリティに出るためには、相応のギャラが必要だと言われ、諦めたのだという。後述するが、文太は山谷での定期的な炊き出しや、難病と闘う子供たちへの支援、在日韓国人の老人ホーム建設に協力するなど、むしろボランティア活動には積極的だった。田島にギャラを求めたというのは例外的な話である。

田島は埼玉県本庄市の在住で、文太と最後に会ったのは、『トラック野郎』が終わって1、2年ほど過ぎた頃だった。

「菅原さんが（埼玉県の）秩父に来たんだよ。テレビの仕事だったのかな。秩父で起きた農民の暴動、秩父事件を撮影するために来てた。そのあとも何年かに一回は、秩父に招かれて講演をしていたな。俺は菅原さんが講演するときに、『トラック野郎』の話をしてくれるかと期待して行くわけだけど、一言も触れない。ああ、この人は本当にトラックから離れてしまったんだな、と思うと寂しくてね」

田島には、文太が義理人情の世界から転向したように映った。

高倉健を追って

文太が最後に星桃次郎を演じた『故郷特急便』の公開は79年12月22日だった。同年、文太は他に『総長の首』（監督・中島貞夫）、『黄金の犬』（監督・山根成之）、『トラック野郎　熱風5000キロ』（監督・鈴木則文）、『太陽を盗んだ男』（監督・長谷川和彦）、『堕靡泥《ダビデ》の星　美少女狩り』（監督・鈴木則文）の5本の作品に出演している。

全盛期に比べれば超多忙とまでは言えないが、この年はスケジュールの調整が大変だった。その理由に、『トラック野郎』シリーズを打ち切った謎を解く鍵がありそうだ。

田島が「文太と最後に会ったのは秩父のテレビロケだった」と話したのは、80年に放映されたNHKの大河ドラマ『獅子の時代』の撮影時のことだろう。文太が以前から口にしていた「大河ドラマに出たい」という夢が、ついに叶ったのである。

脚本は山田太一のオリジナルで、文太は会津藩の下級武士・平沼銑次という架空の人物を演じている。共演者には同じく架空の薩摩藩士・苅谷嘉顕に加藤剛。大原麗子、大竹しのぶ、鶴田浩二や丹波哲郎も出演している。彼らが演じる架空の登場人物を中心にして、幕末から明治にかけての時代が描かれるが、パリ万国博覧会や、自由民権運動、秩父事件など、実際の出来事が盛り込まれている。秩父事件は埼玉県秩父郡の農民が政府に負債返済の延期、雑税の減免などを訴え、武装蜂起した事件である。

『獅子の時代』は80年1月6日から12月21日まで51回の放映で、主役の文太は1年間スケジュールを拘束される。つまり、番組が始まる80年に他の作品に出演することは、困難である。

『トラック野郎』の9作目『熱風5000キロ』が公開された1カ月後の79年9月、文太の姿はパリにあった。コンコルド広場やリヨン駅での撮影に臨むためである。撮影許可がなかなか下りなかったこともあり、パリには20日間滞在した。

また、「スタジオだけではなく、外に出て撮影したい」という文太の強い希望で、地方ロケがふんだんに盛り込まれた。帰国後の10月から12月までは国内で20日間。翌80年には、クランクアップの10月までに首都圏や地方で撮影した日数が49日間と、大河ドラマとしては異例のロケ日数だった。予算も大幅に膨らんだという。

放映の4カ月前からNHKで連日の収録に追われる文太に、『トラック野郎』の完結編を撮る余裕はなかった。

さらにいえば、文太は『仁義なき戦い』の広能昌三でも『トラック野郎』の星桃次郎でもなく、大河ドラマに主演する本格派の俳優として、イメージチェンジを図りたかったのではないだろうか。永遠のライバル高倉健はいつも先を行く存在だったが、日曜の夜、20時からの45分間、全国のお茶の間に浸透している大河ドラマには出演していない。この点では自信にもなっただろう。

高倉の活躍の場はもっぱら映画で、80年には『動乱』(監督・森谷司郎)、『遙かなる山の呼び声』(監督・山田洋次)と続けて主演し、第4回日本アカデミー賞最優秀主演男優賞を受賞している。東映を去ったあとの主演作のほとんどが、なんらかの映画賞にノミネートされており、日本のトップ男優の地位を確立しつつあった。

大河ドラマの撮影中に、文太らしいエピソードがある。79年11月に「NHKに大部屋がないのは、俳優不在の態勢だ」と文太が語る記事がスポーツ紙に掲載されたのだ。

〈正義の味方ぶるつもりはないが、大部屋もないことがとても奇異に映った。映画なら撮影所に1人部屋、2人部屋、5人部屋、大部屋とあって、仕出し(エキストラ)の連中だって(中略)ゴロッと横になれる。役者は肉体労働。休める場所、スペースは全員に与えられてしかるべきだ〉

(「東京スポーツ」2014年12月3日)

文太は俳優の待遇についてNHKの担当プロデューサーに直談判し、改善を要求したという。テレビに出ない最後の大物俳優という触れ込みで出演し、自由民権運動に関わる役柄に没頭した文太だが、肝心の視聴率は芳しくなかった。平均視聴率が21%、最高視聴率が最終回の26・7%というのは、当時の大河ドラマとしては高い数字ではない。しかし、NHKとの縁はこの後も続き、大河や単発のドラマ出演が増えていく。

80年12月、『獅子の時代』の収録を終えた文太に、東映の正月映画『青春の門』(共同監督・蔵原惟繕《これよし》、深作欣二)の出演依頼が舞い込む。五木寛之の同名小説が原作で、文太は主人公・伊吹信介の父親・重蔵の役である。妻のタエに東映初出演の松坂慶子、信介役で三國連太郎の息子・佐藤浩市が映画デビューという話題作だ。

この映画が製作される経緯には、松田優作が深く関与していた。

プロデューサーは、自分の言うことを聞かない監督や俳優とは組まない。事が起きたときに収拾がつかないからだ。

これは名プロデューサーとして知られる日下部五朗から聞いた心理で、映画製作に携わる人間の基本的な姿勢を示しているように思う。

『青春の門』の好演

菅原文太が『新仁義なき戦い』の続編を拒否してから3年後、今度は松田優作が日下部を激怒させるトラブルが起きた。80年秋、日下部は81年の正月第2弾として佐木隆三の小説『海燕ジョーの奇跡』を原作にした映画の企画を立てていた。沖縄の暴力団抗争が続く中、抗争相手のボスを射殺したフィリピン人とのハーフのジョーが異国へ逃亡。その逃避行を描くアクション映画である。監督は深作欣二、主役のジョーは松田優作を予定していた。

日下部はこの映画は話題作になると予想し、シノプシス（シナリオのあらすじ）ができた段階で、沖縄、与那国島、フィリピンなどでシナリオハンティングを行った。この時点で、すでに2000万円近い予算を使っている。映画製作に先んじて惹句も作られた。

〝ジョー、飛びなさい　海がまだ騒がぬうちに。〟

ところが、主役の優作が東映のベテラン脚本家・松田寛夫の脚本に難癖をつけた。「主役が描けてない」という。そのときのことを日下部はこう回想している。

〈松田寛夫の脚本をクソミソに言う優作に、わたしは珍しく声を荒らげた。「わかった！　もう、君はこの映画に出なくていい。おれが作るんであって、君が作るんじゃない。好きにはさせない。降りてくれて結構だ」啖呵は切ったものの、『ジョー』の企画はここで流れてしまった。映画なんてあまり無理を押して作るものでもないのだ。わがままなスターから逃れられてせいせいした――と言いたいところだが〉（前出『シネマの極道　映画プロデューサー一代』）

『海燕ジョーの奇跡』に代わる穴埋めの作品がなく、日下部は頭を抱えた。社長の岡田茂からは〈五朗、お前、正月第二弾に何やんねん！〉（同）と矢の催促をされている。大急ぎで代替えの企画を出さねばならない。はたと思い出したのが、数カ月前、野上龍雄に五木寛之の小説『青春の門』を原作とする脚本を依頼していたことである。

日下部は野上に、至急シナリオを仕上げてくれるように頼み、監督の選定とキャスティングに取り掛かった。最初に蔵原惟繕が監督に決まり、時間の余裕がないので、スケジュールが空いていた深作欣二に共同監督を頼むことになった。主だったキャスティングについては、五木寛之からリクエストがあったという。

まず、主人公の父・伊吹重蔵は五木と同じ福岡県出身である高倉健に演じてもらいたい。次に妻のタエ役は松坂慶子で、という要望である。高倉の出演交渉に当たっては、同じく同郷の天尾完次プロデューサーに説得を頼んだ。高倉はもはや、俊藤浩滋の言うことを聞かなくなっていたからである。天尾は急遽、パリに滞在している高倉を訪ね、交渉を重ねたが「受けたくない」の一点張りで埒が明かず、空手で帰国するほかなかった。

〈私は健さんの可能性がなくなったと思い、文ちゃんに切り替えて、五木さんの説得に当たった。当初のイメージを変えるのは難しいことだが、五木さんは私の提案を了としてくれた〉（前出

『健さんと文太　映画プロデューサーの仕事論』）

文太が演じた伊吹重蔵は筑豊の炭鉱夫で、ヤマに騒動が起きたとき、ダイナマイトを爆破させて逮捕されるが、官憲の拷問に屈しなかった男として、名前が知れ渡っている。文太の出番は映画の前半で終わるものの、言葉より行動で見せる男気が際立っていた。

『青春の門』は81年1月15日に公開され、興行的には成功をおさめたが、日下部はこの映画を最後にして、文太をキャスティングすることはなくなり、実質的な決別となった。『青春の門』ではスケジュールの都合など諸事情があって文太を起用したが、77年公開の『北陸代理戦争』の出演を文太が蹴ったことを、日下部は忘れずにいたのである。

この「遺恨」が文太の役者人生に大きな影を落としていく。

大きすぎた「遺恨」

日下部は、『青春の門』の翌82年から宮尾登美子の小説が原作の『鬼龍院花子の生涯』（監督・五社英雄）、『陽暉楼』（同）、『序の舞』（監督・中島貞夫）、『櫂』（監督・五社英雄）を立て続けに企画し、さらにはカンヌ映画祭パルムドール受賞の『楢山節考』（監督・今村昌平）や、『極道の妻たち』シリーズなどを手掛けて、大ヒットさせたプロデューサーである。

なかでも宮尾登美子の作品において、男優は主に仲代達矢や緒形拳を起用し、文太に声をかけることは、一度もなかった。監督の五社英雄が文太の出演を強く希望したこともあったが、日下部が受け入れなかったのである。

日下部は、著作の中で文太に対する当時の気持ちを切々と綴っている。

83年公開の『陽暉楼』で、脚本を読んだ仲代達矢が「この女衒《ぜげん》役は、自分にはできない」と断ってきたとき、五社監督はすぐさま文太の名前を挙げたという。だが、日下部は応じなかった。

〈前の一件があるので意固地になっていて、文太を避けて、緒形拳で行くことにした。これはプロデューサー心理としては当然である。しかし、あのとき、文太を起用していれば、スターとしてまたカムバックできたかもしれないと思うことがある。(中略)私がひがんでいたのである。「なぜ、あのとき、俺を無視したんだ」と〉(前出『健さんと文太　映画プロデューサーの仕事論』)

『陽暉楼』の公開時、文太は50歳。主人公の女衒役は演じられただろう。

緒形拳が演じた太田勝造は、陽暉楼の売れっ子芸者・桃若の父親で、ヤクザにも一目置かれるほど喧嘩が強い。短髪に色眼鏡をかけ、端正な着物姿が粋である。根性も据わっており、高知に進出しようと企む大阪のヤクザの前に、一人立ち塞がる。

勝造は映画の後半で大立ち回りをしたあと、「おまんら、土佐の異骨相《いごっそう》を、なめたらいかんぜよ」と言って、にやりと笑い、姿を消す。

勝造を文太が演じたら、また違う凄みが出ただろう。

『陽暉楼』に限らず、日下部が手掛けた一連の文芸映画に文太が出演していれば、その後の俳優人生に別な展開もあったのではないか。

『鬼龍院花子の生涯』『陽暉楼』『櫂』『極道の妻たち』シリーズの脚本を執筆した高田宏治も、残念なことだった、と語る。

「政治的に上手く、運よく立ち回る人がいるけど、そういう面で、菅原文太はちょっと不器用だったんじゃないかな。『北陸代理戦争』のときでも、日下部を門前払いせずに話し合って『俺はこう思う。こうなんだから分かってくれ。一杯飲もうじゃないか』という別れ方をしていたら、あんなふうにならなかったんですよ」

高田は、日下部が企画した『極道の妻たち』のシリーズがなければ、当時の東映はかなり厳しい状況がつづいたんじゃないか、と言う。

シリーズの大ヒットで、日下部は押しも押されもせぬ東映ナンバーワンプロデューサーになった。その意味でも、日下部に見切られた文太の損失は大きい。

「文ちゃんは『仁義なき戦い　完結篇』のあたりから役者としては充実期に入って、芝居に味が出てきた。うまくなっているな、と感じたんですけどね。その味を『トラック野郎』で別な味付けに変えてしまった。あれをもっと大事にして、五社さんと日下部が組んだ『陽暉楼』とか『櫂』に出演していたら、ほんとうの芝居の面白さを判ってくれたんじゃないか。仲代達矢や緒形拳とは違う味を出して低迷していた日本映画界に活を入れていたかも知れない」

日下部と膝を突き合わせて話し合えば、新しい路線を見つけることも可能だっただろう。

しかし、「なぜ、あのとき、俺を無視したんだ」という日下部の無念は根深く、取り返しがつかない事態になっていた。

拡がる活動

ＮＨＫの大河ドラマ『獅子の時代』の出演をきっかけに、テレビ、舞台へと活躍の場を広げていった文太は、さらに多くの若い付き人を抱えるようになった。

菅田俊に続いて宇梶剛士《たかし》を引き取り、宇梶がのちに「みちのくプロレス」の社長となる新崎人生を連れて来たので、短期間に2人増えたのだ。

「オヤジは『トラック野郎』が終わったあたりから、年に何回か山谷で炊き出しをやるようになりました。みんな喜んでいましたね」

菅田は、定期的に行われる炊き出しの手伝いをしていた。山谷は文太が上京して金に困っていた頃、「半年ほど寝泊りしていたことがある」と語っていた場所だ。炊き出しには、渥美二郎など演歌歌手がゲストとして参加したという。

「オヤジは他に、在日の人の老人ホームを作る手伝いも始めておられましたし」

文太の〝手伝い〟は、84年4月、朝日新聞に掲載された投稿記事がきっかけだった。記事は身よりのない在日韓国人の年配者が孤独死している実態を訴え、彼等のための老人ホームを作ろう、と呼びかけていた。これを読んだ妻の文子から「あなたの顔と名前で何か手伝えることがあるのなら、やりなさい」と言われたので、募金を集める『在日韓国老人ホームを作る会』の世話人の一人になったのだ。文太の協力もあってか、全国から募金が集まり、89年10月には、大阪府堺市に在日韓国人のための特別養護老人ホーム「故郷の家」が完成している。

また会の発足から2年後、文太は来日中の在韓日本人妻故郷訪問団の女性たちを、自分が出演している新橋演舞場の公演「櫂」に招待した。女性たちを労《ねぎら》い、帰国前に日本の芸能を楽しんでほしい、という気持ちからだったという。

付き人たち

菅田俊は、付き人になった当初、毎日のように自宅に出入りしていたが、文太から離れていた時期がある。きっかけは高倉健の言葉だった。

「健さんが『動乱』という映画に出演していたとき、僕は健さんを撃つ兵隊の役だったんですけど、健さんを撃つなんて、とてもできないから、大部屋の人に代わってもらったんです」

そのとき、衣裳の軍服から色紙とサインペンが落ちて、監督に叱られたが、高倉は「それを持ってこい」と言って、サインしてくれたという。

「あとで健さんに呼ばれて、『おまえ、付き人というのは、一生付き人だぞ』と言われたんです。その言葉がずっと頭の中にあったんですね。オヤジとちょっとしたことで大喧嘩になり、ついに『破門じゃあ！』と申し渡されました」

菅田はこのまま芸能界では生きていけないと思い、しばらくはアングラ劇団に身を置こうと考えた。真っ先に思いついたのが唐十郎の劇団である。

「唐十郎さんの自宅の前で徹夜して、唐さんが朝刊を取りに出て来たときに、弟子にしてほしいと頼んだんです。名前を聞かれたので、本名を言ったら、『菅原さんから、焼酎の甕《かめ》が二つと手紙が届いている』と」

唐が受け取った文太の手紙には「近々、ばかでかい、変な奴が訪ねて行くかもしれないので、そのときはよろしく頼む」と書いてあった。

「僕が若い連中に唐さんの所で舞台をやるつもりだ、と話したのをオヤジが聞きつけたんでしょう。先回りして手紙を出してくれていました」

菅田が同じ演劇でも唐の状況劇場を選んだのは、文太の影響だった。唐十郎は76年に安藤昇主演の『任俠外伝　玄海灘』を監督しており、この映画を文太が見て絶賛していた。以前から劇団メンバーの麿赤兒や大久保鷹らとも交流があったという。

「オヤジは、ああいう映画を撮らなきゃだめだ、と話してましたね。大久保鷹さんが京都の撮影所で、刑事部屋の机に上がったりして無茶苦茶な演技をしていたんですけど、オヤジは、凄い、と認めてました。それに、紅テントの役者には、菅原文太大好き人間が多かったんです」

菅田は弟子入りを許され、状況劇場の後「唐組」で舞台に立った。

「状況劇場に入って3年目のとき、オヤジから電話で『破門を解く』と言われました。僕も映像の方に戻ろうと考えていた頃だったので」

菅田はその後、映画やテレビ、舞台に出演し、名前が知られるようになるが、文太に呼ばれたときには、可能な限り付き添った。

「健さんの言葉通り、最後までオヤジの付き人でしたね」

菅田のすぐあとに続くのが、宇梶剛士だ。宇梶が文太に会ったのは未成年のときだったためか、多くの付き人の中で最も甘やかされた付き人と言える。宇梶は語る。

「僕が初めてオヤジに会ったのは、（歌手の）錦野旦さんのカバン持ちをしているときで、藤映像コーポレーションにテレビの台本を取りに行ったんです。そこにオヤジがいて、『おまえは何者だ』と声を掛けられたので、俳優になりたいんですけど、どうやったらその世界に入れるか分からないので、錦野さんのところでお手伝いをさせていただいてます、と話したんです」

それを聞いた文太はすぐに錦野の事務所に電話をかけ、社長を呼び出して「おまえさんのところの、でかいの貰っていいか」と尋ねた。社長の承諾をえた文太は宇梶に「そういうことじゃ」と伝える。名前と連絡先を聞かれた宇梶は、天にも昇るような気持だったという。

2日後、文太から藤映像の事務所に来るよう、連絡が入る。宇梶が勇んで出向くと、パンチパーマ頭の菅田俊が文太の側にいた。

「オヤジに、『今日から、こいつがおまえの兄貴じゃ。二人で勉強して来い』と言われて、『少林寺』の試写会のチケットを貰いました」

文太が結びつけた兄と弟は、切れることなく交友を続けている。

巨軀と役者

菅田と宇梶は190センチ近い身長がある。しかも肉厚な身体なので、二人が並ぶと、威圧感に近い迫力があっただろう。初対面の宇梶を文太が気に入った理由はなんだったのか。

「きっとボディガードには使えると思ったんじゃないですか」

菅田も、自分が付き人に選ばれた理由について同じ事を話していたが、山谷の炊き出しや、在日韓国人の老人ホームを作る手伝いをする文太は、大柄なボディガードに囲まれて優越感を持つような性格ではないだろう。

文太が並外れて大きい人間を集めたのには、別な理由があったように思える。時代を考えると、いつ俳優として生きるには、むしろ不利な体型だったからではないか。見た目で選ばれるのは、いつも悪役としてで、ほどほどの身長の俳優に比べれば、役の幅が狭い。周囲の俳優とのバランスが取れないからだ。日常でも高身長というだけで目立つし、生活の様々な規格が合っていない。

文太は菅田や宇梶の役者としての将来に困難が伴うことを予想して、自分の側に置いたのではなかったか。彼らを守ってやりたかった、というのは穿《うが》ち過ぎた考えだろうか。

「オヤジのところにいても、それだけで売れるというわけじゃないんですよ。付き人の中にはうまくいかないと離れていくというか、行方不明になったり、挨拶して辞めていった人が何人もいます。結局は自分の気持ちの強さなんです」

複雑な事情があり、家族と一緒にいる時間が少なかったという宇梶は、文太の付き人になってから、菅田を本当の兄のように慕った。オヤジがいて、兄貴がいての疑似家族だ。

「オヤジが、付き人の中で一番出来がいい、と言ったのは新崎人生です。あいつは僕が紹介したんですけど、無駄口はきかないし、心で仕事をする。相手のことを考えてやるから、なんどもオヤジに『新崎を見習え』と言われました」

新崎は付き人を務めた後、文太に「香港に行ってアクション俳優になるか、アメリカに行ってプロレスをやるか迷っています」と相談した。文太は「おまえはプロレスをやれ」と答え、新崎はその言葉に従ったという。

宇梶が文太の家に出入りするようになったのは19歳の頃で、長男の薫は小学生だった。文太が新幹線で家族旅行をするときには、子供たちの遊び相手として宇梶が選ばれた。

「付き人の僕たちがオヤジにペコペコするから、子供が勘違いすることがあるでしょ。僕が列車の中で、薫を『ふざけるなよ。俺はおまえの子分じゃないんだからな』と威嚇していたら、別な席にいたオヤジがやってきて『どうした』と尋ねたけど、薫は言い付けなかったんです。それでもう、僕はこいつを一生大事にしようと思って」

宇梶は文太から特別扱いされていた。菅田は文太と食事をするとき、遠慮して白飯しか頼まなかったが、「宇梶だけは勝手にステーキを頼んで食べてました。兄貴分たちが叱ろうとしても、オヤジは、まあいい、という感じで許していたんです」と語っている。

「菅田さんは『おまえが来るとオヤジが喜んで小遣いをくれるから、来られるだけ来いよ』と言ってましたけど、僕は、まだ錦野さんのところでアルバイトを続けていたし、夜間の高校にも通っていたから、毎日は行けないんですよ」

文太は宇梶を可愛がるだけでなく、様々なアドバイスも与えた。

「オヤジは僕の性格をよく分かっていて『この世界では、いくら自分が正しくても、暴力を振るった奴が悪だ。どうしてもやるのなら、役者を辞める覚悟でやれ。そのときは、必ず人前でやれ』と言われました」

誰かが見ていれば、喧嘩の理由が分かり、味方になってくれる人間もいるからだという。取材の締めくくりに、宇梶は文太の人となりを誇らしく語った。

「菅原文太という人は、弱者を応援するんです」

弱者に優しい男

菅原文太が、詩や俳句、短歌などを集めて編纂した作品集がある。『女といっしょにモスクワへ行きたい』というタイトルで、1985年6月に刊行された。サブタイトルは「宇多野病院筋ジストロフィ病棟」。

収録されているのは文太の作品ではなく、京都にある国立療養所・宇多野病院第1病棟に入院している患者たちのものだった。10歳から25歳まで約100人の患者の作品の中に、タイトルとなった春田茂行の詩がある。

〈人間はいつもしごとであけくれる　人間はいつもあそびにあけくれる　人間なんてかってきまままである（中略）　人間はしんじつをのべるひつようがある　人間は一生愛に生きそして愛に死ぬ　だから私は女といっしょにモスクワへ行きたい〉（前掲書）

文太が宇多野病院の子供たちに初めて会ったのは、82年に公開された『制覇』（監督・中島貞夫）のロケで病院を訪れたときだった。数名の子供たちが玄関で迎えてくれたのだが、医師から筋ジストロフィーと闘う子供たちだと聞き、衝撃を覚えたという。

〈宇多野の子供たちを初めて知ったとき、俺は本当に情けなくなった。健康な肉体を授かったという幸運だけで、50年近く酒を飲みダラダラと生きてきた自分の脳天が衝撃で打ちつけられた〉（「週刊女性」85年８月13日号）

文太がなにより驚いたのは、この病気にはいまだ決定的な治療法がなく、若くして亡くなることも多いという事実だった。文太はまた、子供たちが病棟のサークル活動や養護学校で、詩や俳句などの他、小説などの文章を書いていることを耳にする。

〈こりゃ、力にならなきゃなってすぐに思ったね。いや、同情じゃないよ。そんなセンチメンタルなことは嫌いだし違う。ただ、だれかがやらなきゃいけないだろ。そこに、映画の撮影で彼らを知った俺がたまたまいただけさ〉（同）

子供たちが長年書きためた作品集は15冊あり、すべてに目を通した文太は、自分が編集人になり、一般図書として出版することを決意する。20代で萩原朔太郎や堀辰雄の評論を出版した妻・文子の助言も得たことだろう。

〈がむしゃらになってやってきたけど、この年になって、すこしは人のことも、世の中のことも、振り返ってみる余裕が出てきた、ということじゃないですか。ちっとはいいことをしなさい、と女房に言われて。女房の影響もあるな〉(「ＡＥＲＡ」91年9月17日号)

約4年間、文太は時間を見つけては病院を訪ね、子供たちと交流を持った。刊行直後、病院内で「文太さん　どうもありがとう」という出版記念パーティが開かれた。

〈とにかく福祉の本にはしたくなかった。普通の本として多くの人に読んでもらえる本になったと思っている。でもできあがって子供たちの明るい笑顔を見たときはやっぱりうれしかった。映画を3本ぐらい撮った充実感だったね〉(前出「週刊女性」)

ただ、このとき、冒頭の詩を書いた春田青年の姿はなかった。前年26歳の若さで亡くなっていたのだ。その後も文太は、病院に多数の書籍を届けたり、筋ジストロフィーの患者が描いた絵を高額で購入したりして、応援を続けた。

第9章　親の心子知らず

実母との再会

日本のカラーテレビの普及率がほぼ100パーセントになった1980年、映画人口はのべ約1億6000万人だった。58年の11億人超をピークにして、減少を続けて来たあげくの数字である。映画が国民の最大の娯楽と呼ばれた時代はとうに過ぎ、各映画会社は生き残りをかけて模索を続けていたが、東映は80年代から製作本数を減らし、大作映画を中心に、長期興行する方針を打ち出した。映画館の毎週の作品を埋めるために量産されていたプログラムピクチャーのシステムは、この時点で廃れた。

この方針が影響してか、菅原文太が80年から89年までの10年間に出演した東映作品は、わずか7本だった。なかでも83年は空白になっており、他社の映画にもテレビにも出演していない。いったい、なにをしていたのか。

同年2月21日、文太の父で画家の芳助が急性肺炎のため逝去した。享年80。

文太は十数年前に芳助と継母の順子を仙台から呼び寄せ、自宅の近所に住まわせていた。芳助が脳溢血で倒れ、右半身が不随になってから4年後のことである。付き人だった菅田俊は、文太に頼まれ、ときどき芳助に品物を届けている。

「お父さんの通夜が終わったあと、自分ら付き人は眠りこけたんですが、薄目を開けてみたら、オヤジが棺の側に付き添っていました」

菅田は文太が父親の供養をする姿が忘れられないと言う。

「一晩中、寝ずに線香を焚いていたんです」

葬儀・告別式は2月23日、杉並区南荻窪の自宅で行われた。寺島純子、ハナ肇、待田京介らが弔問に訪れ、中庭には各映画会社や鶴田浩二、高倉健らの花輪が並んだ。

〈「大往生でした」ひと言いうと(中略)あとはもう絶句だ。男の中の男、菅原文太(49)の目は真っ赤。こみあげる涙をこらえるかのようだった〉(「女性自身」83年3月17日号)

霊柩車が到着すると、棺が運び出され、喪主の文太は玄関前で挨拶をした。

〈今日は、親父のために集まっていただき、ありがとうございました。これから親父を天国に送ってまいります〉(同)

妻の文子から渡された白いハンカチを握りしめて頭を下げ、火葬場へ向かった。

その陰に、思いがけないドラマがあった。仙台一高の同期生だった佐藤稔は、後日、文太からこんな話を聞いている。

「狭間二郎さんが亡くなったときに、お母さんが現れたそうです」

通夜の席か、あるいは葬儀の日だったのか、文太が3歳のときに別れた実母が姿を現したというのだ。実に46年振りの再会である。

この実母については、親しい関係だった画家・菊地義彦が「一迫（現・栗原市）からさほど離れていない場所に住んでいた」と語った。会おうと思えば会える距離だが、別離の事情が事情なだけに、自分からは会いに行けなかったのか。

「文ちゃんから直接聞いた話では、お父さんの香典は全部寄付したが、（実母には）2000万円くらいは残してやったと」（佐藤談）

両親が離婚したあと文太と妹を育ててくれ、父を看取った継母にではなく、実母に大金を残していたというのだ。文太の実母への思いが伝わってくるエピソードである。

この年は映画やテレビの出演予定がなかったものの、1年間を喪に服して過ごしたわけではなかった。仕事のスケジュールは入っていた。

「劇団四季」で初舞台を踏んでから約三十年、文太は再び舞台に立つため、稽古に集中していた。稽古に時間を掛けたのは、特別な訓練が必要だったからである。

文太が引き受けた舞台は、池袋サンシャイン劇場の開場5周年記念公演として3週間上演された『K2』。ブロードウェイでヒットした山岳ドラマだ。文太の役は物理学者のハロルド。相手役は木之元亮が演じる地方検事補のテーラーで、二人芝居である。演出はブロードウェイからオリジナルスタッフのテリー・シュライバーを連れて来た。

舞台には、非情の山と呼ばれたカラコルム山脈の最高峰・K2の大氷壁が再現され、二人はこの氷壁にアタックして登頂を果たす。文太と木之元は、過去にK2の登頂に成功した日本人の登山家をアドバイザーに付けて、実技の特訓を受けた。文太は下山の途中で足を骨折したという設定なので動きは少ないが、二人の会話だけで成立している芝居のため、台詞の量が膨大である。負傷して動けないハロルドは、人生、哲学、家族、女たちについて語り、沈黙の時間はほとんどない。常に緊張を強いられる舞台で、映画にせよテレビにせよ、文太がこれほど長い台詞を喋ったのは、初めてだった。舞台出演に踏み切った理由については、生真面目に答えている。

〈斬った張ったのヤクザの手馴れた路線に安住していてはいけないと、五十歳になってやっと気付いたのです〉（「WILL」83年11月号）

この頃の文太にとって、ヤクザ映画からの脱却は一番の課題であり、役者の吐息まで聞こえる生の舞台は大いなる挑戦だった。公演に先駆けて、深作欣二が言葉を寄せている。

〈君の肉体的役割は大変だと思うが、もともとそういう異形の仕事に情熱を燃やす君の性癖を、私はいつも好ましく思ってきた（中略）。君と出会って以来、いろいろな仕事に取り組んで来たが、君は常に新しい世界を切り開くことに野心的な俳優だった（中略）。今度の舞台もまた、君は君独特の情熱と野心によって、翻訳ものの壁を突き抜け、魅力的な世界を展開してくれることだろう。今から、その開幕が期待されてならない。御健闘を祈る〉（「K2」パンフレットより）

『K2』は、83年度文化庁芸術祭参加作品でもある。

私の知人はこのときの舞台を観劇しており、感想を語ってくれた。

「役者の芝居も舞台装置も素晴らしくて、幕が下りたあとも、みんな感動のあまり、シーンとしていた。特にラストでハロルドがテーラーに、『生きるんだ』と言って、一人で下山するよう説得するシーンは胸に迫り、啜り泣いている人もいた」

終了間もなく盛大な拍手が起きたが、ドラマの結末に余韻を残すためか、文太も木之元もカーテンコールには応じなかったという。

ヤクザとの交際

ＮＨＫ大河ドラマの出演や芸術祭参加作品の舞台出演など、ヤクザ映画のヒーローからの脱却を模索していたものの、縁はなまじなことでは切れなかった。83年夏、舞台稽古が続く中、文太はあるヤクザの催しに参加している。

山口組組長代行補佐で「加茂田組」の組長・加茂田重政が主催する地蔵盆である。加茂田は番町（神戸市長田区）で毎年盆踊り大会を開き、地域の住民たちとの交流を続けていた。

地蔵盆では住民に洗剤などの日用品や食料、飲み物が配られ、山口組幹部や多くの芸能人が招待された。若山富三郎、山城新伍、細川たかし、坂田利夫、間寛平、Ｂ＆Ｂらの名前がある。だが、文太の場合は別格とも言える扱いだった。

〈当時はね、任侠ものの映画を作るとしたら、その筋に話を通さないとできない時代やった。仲良うないと、映画が作れない〉（「週刊現代」２０１７年6月24日号）

そう回想するのは加茂田本人である。太秦の撮影所には、自由に出入りできたという。

〈家に来とったのは菅原文太とか梅宮辰夫、あと鶴田浩二も来てた（中略）。菅原文太は泊まっとったかな。『ちょっと風呂行ってきます』って。加茂田の本家は、隣が銭湯やったんや〉（同）

加茂田は史上最大の暴力団抗争と呼ばれた「山一抗争」の中心的人物である。

84年6月、山口組若頭・竹中正久が四代目組長就任の挨拶をするが、これに反対する組長代行の山本広が「一和会」を結成。加茂田は竹中の山口組を離れ、同会の副会長兼理事長を務めた。同年8月、山口組系岸根組組長が、一和会系坂井組の若頭補佐を刺殺。ここから抗争が勃発した。加茂田はまた『仁義なき戦い』シリーズで描かれたダンプカーを使っての特攻を、初めて敢行した人物としても知られる。

『烈俠外伝　加茂田組と昭和裏面史』（サイゾー特別編集班）では、元加茂田組組員がAという匿名で、敵対していた元組員と対談している。

〈しかし、ヤクザって当たり前やが、自分中心やからな（中略）。映画で言えば『仁義なき戦い』の大友勝利、千葉真一がやっとったやつ（中略）。菅原文太の広能昌三とか、小林旭の武田明とか、あれはちゃうちゃう。大友勝利が一番ヤクザらしいやん〉（A談）

『烈俠外伝』は加茂田組のバイオグラフィとして企画されただけあり、様々な秘蔵写真が公開されている。中でも「1970―80年代　菱と芸能界」という章には、加茂田と私的な関係があった芸能人の顔が並んでいる。

この章で一番多く掲載されているのは文太の写真である。文太は他の芸能人とは違い、各種のイベントだけでなく、様々なシーンに登場する。カラオケのマイクを握って加茂田と熱唱したり、一緒に麻雀の卓を囲んだり、誕生日を祝ったり、加茂田の息子の結婚式では親族に近い席に座った。またあるときは、リクエストに応えて着流し姿で歌を披露するなど、日常的かつ親密に交際していたことが窺える。

文太本人は、ヤクザとの交際について、肯定的に語っている。

〈人間、五十歩、百歩。ヤクザもカタギも、そうそう変わりゃァせんと思うんだ。ぼくなんか、彼らとつきあいもある。つきあわなきゃ、仕事が成立しない部分も、あるからさ。で、多分に、好きなところも感じるんだね。男っぽいし、また、ひどく女性的。双方、原始的に、渾然としとるんだ〉（「週刊ポスト」76年3月5日号）

さらには、暴力団は構造が単純なので、人間のありのままの姿が見られるのがいい、という。〈これはね、くだらんインテリとつき合うより、ずっと気持ちがいいよ。彼らは、観念でゴチャゴチャ、ごま化し合うようなマネは、しやせんからさ〉（同）

暴対法（暴力団対策法）や暴排条例（暴力団排除条例）が施行される前とはいえ、文太と暴力団との繋がりは強固なものだった。

文太の子供たちの家庭教師だった宮本和英は、新潮社に勤めているとき、文太にヤクザの組長を誰か紹介してくれるよう頼んだ。仕事で取材の必要が生じたためである。宮本は回想する。

「こういうことを聞きたいと相談したら、山口組のさる親分がいいということになって、菅原さんと奥さんが細かな根回しをしてくれたのね。その親分は、当時は山口組の舎弟だった」

文太が紹介してくれたのは、中国地方に住む組長だったという。

中国地方の有力な組と聞いて真っ先に思い出すのは、大石誉夫の名前である。大石はヤクザと芸能人とのパイプ役を務め、山口組芸能部長の異名を持つ長老だった。

愛媛出身の大石が岡山で大石組の看板をあげたときには、東映のプロデューサー俊藤浩滋が「金儲けしいや」と言って、資金稼ぎに協力したという。その後も、俊藤は毎年岡山で「東映祭り」を開催し、鶴田浩二、高倉健、若山富三郎、菅原文太、藤純子らを舞台に立たせた。そのアガリが組の大きな資金源になる。大石組は、芸能興行と港湾事業を収入源の二本柱にすえており、山口組屈指の資金力を持つことでも有名だった。

「駅に着いたら、ホームに若い組員が待っていて、『宮本さんですか。お待ちしていました』と挨拶されてね。親分のベンツに乗って組の事務所へ行くんだけど、窓がないトーチカみたいな異様な建物なんだよ。あとはもう映画みたいな展開だった。車が到着するとき、玄関に若い衆がずらりと並んでいたりしてね。菅原さんの紹介だからということで、大歓迎されたのよ」

文太と山口組幹部の親密な関係が窺える話だが、高倉健も、この種の話には事欠かない。

監督の山下耕作は、田岡一雄組長と高倉が親しく交流する姿を目撃している。

〈『山口組三代目』の撮影のとき、見学にみえた田岡親分夫妻に対して、健さんの態度は、私たちに対するそれと少しも変らなかった（中略）。話がいろいろと弾んだ後で、健さんが三代目に話しかけた。「親分は、貧乏だったために上の学校に行けなかったんでしょう。現在でも、昔の親分と同じように、頭脳はいいのに家が貧乏なために、上の学校にいけない子供たちが沢山いる筈です」〉（山下耕作・円尾敏郎共著『将軍と呼ばれた男　映画監督山下耕作』）

高倉は田岡に、そんな子供たちのために、山口組で育英資金を作ってはどうか、と提案した。

〈三代目は、即座に答えました。「健ちゃん、それは良い考えやな。早速、検討してみよう」真面目に答えた三代目も大した人だが、三代目に、このようなことをすすめる健さんもまた、大した人である〉（同）

当時の暴力団と芸能界は持ちつ持たれつの面があり、暴力団が有名芸能人のタニマチになるのは普通で、まだ無名の芸人を援助して育てることもあった。芸能人がなにかトラブルを抱えたときには間に入って解決したり、女性関係のゴシップをマスコミに知られないように揉み消すなど、エピソードは枚挙にいとまがない。

吉田達は、文太の背広の裏地が派手な鳥柄だったのを見て、ヤクザの影響かと思ったという。

「そしたら、『自分は酉年だから、鳥はなんでも好きなんだ』と。特に鷲や鷹、トンビが好きで、みなが嫌がるカラスも好きだと話してたな。飛行機は嫌いで、どんなに時間がかかっても列車で移動するくせに、『鳥になって空を飛ぶのは子供の頃からの憧れ』とか、矛盾してるよね」

子供のために

文太は住吉会とも交流があった。後年、住吉会会長の娘の結婚式に夫婦で出席した姿が撮影されている。このとき参列者として名前が挙がったのは、吉幾三、木梨憲武、内田裕也など。暴力団との交流は芸能人だけでなく、プロ野球、大相撲、プロレス、ボクシングなどスポーツ界にも広がっていて、その関係は、避けては通れない必要悪のようなものだった。

ただし、「山一抗争」が勃発した84年あたりから、文太はヤクザ映画の出演を辞退するようになり、東映ではなく、東宝映画の出演本数を増やしていった。

85年から89年までの5年間に文太が出演した東宝作品は、85年『ビルマの竪琴』(監督・市川崑)、86年『鹿鳴館』(同)、87年『映画女優』(同)、『黒いドレスの女』(監督・崔洋一)、88年『つる　鶴』(監督・市川崑)、89年『YAWARA！』(監督・吉田一夫)、『マイフェニックス』(監督・西河克己)、『開港風雲録　YOUNG　JAPAN』(監督・大山勝美)の8作で、主演作品はなく、どれも助演クラスの出演である。

社会問題になった抗争も影響していただろうが、文太がヤクザ映画から遠ざかった理由のひとつに、自身の子供たちへの配慮があったように思える。

長男の薫が中学のとき、イジメにあっていることを聞いた文太は、菅田俊に頼んだ。

「オヤジから『子供同士の喧嘩なので、親が出るほどのことではないが、事情を知りたいから、調べてみてくれ』と言われて、宇梶（剛士）と一緒に薫が通っていた学校へ行きました」

薫は文太のサインや物品を持ってくるよう、脅されていたという。菅田が調べたところ、脅した生徒の背後には、ヤクザと関係がある19歳の暴走族の頭がいることが分かった。

「薫だけじゃなくて、同級生も脅されていたので、そいつをさらいに行ったんです。逃げ回るのを追いかけてなんとか捕まえ、家に連れて行きました」

菅田俊と宇梶剛士という強面の二人がいきなり現れ、19歳の暴走族はさぞ驚いたことだろう。彼は文太に説教され「雷おやじの会」の本を貰って帰ったという。

『青春の門』が公開された81年、文太はガッツ石松の呼びかけに応じて「雷おやじの会」を結成していた。これまで母親に任せていた子育てを見直し、改めて父親の存在価値を認めさせるという趣旨で、文太が会長、メンバーには冒険家の植村直己、国会議員の八代英太、漫画家の加藤芳郎、花籠親方（元横綱・輪島）らが名を連ねた。

結成の会見で、文太はまず「決して封建的な雷おやじの復活を図るわけじゃない」と断り、「あの世に片足をつっこんでいる自分たちにできること」について語った。

〈「雷おやじの会」の目的は一体、なんだろうかという話が出た中で三浦（雄一郎）氏が「要するに子供たちの応援団ではないのか」と問いかけたので、ぼくは「ウン、確かにその面もある」と答えて（中略）。サゼッションをしたり、エールを送ってやったりすることができれば、それ

が、会のメンバーにとって望外の喜び〉（「サンデー毎日」83年３月13日号）

いじめの件が影響したのか、文太は都内の高校ではなく、85年に開校したばかりの「自由の森学園」（埼玉県飯能市）に薫を入学させた。偏差値を重視する点数序列主義ではなく、生徒一人ひとりの個性を育むことを教育理念として、校則もテストもないという学校である。

宮本和英は、15歳になった薫を見たときに、ある予感を持ったという。

「足が長くて、スラリとしていてね。これはもう、周りがほうっておかないだろうな、と思ったんです。きっと芸能人になるだろうというオーラがあった」

その予感は当たり、薫は学園に在学中の16歳で、芸能界デビューを果たす。以後の文太は、自分の芸能活動より息子の支援を優先するようになった。

珍しい記事

85年はプライベート面でも大きな変化があった。まず３月下旬、写真誌のＦＲＩＤＡＹに「菅原文太夫妻が別居へ」という記事が掲載された。写真は２枚あり、１枚は文太が八百屋の前に雪駄履きで立っている写真。２枚目は妻の文子（当時は文《あや》）が食品を詰めた袋を提げて路上を歩いている写真だが、このあと文子は都内のマンションに入っていったという。

〈実は昨年の10月から、長女（18）がマンションを借りて生活を始め、チェッカーズヘアの長男（15）も、洗濯物を下げて、コインランドリー通いする姿が見られるようになった。そこへ文夫人（中略）がパンや食料品を持って、出入りするようになった〉（「ＦＲＩＤＡＹ」85年３月22日号）

夫婦が別居しているという噂を聞きつけた同誌記者が文太を直撃すると、一笑に付した。

〈娘が別居しているのは（中略）受験勉強が目的ですよ。女房はうちにいるし〉（同）

だが、家族の別居には別の理由があった。その数ヵ月前、文太は地元の不動産屋を通じて、自宅を売りに出していた。閑静な南荻窪の住宅にある177坪の物件には3億5000万円の価格がついていたが、さほど時間がかからず、売買契約が成立した。引っ越し先は麻布・狸穴《まみあな》の3LDKのマンションで、成長した子供たち3人と夫婦が住むには、やや手狭である。子供たちの希望もあり、別にマンションを借りて18歳の長女だけでなく15歳の長男も、別居することになったのだ。85年10月下旬、文太と約6年間にわたって境界線裁判を続けてきた幼稚園の園長が女性誌の取材を受けて、いかにも不満げに語った。

〈裁判であれだけ争った人だけに、ずっと住んでいてほしかったわよ。引っ越すなんて……〉

（「女性自身」85年11月5日号）

園長は、幼稚園の隣に住む文太が、11月に引っ越すと聞いて、怒っていた。

文太も週刊誌の取材に応じ、幼稚園との裁判については2年前に和解の形で決着しており、今回の引っ越しとは全く関係がないことを強調した。自宅の売却を決めたのは、約15年前に買った家が広すぎ、現在の生活形態に合わなくなったためだという。

〈掃除や炊事、雨戸や鍵の開閉だけでも大変だし、……合理的なマンション暮らしに切りかえたわけさ（中略）。これからは青山、原宿、六本木からも這って帰れる距離。いちばん喜んでるのは、カミさんと子供たちだけどね〉（同）

家庭や家族の動静など、プライベートを語ることを極力避けてきた文太だが、珍しく夫婦で取材に応じた記事がある。約半年後、週刊誌の「中年でも、なぜオナカが出ないの？」という他愛のない特集に、時間を取って答えているのだ。

〈オナカが出ない努力？　そんなことナニもしとらんよ〉（「週刊平凡」86年6月13日号）

素っ気ない返事に困った記者が妻の文子に文太がスリムな体型を保っている秘訣について尋ねると、〈なにもしてないんです〉と答え、続けて日々の食事内容を話した。

〈そうね、食事は好きなものを食べたいだけ食べてますよ。ただ、みなさんが夕食にめしあがるようなステーキやスキヤキ、ヤキソバなどを朝食にドーンと食べ、お昼はザルソバ、夜はご飯かパンに軽いオカズという食べ方です〉（同）

さらには、スポーツはなにもしていないが、家の中ではよく働くと話す。

〈お米をとぐのも、残りご飯を握って焼きおむすびを作るのも、買物からゴミを出すのまで「そりゃあ小まめに手伝ってくれます。これがすごい運動になっているのかしら」〉（同）

当時では珍しい文子の肉声だ。映画の宣伝にもならないし、これまでなら断っただろう内容の取材を受けたのはなぜだったのか。

このあと文子は息子の薫について語っている。16歳になった薫は父親に似たスリムな体型で、身長は180センチ。親子でシャツやセーターを貸し借りしながら着ているという。

〈口には出しませんが、内心では息子に笑われないよう、体形や着こなしにはずいぶん気を遣っているんじゃないかしら〉（同）

実はこの話がしたくて取材を受けたのではなかったか。息子が成長したことを、マスコミに印象付けるための根回しである。

長男のデビュー

週刊誌の取材から4カ月後の86年10月18日、東京・砧《きぬた》の東宝撮影所で、文太は薫とのツーショット撮影に臨んだ。『映画女優』を撮影中の文太と、大森一樹監督の『恋する女たち』で芸能界デビューする薫が、偶然にも撮影所で顔を合わせたという設定である。

〈私生活は公開しない主義の文太もこの日ばかりは特別で「オレの息子をよろしく」とテレながらマスコミにお披露目。さすが親子で、目も口もともそっくり〉(「週刊明星」86年11月6日号)

薫は以前から「役者になりたい」と文太に相談し、文太はそれをすんなり受け入れた。「男は自分でこうと決めた道を行くしかない」からだと話すものの、むしろ、自分と同じ役者を選んでくれたことを喜んでいる様子が言葉の端々に滲む。

〈特にアドバイスすることもないさ。独立心を養うために親とは別居させ、勝手にやれと言ってるんだ〉(同)

そう言いつつも、すぐにアドバイスの言葉を口にする。

〈ま、あせることともないさ。オレも自分で役者の道に入って自分で仕事を探してきたんだが、頼れるのは自分だけだ。それを忘れずに精一杯頑張るっきゃないぞ〉(同)

一方の薫は、親の七光りに反発する発言をしている。

〈〝文太の長男〟と言われるのはしようがないけど、僕は僕で意識しません。今度の映画では大森一樹監督にやさしくしてもらって、まだ現場のきびしさがよくわからないんですが、これから鍛えてもらいたいと思ってます。もちろんオヤジは尊敬してるけど〉(同)

息子のデビューに先立ち、文太は大森監督の日本テレビ・金曜ロードショー『法医学教室の午後』(85年6月12日放映)で神奈川医大法医学教授を演じ、続いて『法医学教室の長い一日』(86年11月7日放映)に出演している。大森監督とは気心が知れた関係だった。

薫のデビュー作『恋する女たち』は3人の女子高生の恋と友情を描いた作品で、薫はヒロインの斉藤由貴に憧れる高校生を演じている。2年後、薫は、岸惠子と文太が主演の日本テレビ・水曜グランドロマン『バラ』(88年11月9日放映)で、文太と初共演する。この頃、同じ二世スターとして宍戸錠の息子・宍戸開もデビューしており、3年後の89年には『マイフェニックス』で、宍戸開と菅原薫という二世俳優同士が共演することになる。息子のためのバーターなのだろう。宍戸錠と文太も同作に特別出演している。

この他にも文太は各方面に対して息子を売り込んだものの、薫の映画出演は叶わなかった。息子を共演させたくとも、文太自身の出演作品が減少していたからである。「頼れるものは自分だけだ」と話す一方で、文太は息子を応援してやりたくて、奔走した。

〝親の心子知らず〟というが、父親の存在が重すぎたのか、あるいは干渉されるのが苦痛だったのか、薫は3年ほどで芸能活動を辞めてしまう。高校卒業後は、ミュージシャンになるべく、音楽学校に通い始めた。このときも文太は薫の意思を尊重して、特に反対はしなかったという。

後年、スポーツ紙で「親父って何だ?」というテーマの取材を受けたとき、文太は戦争のせいで、自分には甘えられる父親がいなかったことを話し、自身のオヤジぶりについても語った。

〈やっぱり、オヤジと一緒にいなかったから手本がないからね、オヤジ下手だね。長男が最初に生まれたときは、喜びと戸惑いがあったな。初めての分身だから不思議な感じがして、考えてしまったよ。自分が父親に育てられた記憶がないから、手探りの中で付き合っていったんじゃない

かな〉（「日刊スポーツ」95年11月19日）
放任主義だとも話すが、薫の将来が気になり、世話を焼かずにいられなかった。
息子には甘い父親だったが、50代半ばになった文太は、市川崑監督の作品で魅力的な大人の男の佇まいを見せる。

吉永小百合と共演

市川崑監督が新藤兼人の脚本で、田中絹代と溝口健二の恋を描く。そう聞いて、私が映画館に足を運んだのは、87年1月だった。『映画女優』という作品である。田中絹代は吉永小百合、溝口健二（役名は溝内健二）を菅原文太が演じている。

映画は田中絹代が松竹蒲田撮影所の大部屋女優に採用され、一家で上京してきたシーンから始まる。絹代の母親役は森光子で、のちに絹代と同棲する監督の清水宏（役名は清光宏）を渡辺徹が演じている。他に映画監督の五所平之助（役名は五生平之助）役に中井貴一。

映画の前半は絹代が女優としてのし上がっていく過程や、戦前戦後の日本映画の状況、清水との恋模様などが描かれる。文太が演じる溝口健二が登場するのは、中盤からである。溝口が、映画出演のために京都にやってきた絹代を駅のホームで迎えるというシーンで、文太はそれまでの雰囲気を一変させた。

絹代に挨拶する溝口は、白い麻のスーツにパナマ帽というスタイル。文太はなにを着せても様になるが、スーツ姿が特に決まる。黒いサングラスだけでなく、知的な雰囲気を演出できるメタルフレームの眼鏡もまた似合っていた。文太が登場すると、監督という職業の重みが出てくる。

若い俳優たちとは、放つオーラが違った。

女性映画の巨匠とも呼ばれた溝口は、華やかな女性遍歴の裏に、妻が発狂するという重い現実も背負っていた。複雑な背景がある男はえてして無口で、文太のイメージに合っている。

溝口は『浪花女』の撮影で、絹代にNGを連発する。

「田中さん、それでいいんですか」「田中さん、気持ちに無理はありませんか」「田中さん、自然に動いてください」

対する絹代は、どう演じてもOKを出さない溝口に不満と焦りを募らせ、ある日、セットを出た溝口を追いかけて尋ねる。

「先生、教えてください。どうやればいいんですか。なにか具体的に言っていただかないと」

対峙した溝口の返事はつれないものだった。

「あなたは役者でしょう。それで金をとっているでしょう。それだけのことはやりたまえ。僕は監督だから、演技なんて教えることは出来ません」

文太の台詞は棒読みのようにも聞こえるが、監督の冷静な言葉という設定なので、むしろ頷いてしまう。このシーンの文太は白いワイシャツにズボン、サスペンダー。蒸し風呂のようなセットで汗まみれになったシャツが身体に張り付き、なんとも男っぽい。

同作には個性的な女優が何人か出演しているが、突出していたのは、溝口が定宿にしている旅館の女将役の岸田今日子である。

「さあ、どないですやろ。よう知りまへん」

はんなりした京言葉を見事に使いこなし、心の内を明かさない女のしたたかさを醸し出す。いつもながら、感服するしかない演技力だ。岸田のおかげで、溝口の人物像が謎めいてくる。

溝口と絹代はやがて男女の関係になるものの、撮影が終了するたびに別れを繰り返す。そして、溝口は映画がヒットしない低迷期の中でもがき、やっと自分がやりたい作品を見つけたときに、再び絹代を呼び寄せる。絹代を演じる吉永が玄関に立ったとき、迎えに出た文太の笑顔が印象的だった。穏やかで優しく、広能昌三を演じたときのギラギラ感は見事に消えていた。

特別な思いで溝口と絹代が組んだのは井原西鶴の『好色一代女』が原作の『西鶴一代女』。絹代は、この映画と心中する意気込みの溝口と、自分もまた心中する覚悟で撮影に臨む。吉か凶か。俳優人生を模索する文太の意気込みと、溝口の姿が重なって見えた。

『吉里吉里人』

奇しくもこの87年は、映画界に衝撃的な訃報が相次いだ年でもある。

6月16日、鶴田浩二が肺ガンで逝去した。享年62。鶴田は86年1月11日から2月15日まで、最後の出演作になるNHKの連続ドラマ『シャツの店』で、主役の磯島周吉を務めた。オーダーメイドでシャツを作る昔気質の職人の役である。仕事一筋で頑固者、散々苦労をかけた妻に「おまえが好きだ」の一言が言えない古風な日本男児を演じている。

脚本は山田太一で妻役に八千草薫。息子役は当時26歳の佐藤浩市。弟子役に平田満。

鶴田は前年に病名が判明していたが、関係者には伏せて収録に臨んだ。鶴田の演技は、平凡だが誠実に生きてきた男の人生を感じさせ、多くの視聴者の共感を呼んだ。任俠映画の東映のカラーから完全に抜け出していた。

「実は鶴田さんと社長の岡田茂は同期で、同じ齢なんですよ。二人はずっと仲が良かったけど、鶴田さんが売れなくなったんで、最後は喧嘩別れしたんです」

そう語るのは東映のプロデューサーだった吉田達である。

「岡田さんが僕に『おまえ見たか。NHKで鶴田がミシンを掛けてるやつ』と聞いてきたことがあった。見ました、と答えたら、『あれをやっていれば、あいつは演技スターだ』と褒めるんですよ。『俺は主役だ、という偉ぶった顔をしないで演じていれば、あいつの芝居は滝沢修に負けてないぞ』と。仲が悪くなっても、ちゃんと認めていたんです」

そして、鶴田の逝去から1カ月後の7月17日、国民的スター、石原裕次郎が52歳で旅立った。裕次郎は文太より1歳下で、俳優業を「男子一生の仕事にあらず」と常々語っていたが、昭和を代表するスターとして生涯を終えた。

相次ぐ訃報に、文太は何を思ったのだろうか。

年が明けた88年、文太は前年に続いて市川崑監督の『つる　鶴』（主演・吉永小百合）に出演したのち、長年の念願だった映画のプロデュースに取り掛かった。仙台一高の後輩・井上ひさしの著作『吉里吉里人』を映画化するため、具体的な作業に入ったのである。

同年4月30日には、赤坂プリンスホテルで実質的な製作発表会見を開いている。文太は井上と祝杯を挙げながら、上機嫌で話した。

〈理屈はいいたくない。面白いというプロのカンが働いたんだ（中略）。今まで東北弁が使われた映画はあったが、あれは味つけだった。すべて東北弁という今回の試みは、映画界初のことですよ。これは東北弁が主役の映画なんだな〉（「週刊ポスト」88年5月20日号）

監督は佐藤純彌、脚本は野上龍雄というベテランに頼んでいる。井上も期待をこめて語った。
〈言葉の面白さで作った小説ですから、映像になりにくいかも知れませんが、文太さんの熱意でぜひ成功させて欲しい〉(同)

原作となる小説は、東北の寒村が日本政府に愛想を尽かし、吉里吉里国として独立を宣言するという内容である。文太は小説に絡めて、地方の良さは中央にはないものがあるということで、それを中央が認めないのは19世紀の封建主義と同じであり、取り払うべきだと語った。映画の公開は年末の予定とも公言したが、この企画が実現することはついになかった。

多くの関係者を巻き込みながら、文太の企画が潰れるのは今回に限ったことではない。関係者の一人は匿名で疑問を語った。

「文太さんほどの名前があれば、金も人も集めることができるのに、あと一歩という状況で、なぜか引いてしまうんだよ。言い出しっぺなのにね。押しが足りないのか、あるいは、誰かに勧められただけで、本当に自分がやりたいことではなかったのか。本人の説明がないので、理由が分からないまま終わったんだけど」

この人物は、文太に企画の賛同者を複数紹介していたため、謝罪に追われたという。

子供たちとの溝

89年1月7日、昭和天皇が崩御。元号は昭和から平成に代わった。文太、55歳。

同年秋、テレビ東京で文太が出演したドキュメンタリー番組『秘境サハリンを行く　菅原文太のああ樺太』が放映された。この年にサハリン州の外国人立ち入り禁止が解除され、不定期便が就航したことから企画された番組である。

日本最北の港湾である稚内港からコルサコフ港まで159キロ、片道約5時間30分の航路だ。文太はこの船に乗り、サハリンへ渡った。出演を承諾したのは、父の芳助が徴兵されたのち、樺太に駐屯していたことを思い出したからだった。

妻の文子は菅原有悠というペンネームで書いた『エトロフの青いトマト』に、当時の文太の心境を綴っている。

〈その頃はちょうど子供たちのひとりひとりが難しい年頃で、父親としてどのように向き合ったらよいのか、子供たちの猛攻撃のなかで彼は真剣に悩んでいた〉

この頃、長女は22歳、長男の薫は19歳、次女は17歳になっていた。文太は自分と3人の子供たちとの関係に、幼少期に離れて暮らした父親と自分との希薄な関係を重ねて考えた。子供たちと溝が出来ていたときの心境を雑誌のインタビューで吐露している。

〈おやじとしてのおれの点数の低いところは、子供との対話が下手だったことだ。これはおれの世代に共通しているところ。いくら優しい思いを子供たちに持っていても、やはり口で言わなきゃ伝わらない。おれのおやじも無駄口を叩かなかった。親は戦争に行っていて、ある意味で家庭は崩壊しているから、親子で話す訓練なんかされてこなかった時代なんだ。またおれは話し下手だしね〉(「毎日グラフ・アミューズ」94年7月13日号)

自分が育ってきた生活が基準になっていたと話し、時代錯誤だったと反省している。

〈戦争でひもじい思いをして、イモのつるしか食えない生活をしてきたから、子供たちに飯だけは充分に食べさせたいという思いがあって（中略）さあもっと肉を食え野菜も食えって強制して

いたというんだ。(子供たちは) それがすごくいやだったって〉(同)
文子は、サハリン行きを決めたときの文太は、かつて父が過ごした地を訪ね、そこに身を置くことで何かヒントを得たいと願っていたのではないか、と分析する。
〈それほどにわが子を理解しようという夫の思いは真剣なものがあった。しかしあのとき、どれだけ夫の苦しみとさみしさを私はわかっていただろうか〉(前出『エトロフの青いトマト』)
文太の悩みは長女が大学を卒業して就職し、薫が結婚して独立、次女がアメリカに海外留学した時点で一段落する。

親バカ文太

薫が芸能界に戻ってくるのは91年11月で、自身の結婚と同時期である。

薫は9月に音楽の勉強という名目でカナダ留学しているが、本当の目的は、カナダのコミュニティカレッジに留学中の女性に会うためだった。彼女は中学時代の同級生で、進路が分かれてからもずっと忘れられずにいた薫は、彼女を追いかける形で留学したのだ。留学先で彼女にプロポーズを承諾してもらった薫は、文太に「結婚するから一緒に帰る」と電話したという。

二人の結婚式は91年11月17日、ハワイのカウアイ島にあるホテルの教会で行われ、文太も家族とともに参列した。結婚費用は「一時貸し」というかたちで全て文太が負担している。

このときの文太は58歳、薫は21歳。芸能界復帰を決め、本名の薫を芸名の加織に改めることを挙式前に発表した。ほとんど収入がない状態なので、早すぎる結婚にも思えるが、文太は息子の結婚に全面的に賛成という姿勢を崩さなかった。

〈おれは結婚が遅かったが、（男にとって結婚は）早いほうがいいと思ってたんだよ。江戸時代なら15歳で元服、すぐ嫁をもらったんだからね。これでヤツも俳優業にも腰が座るだろう。孫が生まれて〝おじいちゃん〟と呼ばれても全然抵抗はないよ〉（「週刊明星」91年11月28日号）

一方、東映本社で久し振りにカメラのフラッシュを浴びた加織は謙虚だった。

〈〝親の七光り〟と言われますが、そのチャンスを生かして早くおやじと肩を並べられるくらいの役者になるのが夢。『まだ十年早い』ってもちろん言われていますけど〉（同）

デビュー当時の強気な発言とは対照的である。『仁義　ＪＩＮＧＩ』（監督・長谷川計二）で文太と2度目の共演を果たした加織は、映画やテレビへの出演作を増やしていく。

92年『ビッグボス』（監督・高橋正治）、94年『やくざ道入門』（監督・山城新伍）、95年『南の島に雪が降る』（監督・水島総）、99年『日本極道史　野望の軍団3』（監督・石原興、岩清水昌弘）、2000年『どら平太』（監督・市川崑）、『実録　広島やくざ戦争　完結篇』（監督・辻裕之）、01年『デコトラ外伝　男人生夢一路』（監督・ＯＺＡＷＡ）。ただし、これらの映画すべてに文太が出演、あるいは製作に携わっている。

このうちの『やくざ道入門』に出演したとき、加織は「サンデー毎日」の連載記事「親と子の情景」に寄稿し、文太について語っている。

〈演技はもちろん、スタッフやファンへの気くばりなど、なにかと教えられることも多かった。一緒に仕事をするのも、そんなに悪いことじゃなかった。そう度々やるものじゃないだろうが、こういった楽しい仕事なら、またいつか、やってみたい、と思っている（中略）。菅原文太は、僕にとって、超えなければならない父親ではなく、先輩であり、すぐれた役者のひとりでしかな

い、と思っている〉（「サンデー毎日」94年6月19日号）

また、『デコトラ外伝　男人生夢一路』は文太が製作総指揮をした作品で、加織が主役である。同作の監督で脚本も担当した俳優の小沢仁志は、「大変な現場だった」と振り返る。

「文太さんは口には出さないけど、加織のことが大好きなんですよ。加織をなんとかしてやりたいという思いがヒシヒシと伝わってくるんです。だけど……」

文太はプロデューサーの立場で、小沢は監督の立場で様々なディスカッションをしたが、嚙み合わないことが多かったという。

「デコトラのボディに描かれているのは、昔は和柄だったけど、現代風の映画を作ってくれ、という企画だったので、タトゥーのデザインを選んだんです。そしたら文太さんに『俺は毛唐が嫌いだ』と言われたり、マドンナ役にａｎｎａという歌手を連れてきたときには、『マドンナは演歌歌手か、食堂で働いている女なんだ』と怒られたりしてね」

もっとも、ａｎｎａが脳腫瘍の手術を受けて復帰したという話を聞くと、文太は態度を変えた。「おまえはよく頑張っている」「身体は大丈夫か」などと声を掛けるようになった。

「加織の衣装についても、現代だから蛇柄のジャケットに革パンツでと話したら、文太さんが『何だ、それは』と反対して、『トラック野郎』で使うつもりだった衣装を持ってきたんですよ」

小沢は台本を作るときも苦労した。時間軸が元に戻る度に、主人公が成長していくというストーリーが文太には理解できなかった。

「文太さんが細かく口を出してくるので、加織が『オヤジはもう黙っていてくれ』と反発して大喧嘩になるんです。加織としては、文太さんから独立して自分の力でやっていきたいという気持ちが強かったんだろうけどね」

喧嘩のあと、小沢は加織に「オヤジさんに反抗するだけじゃなくて、オヤジさんの格好良さを盗めよ。台詞の喋り方じゃなくて、その佇まいを盗め」と話して諭した。常に盗もうという目で見ていなければ、身に付かないからだという。

「俺と揉め事があったときも、文太さんは怒って部屋を出て行ったりするんですが、そのあとスタッフルームに大量の寿司が届けられたりしてね。さすが大スター、人心掌握のポイントが分かっている。昔の先輩たちは凄いなと思いました」

文太は俳優になった加織を支援する一方で、92年に東映Vシネマ『復讐は俺がやる　DISTANT　JUSTICE』（監督・村川透）に主演したとき、ボストンの大学に留学中の次女を出演させた。夏休みの間だけの撮影なら、と次女が承諾したのだという。

同作はハリウッドとの合同スタッフで撮影され、製作費はVシネマでは破格の5億円。ジョージ・ケネディ、デヴィッド・キャラダイン、妻役で野際陽子が共演している。ストーリーは退職した元刑事がボストンを家族旅行しているとき、妻を殺され、娘を連れ去られる。背後に巨大な組織があることを知った彼は、友人の警察署長の協力をあおぎ、犯人を追う。文太は元刑事役で、娘の役を菅原さくらという芸名で次女が演じた。

〈村川透監督は地もハードボイルド、文太の娘でも演技にかけては容赦しない。さくらさんは一度ならず、人知れず涙を流したとか。「これでお父さんの仕事がいかに大変か分かったろう」と父としてはしてやったりの文太〉（「週刊文春」92年9月10日号）

一方、英語の台詞を話すシーンでは次女の指導を受け、満更でもない様子だったという。本人が望むのなら女優にしたかったのかもしれないが、次女の映画出演はこの1本だけである。のちにVHSが発売されたとき、日本語版の吹き替えは文太本人が行った。この映画は、文太がハリウッド式のアクションで暴れたり、英語を話す姿が見られる珍しい作品である。

この映画のあと、文太は八代亜紀の地方公演など商業演劇の舞台に立ったり、加織との共演作品が続くが、芸能生活に目立った動きは見られない。文太にとって人生最大の痛恨ともいえる出来事が見舞うのは、21世紀を迎えた直後である。

第10章　「もう仕事はしたくない」

円熟の演技

勧善懲悪をテーマとするドラマの主人公には、強烈な敵役が必要である。相手が強ければ強いほど、観客は主人公に肩入れし、見事倒したときには達成感を得る。２０００年5月公開の東宝映画『どら平太』（監督・市川崑）で、文太は主人公にとって最強の敵役を演じた。

映画は山本周五郎の小説『町奉行日記』が原作で、地方の小藩に町奉行として赴任した望月小平太（役所広司）が、壕外と呼ばれる無法地帯で権益を独占する3人の親分を退治するというストーリーだ。文太は3人のうち、筆頭の大河岸の灘八である。

どら平太と渾名がつくほど型破りな役人・小平太は、壕外の色町や賭場に出入りして親分衆の動静を探る。その結果、3人のうち、二人の親分（石橋蓮司・石倉三郎）とは盃を交わして取り込むことに成功するが、残ったのが最難関の灘八だった。

文太はこの撮影のとき66歳で、白髪の髷《まげ》が似合う容貌になっていた。ただし、スリムな体型は変わらず、背筋が伸びているので颯爽とした佇まいだ。市川監督の狙いだったのだろう、文太が纏っているのはかなり豪華で目立つ着物だったが、普段着のようにさらりと着こなしており、大河岸の風格を醸し出す要因になっている。

灘八は小平太を懐柔するために、自分の養子にならないかと持ち掛けるものの、あっさり拒絶されてしまう。そこで殺害を決意し、数十人の子分たちに小平太を襲わせる。文太がもっと若かったら、役所と対峙し、自らが立ち回りを演じただろうが、ご老体という設定なので、アクションシーンは一切なく、子分に守られて逃げ回るだけである。

その代わりというわけではないが、小平太の放埒《ほうらつ》な行状に憤り、成敗しようとつけ狙う若侍の征木剛役で、息子の菅原加織が立ち回りを演じている。

敵役だった灘八の鷹揚さ、人物の魅力を表すシーンは編集の都合でカットされ、DVDに特典映像として、未公開シーンが残されている。

灘八は小平太に裁かれ、死罪の代わりに所払い（居住地からの追放）を申し渡される。おそらく、ラストシーンのひとつ前に設定されていたのだろう、灘八は他の二人の親分とともに船に乗り込む。船出の際、これからどこへ行くつもりなのかと聞かれると、「蝦夷だ」と答えた。

「人間はあんまり住んでいないようだが、秋になると、鮭や鱒が川が埋まるほど上がってくる。そこで、でっけえ魚問屋をやるんだ」

灘八は、いつか自分の船に魚を満杯に積んで温情を与えてくれた小平太に礼をしに行く、と夢を語る。最後に「船頭、出船だぁ！」と叫ぶのだが、このときの文太の声は低く、しゃがれていて、それが逆に長い俳優生活の重みを感じさせた。文太は全編を通じて、演技派といわれる役所を向うにしても一歩も引くことがなく、余裕で渡り合っていた。

付き人だった菅田俊は、市川崑作品に出演するようになってから、文太は変わったと語る。

「オヤジは台本をほとんど読まない人で、現場に行く途中で覚えちゃうくらいだったんですが、市川崑監督と映画をやるようになったら、何十回も読んでいましたね。加織にも台本を繰り返し読むように教えていました」

台本に書かれている人物像や作品の背景が、身体に入り込むからだという。

飛驒高山へ

1998年、文太は麻布の自宅マンションを引き払い、飛驒高山にある別荘に生活の拠点を移した。

この別荘は20年以上前、喘息を患うなど、身体が弱かった加織のために建てたと言われている。岐阜県大野郡清見村（現・高山市清見町）の土地を選んだのは、同地で工芸村・オークヴィレッジを営む稲本正と出会ったことがきっかけだった。78年の暮れ、稲本が新宿の紀伊國屋で開いた展示会の最終日に、文太と妻の文子が訪れ、売れ残った家具や小物類のほとんどを買い上げた。そこで稲本と親しくなったのだという。

この展示会には私も出かけていた。愛読していた月刊誌でオークヴィレッジを紹介する記事を読み、興味を持っていたからだ。展示会では木製の筆箱を見つけて買い求めた。会場に並ぶ家具は、どれも表面に塗装はされておらず、樹木の風合いを生かした素朴な造りだった。

文太はオークヴィレッジのすぐ近く、楢林に囲まれた土地を購入してログハウスを建築した。暖房は薪だけなので、大量の薪を保存する小屋も建てている。

〈そんなたいそうなことじゃない。たんに東京に飽きたってことよ。戦後二十年くらいまでは東京にもまだ畑がいっぱいあったし、トンボや蝶々が飛んでいた（中略）。高いビルに囲まれるようになって、はっきりいえば、人間の住むところじゃなくなったってことだよ〉（「文藝春秋臨時増刊」09年5月1日号）

しばらくは月に10日ほど滞在するだけだったが、移住を決めたときには大きく改築した。2000年6月、週刊誌の取材を受けた文太は、村を流れる牧谷川に沿って歩きながら語った。

〈川岸の村を囲み燃えるような秋の紅葉、厳しい冬の雪景色、四季折々に変わる自然の表情すべてが好きだ。この美しい自然は僕のためだけでなく、村のためにも変わってほしくないね〉（「FLASH」00年6月5日号）

と同時に、同じ取材で反対のことを語っているのが、いかにも文太らしい。

〈彼女（文子）は東京生まれの東京育ち。こういう自然の中に来ると今まで東京になかったものを感じるみたいだね（中略）。俺は田舎生まれの田舎育ちだから、ここの風景も格別珍しくもないし、感動することもないな。それに田舎に来たからといって、山歩きもやらないし、やれ山菜採りだ、釣りだなんてのにも興味はないしな〉（同）

別荘では、広い土地を利用し家庭菜園を始めていた。

〈うちで食べるくらいの野菜は作っていたな（中略）。ところが、高速道路ができたのが影響したんだろうね、イノシシが出没するようになって……。それで畑は全滅。ひどいもんだよ（中略)。それでもう、あきらめてやめちゃった〉(前出「文藝春秋臨時増刊」)

別荘では妻と二人、静かな環境のもとで、もっぱら読書に励んだ。上京するたびに本を買い求めるので、蔵書が増える。60代も半ばを過ぎ、映画界から距離を置くようになっていた文太は、以前にもまして読書量が増え、知識が蓄積していった。

〈本ってものは、読めば読むほど、また勉強しなくちゃならなくなる。因果なもんだよな〉(「週刊朝日」15年3月13日号)

老舗・東京堂書店の店長を長らく務めたのち、同じ神田で古書店を営む佐野衛《さのまもる》は、店を訪れた文太についてこう記している。

〈菅原文太さん夫妻来店。相変わらず専門的な書籍についての問い合わせ。何冊かを見つけることができた。結構な分量になる。「重くなりましたが、だいじょうぶでしょうか」というと、「だいじょうぶだよ」といわれ、ひょいと持ち上げエレベーターにも乗らずに階段を下りて行かれた〉(佐野衛『書店の棚 本の気配』)

文太は一度に20冊を買い求めることが度々あったという。

佐野はまた、文太の接客をするうちに、あることに気付いた。

〈このひとはただの読書家ではない。(中略)つねに問題意識を持たれていて、本は読まれるが自分の確認したいことが書いていなければ、その本は意味のない本なのだ〉(前出「現代思想」)

加織の死

平穏な生活は突然破れた。飛騨高山に移住して約3年後、01年10月下旬のことである。

当時、文太は息子の加織を主役に据えた映画の総合プロデュースを引き受けていた。映画のタイトルは『莟《つぼ》みし花』。江戸中期、飛騨地方で起きた農民たちの大規模な一揆「大原騒動」の若き指導者を描いた物語である。

加織は弱冠18歳の指導者・善九郎を演じ、撮影は終盤を迎えていた。加織の出演は2シーンを残すのみで、クランクアップは目前だった。だが――。

10月23日、午後11時10分頃、加織は世田谷区北沢にある小田急線の踏切で、遮断機を跨いで侵入。下北沢駅を発車したばかりの上り電車にはねられ、約5メートル前方に飛ばされた。この踏切は開かずの踏切と呼ばれ、10分、20分と待つのは当たり前だった。そのため、遮断機を無視して横断する人も多い。加織も待てなかったのだろうか、下り電車が通過した直後に遮断機を跨いだとみられる。その際、携帯電話を左耳に当てており、通話中だった。

全身を強く打った加織は、救急車で国立病院東京医療センターに運ばれたが、24日午前1時過ぎに死亡した。享年31。身元は運転免許証から確認されたという。

その夜、文太と文子は、仕事の関係で仙台にいた。仙台一高の同級生だった佐藤稔によれば、夫妻が事故の報せを受けたときは真夜中で、新幹線の最終には間に合わなかった。

「仕方なく、文太さん夫妻はタクシーを呼んで、東京へ向かうことになったんです」

その夜のことを、文子はこう綴っている。

〈半月を見ると思い出す。息子が亡くなった報せを受け、仙台から車を飛ばして病院に向かった。その時見上げた空には、真二つに裂かれたような半月がかかっていた。夫は言葉も無く、私は半月を道連れのように見つめ続けた〉(「本の窓」16年12月号)

私はこの当時、小田急線下北沢駅の隣り、東北沢駅近くに住んでいた。加織が事故に遭った「東北沢4号踏切」は、下北沢の商店街へ行く途中でなんども通っている。踏切を渡れば、左方向に鈴なり横丁があり、右方向に進めば、本多劇場の前に出る。

加織の死は、線路の側に花束が置かれていたのを目撃し、踏切近くの酒屋で「事故があったんですか」と尋ねたときに知った。酒屋の主人は「演劇をやってる役者さんがはねられたんだけど、菅原文太さんの息子だったらしいね」と教えてくれた。

「『蒼み し花』には、僕も出演していたんです」

菅田俊は、無念の表情で加織の死を振り返った。

「飛騨で撮影中に、オヤジから『加織に飛騨高山の家の方に寄るように伝えてくれ』と電話があったので、加織に伝えたら『わかった』と。でも加織はそのまま東京に戻ってしまって。下北沢で事故に遭ったのは、その夜でした……」

夜中に電話で事故を知らされたとき、菅田はすぐに病院に駆けつけた。

「大きな傷はなくて、きれいな身体をしていました。額のあたりだけが割れていて、顔もきれいでした。バッグが電車に引っかかって撥ね飛ばされたんです」

菅田はのちに文太から「あのとき、おまえが無理やりにでも、加織を飛騨の家に連れて来ていたら」と言われたという。

「どうして踏切に入っちゃったのか。なにか魔が差したんでしょうね……」

加織の遺体は東京から岐阜へ運ばれた。文太が3年前に住民票を移していたので、清見村の別荘が実家になっていた。加織の自宅は武蔵野市内にあり、妻と二人の幼子の4人で暮らしていたが、文太の希望で通夜、葬儀は実家で行うことが決まった。家の前には多くの取材陣が集まったものの、文太は一切のコメントを避け、加織の棺に寄り添った。

「あの日のオヤジはひと晩で老けたというか、シワが深くなって。周りには見せずに抑えていたけど、つらかったと思います」

翌日、弔問に訪れた俳優の長門裕之は、〈今日は厳しかった〉と語った。

〈泣くという感情を通り越して虚ろな感じでした（中略）。あいつはジッと僕の顔を見てましたね。「もう仕事はしたくない」って言ってました。僕は仕事をめげずにやってもらいたくて、「菅原文太は菅原文太だぞ」って言ったんです〉（「女性自身」01年11月13日号）

文太と加織は、翌02年にＮＨＫ大河ドラマ『利家とまつ』で、親子共演する予定だった。加織は、唐沢寿明が演じる前田利家の弟・秀継という大役に取り組んでいた。

「あのとき、僕は葬儀には行けなかったので、加織君への想いをつづった、お悔やみの手紙を出したんですよ」

そう語るのは、加織が小学生のころ、家庭教師だった宮本和英である。

「文太さんにとって僕は、子供の頃の加織君の先生のようなイメージがあるので、奥さんから『宮本さん、あなたを見たら、うちの主人は泣き出しちゃうから、しばらく家には来ないで』という返信がすぐに届きました」

悲しみの中で

文太は加織が愛用していたギターを祭壇の前に置き、日がな眺めていたという。

加織が死亡したことで、『蒼みし花』は未完のものとなるはずだったが、文太は撮影済みのフィルムを編集することで、作品を完成させた。

加織の主演作である『デコトラ外伝 男人生夢一路』を監督した小沢仁志は、編集にあたる文太には、鬼気迫るものがあったと振り返る。

「監督の水上竜士から聞いた話ですが、文太さんは加織のシーンや、顔のアップを多用するように、強く指示したそうです。役者は亡くなっても映像は残りますからね、文太さんは息子の最後をフィルムに焼きつけたかったんでしょう。それほど思いが深かった。加織は『デコトラ外伝』が終わったときに『自分の中で何かリミッターが外れた気がする。これからの自分が楽しみだ』と話していたんですよ。本当に残念です」

『蒼みし花』のパンフレットに寄せた文子の文章は、加織の心情に想いをはせている。

〈父、菅原文太のもとで仕事をすることは、自分の足でしっかり立つことを目指していた息子にとって、チャンスをもらうことと自立することの二つの相反する葛藤に引き裂かれることであった。しかし、この作品に自分のかけがえの無い友人、仲間を引き込んだこともあって、彼は自分自身と戦ってきた（中略）。彼の戦いは、この映画をもって終わった。これは映画と呼ぶにはためらわれる小さな作品かもしれない。しかし、飛驒人の勇気と魂を、また善九郎を演じた菅原加織を甦らせる命を宿す花の蕾である〉

文太が息子を俳優として成功させるために日々心を砕いていたことは、脚本家の高田宏治や中島貞夫監督も証言している。

高田はあるとき、文太に映画のゲスト出演を頼みに行った。文太は「それはできない」と断ってから、こう話した。

「自分は出ないけど、代わりに息子を使ってくれと、僕にしぶとく言うたんや。『使ってくれよ、頼むよ』という感じで頭を下げてね。普通の頼み方じゃなかった。父親の愛というか、溺愛みたいなものを感じましたね」

高田は文太の希望を叶えようとしたが、会社の事情でうまくいかなかった。

「その息子が亡くなって、文ちゃんの生き方は変わった。映画への情熱が冷めたというか、人とのつき合いも、異常に神経質になった気がするな」

中島の場合は、文太が監督の立場に配慮して、息子を売り込んではこなかった、という。

「息子をよろしく、とは言わなかったね。僕に負担をかけたくない、という気遣いもあったと思います。息子に関しては、使えるようになったら使ってくれ、という言い方でした」

加織が亡くなったとき、中島は文太が可哀想で、声を掛けられなかった。

「あれは彼の人生の中で、ひとつの大きな出来事だったと思いますよ。文ちゃんは初め、息子を俳優にしようとは考えていなかったみたいだけど、本人がやりたいというので、それならばと応援したのでしょう」

小沢仁志は、文太は息子のために仕事を続けていたのではないか、と想像する。

「自分が出るのなら、加織も出してくれ、という条件みたいな感じで作品の出演を決めてたところがあるでしょ。だから、加織が亡くなって、仕事をする意欲も失せたんじゃないかな。東日本大震災のあとで引退を宣言したけど、その前から、やる気を失くしていた気がする」

加織の遺骨は福岡県の太宰府天満宮に納められた。加織が生前、神道に傾倒していたという話も聞いたが、神社なら全国にある。なぜ、太宰府を選んだのか。納骨堂があるからだろうか。

晩年まで文太に付き添っていた菅田俊も、首を傾げる。

「苗字が同じ、菅原道真のつながりでしょうか。よく分かりませんね」

最愛の息子を見送った文太は、悄然として喪に服した。

最後の主演作

長男の加織が事故死してから2年間、文太は飛騨高山の自宅に籠った。

〈せがれの死で、俺も女房も人生観が変わったのは間違いない。時折「地獄を見たのでは?」と、聞かれるけど、それは適切な言葉じゃないね。親子の問題は人さまとは関係ないから、その後の心境は人さまに話すことはできない〉(「女性自身」2003年2月11日号)

そう語っていた文太の元に、ある日、一冊の脚本が届いた。タイトルは『わたしのグランパ』。監督の東陽一の名前で、出演依頼の手紙が添えられていた。東は、筒井康隆の原作を読んだときから、グランパの役は文太しかいないと確信していたという。

〈その文太さんは、二年前の二〇〇一年に息子さんを亡くされていました。それがきっかけで、その後は映画の世界に戻る気をなくしてしまったらしい(中略)。悲しみに沈んでいるときに、映画の世界に戻ってきてもらえるか。それはご本人にしかわからないことですから、ともかく誠心誠意で手紙を書いて出演をお願いすることで、少なくともこちらの意図はわかってもらえるだろうとは思ったわけです〉(「現代思想」15年4月臨時増刊号)

東の誠意は文太に伝わり、妻の文子から「出ます」という連絡が入った。

『わたしのグランパ』は、13年の懲役を終えて出所してきたゴダケンこと五代謙三と、孫の珠子（石原さとみ）とのハートウォーミングなエピソードを綴る物語である。ゴダケンが刑務所に入ったのは、地上げに絡んで二人の男を殺害したためだが、なぜか近隣の住民には温かく迎えられる。人情に厚い正義の男という設定を、文太は穏やかな物腰と言葉遣いで表現している。文太らしい立ち回りもあり、任侠映画を連想させるきりりとした着流しスタイルも披露する。

〈70歳ぐらいで立ち回りができるというのは、今や（高倉）健さんと俺ぐらいしかいないんじゃないの。それで、この話が来たんだよ〉（「キネマ旬報」03年4月15日号）

とにもかくにも、菅原文太の魅力を前面に押し出した映画で、珠子を連れて大晦日のパーティに出席するシーンでは、ジャズのスタンダードナンバーを披露するサービスぶりだ。三つ揃いのスーツで決めた文太が、ピアノ演奏で歌ったのは「Ｈｕｓｈ ａ ｂｙｅ」という子守歌。曲を選んだのは本人である。文太が英語で歌っている希有な映像だ。

〈どっちかっていうと同世代に見てもらいたいね。それでちょっとでも勇気を持ってもらえるといい〉（「キネマ旬報」02年12月1日号）

一方、新聞社のインタビューを受けたときには、〈忸怩たる思いで演じた〉と語る。

〈おれはこんな勇気はないぞぉ、おれはもっと意気地がねえなぁ、なんてね。俳優なんて、そういう意味で、詐欺師だと思ってる〉（「読売新聞」03年3月27日）

監督の東は文太について、「ストレートな人」と評している。

〈本気で思っていることだけを、そのまま口にするという感じでした。この印象は撮影に入ってからも変わらなかった。率直にものを言う人だということがすぐにわかったので、わたしもとても付き合いやすくなりました〉(前出「現代思想」)

また、文太には弱さがあり、それが逆に強みになっていることを感じたと言う。

〈役の上でも、役を離れた時間でも、文太さんは、ときどき困ったような苦笑いをすることがありました。何かの難関に差しかかると、フッと苦笑いをしてしまう(中略)。それは一つの弱さの表現であり(中略)一度フワッと自分の内側に抱き込んでしまうような広さでもあったんだと思います。柔軟さということでもあるでしょう。ただ弱いだけ、というのとは違います(中略)。人間の「弱さの強さ」みたいなものが、うまくにじみ出ていたと思います〉(同)

確かに文太は映画の中でなんども苦笑いを浮かべていた。特に孫役の石原さとみに向けた笑みには困惑の色が強かったが、穏やかで温かい。文太は、この作品で映画デビューした新人の石原をフィクションを超えて包み込み、庇護していたように思えた。

息子の死から2年、文太が見せた笑顔には慈愛があった。

映画の公開は03年4月5日で、初日に舞台挨拶が行われた。新宿東映の舞台に東監督、石原さとみら出演者、原作者の筒井康隆が並び、最後に文太が姿を現した。私はこの映像をＤＶＤで見たが、文太は自分の登場が観客たちにどんな興奮をもたらすか、充分に計算していた。まず、舞台の袖で観客に向かって手を振り、それからゆっくりと歩いて中央に立つ。ひときわ高い拍手が起こり、客席から「文太!」の声が掛かった。

「この映画館は25年前から変わっていないな。『トラック野郎』で挨拶したときと同じだ」

マイクを握って話しかける姿には、いまだ現役のスターのオーラが漂っており、貫禄、風格という言葉が浮かんでくる。文太はこのとき69歳。

「面白かったかい？　それだけ聞けば十分だよ」

観客の心を鷲掴みにして挨拶を終えた。

この作品は、第27回モントリオール世界映画祭で最優秀アジア映画賞を受賞し、石原さとみは、国内の映画新人賞を総なめにした。そして同作は、文太にとって最後の主演映画となった。

サクさんの死

映画が公開される3カ月前の1月12日、文太は都内にある国立がんセンターの病室にいた。入院していた深作欣二の容態が危ないという連絡を受け、駆け付けたのである。

文太が病室に入ったのは、1月11日の深夜、深作が息を引き取る約30分前である。

「あの日は、渡瀬（恒彦）さんが午後10時くらいまでいてくださったんです」

深作の息子・健太は当日の状況を振り返る。

「僕は撮影があったので、病院に着いたときには、もう父は意識が混濁している状態でした。文太さんは災難というか、よりによって臨終の場に居合わせることになったんです。いまわの際に親父をサクさんと呼ぶ人がいてくださったというのは、とても印象的でした。しかも、あの文太さんの声ですし」

そのとき病室にいた俳優は文太一人だった。頻繁に見舞っていた渡瀬や藤原竜也、山本太郎らが駆けつけるのは、深作が息を引き取ったあとである。

健太が次に文太と会ったのは、葬儀の場だった。

同年1月16日、深作の葬儀告別式が東京・築地本願寺で営まれた。

葬儀委員長を務めた岡田茂東映相談役が、深作の遺影に向かって話しかける。

「君とはなんども喧嘩したが、それも今となってはいい思い出だ。『バトル・ロワイアル』の二作目に取り掛かるところで力尽きたが、長男の健太君が引き継いで満足する映画になるだろう。見守ってほしい」

文太も岡田に続いて弔辞を述べた。

「深作さん、サクさん、ご苦労さんでした。本当に長い間お疲れさまでした。四十年、いや五十年近く、あなたは脇目もふらずに歩き続けた。あなたを突き上げたのは何だったのでしょう？いつも言っていた戦後の日本ですか。今、思い出します。三十年前の、あの撮影所での深作組の熱く、激しい日々を（中略）。スタッフにも、俳優にも、あなたはだれにも分けへだてなく公平でした。それが、私たちへのかけがえのないギャランティーだったのです（中略）。今は深い川の向こう側へ渡っているあなたに、手を振って別れるだけです。さようなら、安らかに」（前出『映画主義者　深作欣二』）

日本の映画史に残り、またクエンティン・タランティーノ監督が『仁義なき戦い』に感動して『レザボア・ドッグス』を撮ったように、ハリウッド映画にも影響を与えた深作欣二。息子の健太が、家庭での深作を振り返る。

「親父は、家ではほとんど書斎から出てこなくて、本当におとなしかったんです。居心地がよくなかったんでしょうね」

健太は深作が42歳のときの子供で、幼少期から叱られたことはほとんどなかったという。

自宅には妻の中原早苗や、健太の祖母でやはり女優の南部雪枝が同居していた。健太は深作の立場を、深作が監督したテレビドラマ『必殺シリーズ』で藤田まことが演じた中村主水に譬《たと》える。主水も姑と同居しており、なにかにつけて、姑から「婿どの！」と叱責される。

「あのドラマを見たときに、親父の気持ちが非常によくわかりました。それもあって、親父は撮影所に行くと、別な人になるわけです。親父にとっては撮影所が家で、スタッフが家族というか。撮影が終わったあとでも、みんなで酒を飲んだり、盛り上がってとても楽しそうなものですから。その姿は、僕が監督を志す動機になりました。親父は家で飲むときは、よく面白おかしい活動屋の話をしていました。特に、室田（日出男）さんとか川谷（拓三）さんとか、破天荒な人がやらかした話を嬉しそうに。『俺は血統のいい犬より、野良犬が好きなんだよ』という言葉が印象に残ってますね」

文太のことも、深作は監督と俳優という立場を越えて自分と同列に考えていた。二人がある時期、強固な同志的関係を築いたことは間違いない。

「『リメインズ　美しき勇者《つわもの》たち』という千葉真一さんが監督した映画に文太さんが出演されたとき、その姿が僕には驚きでした。現場で文太さんは一言も口をきかず、出番がきたら淡々と芝居をして、また戻って撮影を見つめているというスタンスで、とてもストイックだった」

『リメインズ　美しき勇者たち』は90年公開で、この年、文太は57歳。監督は千葉だが、深作が企画監修で、後方支援をしている。

『バトル・ロワイアルⅡ』で命を削った深作を、文太はどうみていたのか。

〈「仁義なき戦い」が終わって、深作さんもいろんなものに手を染めるようになったけど、傍から見てると、何となく燃焼し尽くしたって感じますよ（中略）。「バトル・ロワイアル」（00年）で締め括っているわけだけど、（中略）やむを得ずああいうものしか撮れなくなってしまったという不幸を感じてしまうんです。一緒にやってきた仲間だけど、俺はあんまり好きじゃないんです〉（前出『映画主義者　深作欣二』）

文太は、東陽一監督が指摘したように、自分が思った通り率直な物言いをする人間だが、時に言わなくてもいいこと、むしろ胸に収めておいた方がいいことを口にする。

〈「バトル・ロワイアル」は七十歳の時の作品でしょう。いくらエネルギーがあるといっても、それはもう、残り滓のエネルギー。ろうそくでも石炭でも、燃えるものは何でも最後にブワーッと一瞬激しく燃えるけれど（中略）内も外も最高の燃焼が生んだ作品は「仁義なき戦い」シリーズに尽きるわけです〉（同）

この発言をしたときの文太は69歳。深作にとっては『仁義なき戦い』のシリーズが最高傑作だと断定するが、自分はどうなのか。

〈俺だっていまだに人に会えば「仁義なき戦い」ばかりいわれて、さんざんいやになってくるんだ。もういいよと（中略）。いまはもう遠い過去のもの〉（同）

それが本音ならば、深作が何歳になろうと過去に囚われず、新たな作品を生み出そうとした気持ちも理解できるはずなのだが。

ガン発病

深作の死から4年後の07年、74歳になった文太を病魔が襲った。

血尿が出たため、都内の泌尿器科で診察を受けたところ、がん研有明病院で詳しい検査を受けるよう言われた。そこで膀胱《ぼうこう》ガンと診断されたのだ。膀胱の筋層《きんそう》にまでガン細胞が入り込んでいる浸潤性で、大きさは3センチほど。しかも、悪性度を表す異型度は一番悪いG3だった。

がん研では内視鏡による手術を受けたものの、筋層に浸潤したガン細胞まで取り除くことはできず、リンパ管や血管を通って離れた場所に転移する可能性があるため、膀胱を全摘出手術して、人工膀胱をつけることを勧められた。

〈切るのは嫌でね。切らなければこの命どのくらいって医者に聞いたら半年って言うんだよ。『もって一年』だって。冗談じゃないよね〉（「毎日新聞」09年10月31日）

全摘以外の治療法はないのか。文太はセカンドオピニオンを求めるため、医師の鎌田實を訪ねた。鎌田の著作『がんばらない』を読んだことが縁で、親しい関係になっていた。

鎌田は数名の専門医に文太の病状を伝え、意見を求めた。そのほとんどから「全摘すべき」という回答が届く。だが、文太は「立小便ができなくなったら、菅原文太じゃねえ」と話し、手術を拒んだ。幸運だったのは、一人だけ、「温存療法でいける」と判断した医師がいたことだ。

鎌田の紹介で文太を診察したのは、東大病院放射線科の医師・中川恵一である。

〈診察室に現れた文太さんは、軽いうつ状態と言えるほど落ち込んでいましたが、とにかく人工膀胱になることを殊更に嫌がっていた〉（「週刊新潮」10年10月21日号）

文太の意を汲んだ中川医師は、放射線治療と抗ガン剤治療の併用を勧めた。

中川が「温存療法」の権威で当時筑波大学に勤務していた赤座英之教授を紹介したことから、文太はカテーテルによる抗ガン剤の注入と、放射線の中でもピンポイントで病巣を攻撃できる陽子線治療を受けることになった。このとき、文太は最悪のことも考え、覚悟を決めていた。

〈温存療法がうまくいかなかったから手術と言われても、断るつもりだった。勇気があるからじゃない。七十歳も過ぎて人工膀胱をつけて数年長生きするかこのまま取らずに行けるところまで行くか、大して違いがないように思えたんですよ〉（「文藝春秋」09年5月号）

3カ月間の入院治療を受けた結果、温存療法は成功し、膀胱の摘出は免れた。

〈ついこの間まで人生の終着点が見えてたんですが、先生方のお陰でゴールがだいぶ遠くに霞んで見えます。この分だと波乱万丈じゃなく、波乱頑丈の人生で終われそうだ（笑）〉（同）

膀胱ガンの症状は消え、日常生活を取り戻すことができたのだが、定期的な経過観察が必要なため、飛騨高山の自宅から東京に戻り、借家住まいを始めた。東京の景色を眺めて、飛騨高山の清冽な空気が恋しくなったのか、文太はインタビューを受けて呟いた。

〈どうも人がゆっくり住める街じゃないよな。コンクリートと鉄と……踏みつける土もなくなった〉（前出「毎日新聞」）

まもなく、文太は自身の闘病経験を基にしてセカンドオピニオンの大切さや、温存療法を広く認知させるため、全国を回って講演するようになった。自分と同じ病気で苦しんでいる人たちの役に立ちたいと考えたのである。

一方で、俳優業からの引退を考え、本格的に農業を始めるための準備を進めていた。

第11章　太宰府に眠る

農業生産法人を設立

２００１年に息子の加織を喪い、07年に病を得て、文太の中で何かが確実に変わっていった。引退宣言は12年だが、12年間という歳月をかけてゆっくり引退していったように思える。

梅宮辰夫が菅原文太と最後に会ったのは、東京へ向う東海道新幹線の中だった。偶然にも、同じ列車に乗り合わせたのだ。

「そのときはもう芸能界からは遠ざかっていて、山奥で百姓をやってると話していたね」

文太は梅宮に、山の畑を耕して、農業に本格的に取組むつもりだと話した。

「『俺にはそれが一番合っているんだ』と聞いたのが最後だったな」

終生俳優でいた梅宮とは生き方が異なるが、そもそも文太が農業に従事しようと考えた理由はなんだったのか。週刊誌の取材で具体的に答えている。

〈映画がなんとなく……な。まっ、面白くなくなってきたし（中略）。映画なりの自由な発想で作品を作りづらくなったのは確か。そんなこんなの理由で役者でいることに魅力を感じられなくなって。それでまあ、役者を辞めて何をするにしても過去に自分がやったことしかできんだろうと思ってな（中略）。そういう意味で振り返ってみれば、俺は農家で生まれ育ったからね。土いじりは手伝った経験もあるし、なんとかなるんじゃないかと。それに百姓はなんといっても第1次産業だろ？　人間の営みを考えた場合、根幹を成す大事な職業じゃないか。だから俺は、土とともに生きる百姓を選んだんだ〉（「週刊プレイボーイ」13年9月30日号）

09年10月、文太は山梨県北杜市明野町に農業生産法人「株式会社おひさまファーム竜土自然農園」を設立した。南に富士山、北に八ヶ岳を望む農園は標高約700メートルにあり、設立当初の広さは約3ヘクタール。日本で一番日照時間が長いといわれる地で、化学肥料も農薬も使わない有機野菜を育てることを目指した。このとき文太は76歳。

同法人の代表取締役は文太で、取締役には妻の文子をはじめ、長女と次女、NPO法人「ふるさと回帰支援センター」（正式名称は「100万人のふるさと回帰・循環運動推進・支援センター」）理事長の高橋公、発酵学者で文筆家の小泉武夫、元警視監で当時「株式会社日本シークレットサービス」取締役相談役の千葉行雄らの名前が並んでいる。

山梨県に農園を作ったのは、08年に甲府で講演会を開いたとき、「会社勤めばかりしないで、農業をやれよ」と話したのを聞いていた横内正明山梨県知事から「ではうちでやってください」と言われたのが、きっかけだった。

同時に文太は、山梨県が農業の担い手を確保するために始めた「農業協力推進隊事業」のコーディネーターも引き受けた。農業の研修を目的として集まった若者たちにアドバイスをする役割である。隊員の委嘱式で文太は、東京や神奈川などから参加した22人を前にして語った。

〈激励などしない。月謝払って農業を学んでいる人もいるなか、最初から給料もらっているわけだから、恵まれていると思ってほしい。農業とはしんぼうだ。よく学び、惜しまず労働して、逃げ出さないで、少なくとも三年間はやってくれ〉（「家の光」10年3月号）

文太自身も本格的な農業は初めてだったが、「おひさまファーム竜土自然農園」では、まず、農薬や化学肥料で痛めつけられてきた土地の微生物を回復させることから始めたという。その方法について、週刊誌の取材で語っている。

〈米ぬかや雑穀のかすに微生物を入れて発酵させる。それを土に与える〝ぼかし〟という方法を使ったんだ。微生物は有機物を分解、発酵させ、栄養を作り出してくれる〉（「週刊女性」12年8月21日号）

しかし、このぼかし作業で、長年農薬を使っていた畑を有機農業に適した土地に再生するためには、5年かかるというのが定説である。文太はじっくり構える覚悟だったが、農園で働く若者たちは予想外の苦労を背負うことになった。

「オヤジさんに会ったのは菅田（俊）さんの紹介で、僕は晩年の付き人です」

そう語るのは、文太の農園で働いていた俳優の寺中寿之である。

「『わたしのグランパ』に付いたのが初めてでした。当時のオヤジさんは岐阜（飛騨高山）に住んでいたのですが、そのあとは千駄ヶ谷の家、山梨（北杜市）の農園、それから福岡市内のマンションが二カ所と移り住み、最後の引っ越しまで手伝いました」

『わたしのグランパ』の公開は03年4月。寺中は28歳から38歳までの10年間、文太の側にいた。付き人といっても、文太が農業を始めるまでは固定給を貰っていたわけではなかった。毎月、仕事をした日数を報告し、後日、口座に現金が振り込まれるというシステムだった。

「いつ電話で呼ばれるか分からないので、急に休んでも大丈夫な配送車の運転手とか、作業員のような日雇いのアルバイトをしながら、対応していました」

そして09年、文太は付き人たちを集めて「おまえたちと一緒に農業をやりたい」と話すようになった。東京で演劇活動をしていた寺中は、その言葉に戸惑ったという。迷っている寺中を文太は「農業をやって無駄なことはないだろう。役者は続けていい」と説得した。

「僕たちは農業を甘く考えていたというか、『農業協力推進隊事業』の隊員になると、365日のうち140日働けば、15万円の月給が出ると聞いたこともあり、山梨に引っ越して、住民票も移したんです」

最初のメンバーは、寺中が声をかけて連れて来た俳優やミュージシャンを含めて6人だった。

「でも、僕たちは目指してきた道があり、志半ばだったので、なかなか踏ん切りがつかない気持ちのまま、毎日農作業をしていたわけです」

実際に農作業を始めると、寺中は自分の甘さに気付かされた。無農薬で野菜を育てるのは試行錯誤の連続で、容易なことではなかった。しかも、全員が有機農業の素人である。男6人が民宿を改築した建物で生活することになり、寺中はその管理を一任された。

「大工の経験はないけど、台所や作業場を作ったり、ソーラーパネルを取り付けたり、雑務と農作業が重なって、すごく忙しかった」

あるとき、無農薬栽培したパプリカが大量に腐ったことがあった。文太はそれを見て、「おまえたちの根性、農業に取り組む精神が腐っているから、このパプリカも腐ったんだ」と寺中や手伝いに来た付き人たちを叱りつけたという。

「野菜作りはアブラムシとの闘いで、農薬を使えないから、手で潰してました」

それでも、種を蒔き、苗を植えることを繰り返すうちに、大根、人参、茄子、玉葱、胡瓜、レタス、アスパラガス、ズッキーニなど多品目の野菜が収穫できるようになった。

農業コーディネーターとしての文太の口癖は「物事は丁寧に、慎重にやらなきゃ駄目なんだ」だった。作業内容や反省会を兼ねた会議が頻繁に開かれたという。

寺中は農作業だけでなく、住居の管理でも文太から「何をやってる。もっとおまえがきちんとしろ」と叱られた。山梨に移住してからは演劇もできず、慣れぬ農業に四苦八苦していた寺中は、それらの要素が積み重なり、限界を迎えた。

「自分はこのままでいいのか、演劇をやるために東京に出て来たんじゃないのか、と半生を回顧してみて、オヤジさんと社長（文子）に辞めますと伝えました」

寺中が農園で働いたのは約2年間で、東京に戻るとき、文太はこう話した。

「俺はなにもしてやれないが、おまえが本当に悔しい思いをしているのなら、いつか、俺の俳優の地位くらいまでは上がってこいよ」

文子は寺中が文太に叱られているときに、よく取り成してくれたという。

「社長は名参謀というか、社長なくしてオヤジさんが社会的な活動をすることは難しかったと思います。本当に二人三脚。どこへ行くにも一緒でした」

文子の家庭内教育

取材では、多くの人が寺中と同じ主旨の言葉を話した。文子が文太に与えた影響の大きさを誰もが認めていたのである。文子自身はそれを「家庭内教育」という言葉で表している。

例えば、安倍晋三首相（当時）の妻・昭恵夫人の役割について、こう進言する。

〈むしろ好ましい異論を持ち、それをぶつける距離にいながら、家庭内教育の機会を妻が怠っているようで実にもったいない。夫君への手の込んだ援護射撃風な世間へのアピールでは無く、戦後最悪の首相と言われている安倍さんに、血相を変えて家庭内教育をする方が、夫人の日頃の言行との一致がある〉（「朝の紅顔　夕の白骨」「本の窓」15年8月号）

文子は「本の窓」での連載に、〈憲法の精神は、生きる縁《よすが》の一つとして勇気を与えてくれた〉と記している。その憲法の精神についても、文太を教育している。

〈結婚した当初、戦前生まれでたっぷり軍国主義の空気を吸ってきた夫は、戦後教育を受けた私の人間観と当時は少しズレがあり、夫を説得するために有無を言わせぬ理論武装に格好のテキストだった〉（同16年11月号）

見事な理論武装が功を奏し、文太の憲法に対する意識が変わったという。

〈簡潔にして明瞭な論旨の日本国憲法は、根は善良で正義感の強い大いなる田舎人の夫に浸み込みは良かったと思う〉（同）

文太にとって、高い知性と深い洞察力、強い意志をもって様々なアドバイスをしてくれた文子は、心強いパートナーだっただろう。特に晩年、文太が農業、政治、社会に対して物申す機会が増えたときには、いつも彼女が側にいて支えた。

例えば、文太は文子とともに、10年頃から14年まで、度々、沖縄の辺野古を訪れているが、二人を案内した「ヘリ基地反対協議会」共同代表の安次富浩は、文子の印象をこう語っている。

〈一緒にいらしたお連れ合いさんの印象がとても深かった。原発の問題にもひじょうに見識が高く、環境問題の基本的なところをしっかりおさえてらして、僕が説明するとそういう観点から反応を示されていました（中略）。「もしかしたら菅原文太を動かしているのはこの女性なのかしら」と思ったくらい、素晴らしい人でした〉（前出「現代思想」）

また、文子がマネージャーになって以降、文太がよくジョークで話していたのは「婦唱夫随」、「女房が社長で俺は使用人」だが、自虐的な響きはなく、むしろ仲の良さを感じさせた。携帯電話も、文太は機械の操作に疎いので文子と共有。二人が手をつないで歩く姿を目撃した人は多く、寄り添うという言葉がピッタリくる。

農園設立から2年後の11年、国を揺るがす大災害が起きた。3月11日に発生した東日本大震災である。マグニチュード9・0という日本の観測史上最大の地震で、巨大な津波や家屋の倒壊、火災などの発生により、死者・行方不明者は1万8000人を超えた。

さらには福島第一原子力発電所でメルトダウンが起き、多量の放射性物質の拡散が明らかになった。被災地の中で死者が最も多かったのは宮城県で、地震の最大震度7を記録したのは、文太の故郷、宮城県栗原市である。

文太はそれまで原発には無関心だったというが、福島県の惨状を目の当たりにしてからは、原発反対の姿勢を貫くようになる。

〈放射性物質は人類が本当は触ってはいけないものなんだと。これまで放射性物質の研究をしてきた科学者ですら、今後の後始末をどうしていいのかわからず、右往左往している（中略）。地球の終末が近づいていると思わないわけでもない〉（菅原文太『日本人の底力』）

原発撤廃を実現させるためには、国民がその痛みに耐え、協力する覚悟を持つことが必要と訴え、このテーマで数多くの講演を行っている。

震災から二カ月後の同年5月9日、東映の岡田茂名誉会長が肺炎のため逝去した。享年87。戦後の映画史とともに人生を歩んできたといわれる岡田は、多くの映画人に愛されて、大往生をとげた。青山葬儀所で営まれた告別式で、文太は以下の弔辞を読んでいる。

〈岡田さん、もうけんかも出来なくなりましたよね。よく怒鳴られ、怒鳴り返したこともあった（中略）。昨日の朝、岡田さんという大きな木が倒れる音が、農園の裏山から聞こえてきた。でも、心配しないで下さい。岡田さんの後の檜《ひのき》が大きく育ってますから。今の偽善的な世の中にパンチを喰らわすような、東映作品が必ず生まれます〉（「キネマ旬報」11年6月下旬号）

この頃、文太は被災地の慰問を重ねており、関心は原発問題に集中していた。

また、震災前に受けた山田洋次監督からの映画出演オファーを辞退している。映画は小津安二郎監督の名作『東京物語』をリメイクした『東京家族』で、東京で暮らしている子供たちを訪ねて廻る老夫婦に文太と市原悦子が配役された。出演辞退の具体的理由については、文太のマネージャーでもある文子が答えている。

〈私たちはこの10年ほど地方で暮らしてきましたが、山田監督は成城に暮らし、銀座の松竹という中枢で仕事をしていらっしゃる。2人の人生観、世界観の違いが、3・11で顕在化したとは言

えるでしょう〉（「週刊新潮」11年11月3日号）

文太の考えも、被災地の人が苦しんでいるのに娯楽映画を撮っている場合ではない、というものだったが、マスコミには俳優引退宣言と受け止められた。

「いのちの党」結成

文太が自ら俳優休業を表明するのは、翌12年11月に「いのちの党」を立ち上げたあとである。党の会計を務めたＮＰＯ法人「ふるさと回帰支援センター」の理事長・高橋公は、文太の30年来の友人だった。

「映画俳優の菅原さんということじゃなくて、先輩なり、友人なりで、いろいろな意見交換をする人が、たまたま映画俳優だったみたいな感じで会っていたね」

文太との交友は、高橋が渋谷区代々木の紘武館という神道夢想流の道場で、杖術と合気道を教えているときに始まった。文太と文子が小学生だった息子の薫を連れて来て、「軟弱なので、心身を鍛えてやってほしい」と頼んだのだという。

学生時代は全共闘のリーダー格だったという高橋は、自治労（全日本自治団体労働組合）の出身で、全国各地を訪ねて組合員に知遇を得た。この時の人脈が現在の仕事に生きている。

「菅原さんには、法人を立ち上げたときに顧問を引き受けてもらいました。立ち上げのパーティで、『こういうことは長い取り組みになるんだから、三日坊主にならないように』と挨拶してくれてね。そのあと、うちのイベントの講師とかも、なんどかお願いしましたね」

文太はイベントで田舎暮らしの楽しさを話し、地方文化の多様性を見直そうと訴えた。地方への移住を「平成の大移動」と呼び、過疎化した村の復興を呼びかけた。

「僕は自治労の人間なので、地方自治とか自由民権運動について組織的に勉強したり意見交換しているんです。それで、菅原さんがＮＨＫの『獅子の時代』に出演していたとき、主人公が関わった自由民権運動や秩父困民党について講演をしてもらったんですよ」

その日の講演は金沢市内で開かれ、文太が「謝礼はいらない。今夜の飲み代だけでいい」というので、夜の街に繰り出した。

「そしたら、知らない人がぞろぞろ付いてきてね。あとで自治研修会の担当者に『おまえら、金沢の高級クラブを何軒、梯子したんだ。講演料を払った方がよっぽど安かった』と言われたね。菅原さんとは、いろんなことがありましたよ。なんども一緒に旅行したしね。ベタッとはせず、距離を保ちながらのお付き合いでした」

「いのちの党」には、副代表として作家の荒俣宏、発起人として、京セラの名誉会長・稲盛和夫、哲学者の梅原猛、イラストレーターの黒田征太郎、医師の中村哲、鎌田實、作家の野坂昭如、脳科学者の茂木健一郎らの名前が並んでいる。その多くが、文太がニッポン放送のラジオ番組「日本人の底力」や小学館の雑誌「本の窓」で対談した相手である。

「当時の政治に対して物を言うという感じの集まりでね。今は活動を停止しているけど、解散はせずに、事務局がまだここにあるの」

農業の再生や震災からの復興、弱者救済などを目的に、国に提言をしていく団体として旗揚げされたが、東北に対する文太の思いが強過ぎたのか、コンクリート製の防波堤の建設反対運動に集中し、他の事案は手つかずに終わった。

「菅原さんは亀井（静香）さんとも、親しかったみたいだね。右左関係なく、憂国の士としては共通するものがあったんじゃないのかな」

文太と亀井静香は俊藤浩滋の紹介で会い、亀井が選挙に出るときには応援に駆け付ける関係になった。亀井の後援会に出席して、「次期総理になってほしい」と演説したこともある。

高橋公への取材は19年の11月28日で、当日は文太の祥月命日だった。

「そうかぁ……今日はまっすぐ家に帰って酒でも飲みたいな」

取材のあと、理事長室を覗かせて貰うと、黒い革ジャン姿で拳銃を握っている文太のパネル写真が壁に掛けられていた。『新宿の与太者』のあたりだろうか、まだ30代で顔が若々しい。

「この拳銃には、弾が一発残っているんだよ」

高橋はそう言って、写真の前で微笑んだ。

「いのちの党」はほとんど機能しないまま活動停止になったが、文太の政治への傾倒はさらに顕著になる。13年5月には、週刊誌で対談したことで知遇を得た小沢一郎と面談し、東北の連邦制を目指す「とうほくの党」の構想を語って、共闘を持ちかけた。岩手県出身の小沢はこの話に強い関心を示したという。

続いて7月の参院選で前福島県双葉町長・井戸川克隆の応援、10月に宮城県知事選で佐藤正明（共産党推薦）の応援、11月は特定秘密保護法案の廃案を求める集会への参加、そして14年2月の東京都知事選での細川護熙の応援。

その間にはなんどか沖縄を訪ね、辺野古の米軍基地建設反対の集会にも参加している。

まるで、なにかに急かされているかのように加速していった。

「弾ぁ、まだ残っとる」

農業を始める前、菅原文太は「『仁義なき戦い』のことばかり言われるのは、もう沢山だ」と繰り返した。だが、晩年になると、この映画を例に出して語ることが多くなった。14年に受けた週刊誌の取材では、こんなことを話している。

〈僭越かもしれんけど。まっ、今の若い連中も大変だと思うよ。生まれた時から、親や社会がレールを敷いちゃってな、そのレールから少しでもハズれようもんなら、すぐに落伍者の烙印を押されてしまう〉（「週刊プレイボーイ」14年12月22日号）

若者の生き辛さを思いやり、応援の言葉を送った。

〈だから、そんな連中に言いたいんだよ。負けてもいいぞって。でな、さらに大事なことは心の中で、こう自分で自分に言い聞かせることなんだ。『弾ぁ、まだ残っとる』。（中略）負けたからといって卑屈になることもなければ、気力を手放すこともないんだよ〉（同）

心の支えとなる弾とは何なのか。

〈自分がこれまで勉強してきたことや、周囲の人たちから受けた愛情や支えだと思えばいい。で、本当に自分が勝負を賭けたい時に、その弾をブッぱなせばいいんだ。その弾が当たらなくても、懲りずに自分には『弾ぁ、まだ残っとる』と粋がって生きてりゃいい。その繰り返しだよ。男の人生なんてものは〉（同）

「山守さん、弾はまだ残っとるがよう」というのは、『仁義なき戦い』のラストシーンで、文太が演じる広能昌三が吐いた名台詞だが、この台詞は、晩年の文太にとっても心の支柱になっていたのだろう。若者たちに語る人生訓にもなった。

そして２０１４年、文太は変わらず多忙な日々を送っていた。３月に、「戦争をさせない１０００人委員会」の呼び掛け人になり、５月には「原発ゼロ・自然エネルギー推進会議」の発起人に名を連ね、集会に参加している。

同年5月15日、文太の盟友だった監督・鈴木則文が逝去した。享年80。葬儀は都内の教会で営まれ、出棺時には『トラック野郎』の主題歌「一番星ブルース」が流されたという。

後日、文太は「キネマ旬報」の誌面で、鈴木との思い出を語っている。鈴木と文太は『トラック野郎』シリーズが終了して以降、ほとんど会っていなかった。

〈いま考えれば、一回ぐらい飲んでおさらばしたかったとは思うけどね。しかし考えてみると、最期まで一緒にいよう、っていうのは夫婦ぐらいのもので。最期はみんな独りだから〉（「キネマ旬報」14年7月上旬号）

そうは言いながらも、鈴木や深作欣二監督を「戦友」と呼んで偲んだ。

〈昔の映画の仲間が、何人死んでいるか。一緒によく酒を飲んでいた、深作も鈴木も見送ることになってしまった。俺が見送られるかと思っていたのに〉（同）

「哥麿会」の3代目会長・田島順市は、シリーズが終了したあと、東映に売却されてボロボロの状態だった一番星号を引き取った。所有者が2度変わっていたという。

「鈴木監督が亡くなった年に、トラックを引き取ってくれないか、という話が来たので、ああ、これは監督が直せと言っているんだなぁ、と思ってね」

今は往時のデコレーションをそのまま再現すべく、復元に力を注いでいる。

「残っている写真や映像を見て、全く同じにです。そうじゃないと、あの車は意味がないのでね。レプリカだと、よくやったな、で終わっちゃうんです。そこに菅原さんが座ったり、運転したりした、映画のままの車に復元しなくては、駄目なんですよ」

野ざらしだったので車体の状態が悪く、これまでに3年の年月と、かなりの額の金をかけたという。それほど、一番星号には愛着があった。

田島は国内のどこかで災害が起きると、支援物資を積んで、現地へ駆けつける。東日本大震災のときには、毎月欠かさず、物資を届けていた。九州で台風による災害や、火山噴火が起きたときも、同じだった。もちろん、ボランティアである。気持ちが明るくなるのだろう、派手な電飾のデコトラが現れると、被災地の人は喜んだ。

「手を振って迎えてくれたり、帰るときには並んで見送ってくれたりしたね」

大型トラックなので、一度に大量の荷を積んで運べるのが利点だとも、田島は語った。

「『トラック野郎』は、要は地方の支援映画だったんですよ。全国を廻って、そこの街を盛り上げる地域振興みたいな映画だった。お祭りを通してとか、地方を応援していたんだ」

田島がボランティアを続けている話を聞くと、私は鈴木の言葉を思い出す。

〈星桃次郎の見事な単線的美しさは、愚直ともみえる生一本の思い込みの強さである〉（前出『新トラック野郎風雲録』）

「異質なものを受け入れてこそ」

同14年9月20日、山形県鶴岡市内で「ワッパ騒動１４０周年記念講演」を行ったとき、文太は、まず詫びの言葉を口にした。

〈こんなこと滅多にないのだけど、鬼の霍乱《かくらん》でちょっと調子を下げたんで、座らせてもらいます。ご無礼の段をお許しください〉（「週刊金曜日」15年7月24日号）

実はこのとき文太の身体は肝臓ガンに蝕まれており、体力がかなり低下している状態だった。9月の時点で肝臓に数カ所、ミリ単位のガンが見つかっていたのだ。足腰が弱り転びやすくもなっていた。逝去する2カ月前のことなので、気力を振り絞って壇上に立ったと言ってもいい。

講演で文太は、百姓一揆の長い歴史に触れ、いかに農民が逞しく生き抜いてきたかを語った。続いて安倍晋三内閣の政策を批判し、国内に不穏な空気が漂っていると強調した。

〈安倍さんは「国民を大事にする」とか口癖のように話しますね。しかし、裏では集団的自衛権とか、急に持ち出してくる（中略）。今の政権は、憲法の精神を踏みつけ、平然としている。彼らを何と呼んだらいいのか。少なくとも庶民ではない〉（同）

さらに、演題とは関係ないが、自身の代表作とされる映画を例にして語りかけた。

〈やくざ映画は、やっていて面白かった。顰蹙《ひんしゅく》を買うかもしれないけれど、当たり前より、法外の異端のドラマ。やっぱり、そういうものの方が面白い（中略）。『仁義なき戦い』もそうだけど、そういうものまで否定してしまうと、世の中は無味乾燥になってしまう。変わったもの、異質なものを受け入れてこそ、人間は素晴らしいもんだと私は思うんです。ですから、どんなものを取り上げても非難されない、自由な国になってほしい〉（同）

文太は芸能の世界から遠ざかってから、一農業従事者として頻繁に地方へ出向き、講演や対談を行っている。文太が各地に呼ばれたのは、往年の映画スター・菅原文太の名前があってこそだろう。名前だけを利用されたこともあったかもしれない。

盟友だった中島貞夫監督は、文太の晩年の活動をどう受け止めていたのか。

「ある意味じゃ、文ちゃんらしいなと思ったけど、好感を持っては見られなかったですね。でも、それが文ちゃんの生き方だったら、それはもう仕方がない」

中島が文太と最後に会ったのは14年7月、週刊誌で川谷拓三について対談したときだった。そのときは病状が悪化していることを知らず、「じゃあ、またな」と言って別れたという。

「僕の知ってる文ちゃんはアナーキーだった筈だから、どこまで本気で動いているのか、いつか聞こうとは思っていたんだけどね」

「哥麿会」の田島順市も、文太の政治活動に疑問を持っていた。

「俺なんかは、桃次郎の精神を受け継いだままだけど、菅原さんは晩年、人間が変わったみたいになったでしょ。原発だのなんだのに反対とか。右翼が左翼になったようなものだもの」

文太の81年の人生を辿ってきた私には、彼の変化は、やはり息子の死が大きな転機だったように思える。薫が生きていれば、文太は引退することなく、俳優を続けていただろう。キャリアを積んだ大物俳優として息子を支えていたはずだ。

元スポーツニッポンの記者で、文太が東映に移籍した頃から親しかった脇田巧彦も「最後まで俳優でいてほしかった」という。

「やはり彼が名を成したのは東映の『仁義なき戦い』と『トラック野郎』ですからね。映画史に残る作品に主演したんだから、最後は俳優としての功績を称え、オープンな形で送ってあげたかったという気持ちはありますよ」

脚本家の高田宏治の見方は少し違う。高田は、映画の半分を担っているのは役者であり、役者を大事にしなければ、面白い映画は作れないと考えている。

「そういう意味では、菅原文太も、主役でなく、ワキをやらせてみたかったと思う役者ですね。彼がインテリというのは学歴とかじゃなくて、自分の立ち位置を冷静に見られる、自分を絶えず批判的に見られるということです。これはインテリゲンチャでないと。文ちゃんが非常に頭がいいことは喋ったら分かる。慎みもあるしね」

高田は文太が読書家であることを聞いて、孤独を楽しむ人間ではなかったか、と想像する。

「映画界にいる自分というのは、しんどかったのかもしれないな」

「終の棲家」福岡での日々

体力の衰えを自覚しつつも、国を憂えて活動を続けた文太だが、比較的穏やかな時間を過ごせたのは、福岡県での生活だったろう。

長男・薫が事故死してから4年後の05年、文太は福岡市内に2LDKのマンションを購入した。それまでは太宰府天満宮に祀《まつ》られている薫の墓参をするため、文子とともに新幹線で通っていたが、長時間の乗車が体力的に厳しく、京都で1泊してから再び福岡に出発するという行程だった。帰路も同様である。福岡から新幹線に乗り、京都に着いたときに1泊している。

マンションを購入してからの文太は、福岡で暮らす時間が増えた。

〈人生列車の終着駅「終の棲家」は福岡と決めている。先に旅立った息子が、晩年神道のエコロジカルな精神に心惹かれていたので、太宰府天満宮に祀ったからだ〉（「週刊文春」09年8月13・20

日合併号）

　息子の御霊の近くにいることが安らぎになったのか、市内ではイタリアン・レストランにふらりと入ってカンパリソーダを飲んだり、スーパーで買い物する姿が度々目撃されている。

　福岡に引っ越した直後、文太は文子と付き人を伴って、室内装飾品や照明器具、カーテン、家具などを販売施工する「インテリア・デコ」に現れた。

「いきなり店に入ってこられたので、驚きました」

　社長の萩尾隆は、福岡で文太が気持ちを許した人間の一人だ。店には、マンションの部屋にかけるカーテンを買う目的でやってきた。

「ご夫婦でいらした場合、インテリアは奥さんが決めることが多いのですが、菅原さんはカーテンを自分で選ぶんです。グリーン系がお好きでしたね。そのときは夏で、僕はゴルフで日焼けしていたんですが、菅原さんが『えっ、お前さんが社長かい？』と聞いたので『僕はよく土建屋と間違われるんですよ』と答えたら、気に入られましてね」

　萩尾は文太の部屋にカーテンを取り付けに行き、打ち解けて話すようになった。

「ベランダに椅子が二脚置いてあって、背の部分に文太、文子と漢字で書いてあったんです。いつも奥さんと一緒だし、優しいんだなぁ、と思ってね。菅原さんは奥さんのことはブンコと呼んでおられましたが、ああそう、フミコさんだったんですか」

　その後、文太は市内の福岡市動植物園の近くにもう一部屋、マンションを買った。そのときも萩尾は文太に頼まれ、グリーンのカーテンを取り付けている。

「部屋に息子さんの大きな写真が飾ってあって、『亡くなって寂しいんだよ』とは話されましたが、それ以上は触れない。話すと余計に寂しくなるからではないですか。それと、いつだったか、会社に来られたときエアコンを切るように頼まれました。嫌いでしたね、エアコンが」

萩尾が見せてくれた色紙には文太のサインと、「無心」の文字が書かれていた。

「気さくで、人情味あふれる方でした」

自然食品の店「ファーム」を営む藤本文章は、文太のマンションまで商品の宅配をした。

「週に1回くらいかな、バスケットのカゴ一杯に商品を買われていましたね。うちで扱うものは徹底的に有機や無添加に拘っているんです」

文太は文子と来店することが多かったという。

「奥さんが試食しながら、あれもこれもと選んで買われてね。熊本産の蜂蜜を数種類並べたときには、二人でどれがいいか迷って相談されたり。結局、選ばれたのは五木村という田舎の山奥で採れた蜂蜜です。ご夫婦は仲が良かったですよ」

文子と一緒に出歩くとき、文太は顔を隠さなかったが、一人のときには目深に帽子を被り、下を向いて猫背気味に歩いていたという。誰もが証言したのは、足元が靴ではなく、雪駄履きだったということだ。

マンション近くの珈琲豆専門店「焙煎屋」の平山悟は、店に来る客が菅原文太だと気付くまで、しばらくかかった。帽子を被っている上に、服装がよれっとしていたからである。

「いつもブルーマウンテンのナンバーワンという一番高い豆を買って行かれました。豆を挽いたものをお渡しししていたんですが、そのうちに『淹れる手順が面倒になった』と言われてね、ドリップパックに変わりました。東京の事務所にお送りしたこともありますよ」

平山は文太をそっくりさんかと思っていたが、従業員がインターネットで調べ、鼻の左下にホクロがあるのを見つけて確認した。

「普段は誰も気付かないほど地味な服装だけど、付き人さんが運転する車から降りてこられたときは、パリッとしたスーツ姿でね、別人のように格好いいんですよ。それはもう見事というか、スターのオーラが出ていた」

平山は海外から生豆を仕入れ、丁寧なハンドピック（手選別）で、ひとつひとつ欠点のある豆を取り除く。地道で根気のいる作業だ。

「悪い豆を取り除くことで純度を高めるんです。二人がかりで下を向いて作業をしていたとき、文太さんに『それは何をしてるの？』と訊かれたので説明したら『ああ、だからこの店のコーヒーはおいしいんだ』と感心されて」

農業従事者になった文太は珈琲豆の栽培にも興味を持ち、平山に「日本国内で珈琲豆を作れないか」と尋ねた。

「気候条件が違うので無理ですよ、と答えました。いい豆は亜熱帯の高地でできるんです。高地でも富士山の中腹は寒すぎるし、ある程度の面積が必要になる。日本では無理なんです」

文太はしばしば店の前を通った。平山が文太に気付いたときには、手を振って応えた。

「近所のサニーというスーパーでよく買い物をして、両手にレジ袋を提げておられましたね。うちには亡くなられる前年までお見えになっていました」

文太が没後太宰府に祀られていることを知った平山は、妻と一緒に訪れ、社務所に文太が愛飲していた珈琲を預けたという。平山もまた、文太の色紙を持っていた。福岡市内で見た色紙に書かれていたのは「無心」あるいは「仁義」のどちらかである。

反戦演説

14年11月1日、文太は那覇市の野球場・沖縄セルラースタジアム那覇に姿を見せた。当日は沖縄県知事選挙に立候補した翁長雄志の総決起大会で、1万5000人を超える観衆が集まっていた。この選挙では米軍普天間基地の辺野古移設の是非が争点になっており、反対派の翁長と、賛成派の仲井眞弘多との実質的な一騎打ちである。文太が翁長と会うのはこの日が初めてであり、最後になる。投手交代用のカートに乗って登場した文太は、壇上に上り、独自の長い間合いをとりながら、観衆に語り掛けた。

〈今日は自分から立候補して、ピッチャー交代、知事交代、ということで押しかけてきました。プロでない私が言うんだから、あてになるかならないのかは分かりませんけど、政治の役割は二つあります。一つは、国民を飢えさせないこと、安全な食べ物を食べさせること、もう一つは、これが最も大事です。絶対に戦争をしないこと。私が小学校の頃、戦国少年でした。なんでゲートルを巻いて、戦闘帽を被って、竹槍を持たされたのか、今振り返ると本当に笑止千万です〉

(前出「現代思想」)

反戦を訴える演説の中盤で、文太は観衆を見回し、表情を和らげた。

〈『仁義なき戦い』に、裏切り者の山守、覚えてらっしゃらない方もいるかな？　映画の最後で、「山守さん、弾はまだ残っとるがよ。一発残っとるがよ」というセリフをぶつけた。その伝でいくと、「仲井眞さん、弾はまだ一発残っとるがよ」と、ぶつけてやりたい〉(同)

文太がしゃがれた声で映画の台詞を喋ると、観衆は「うおおっ！」とどよめいた。『仁義なき戦い』シリーズが始まる前年、72年に返還された沖縄でも、映画は大ヒットしており、ラストの決め台詞が浸透していたことが分かる。万雷の拍手が起こった。

〈沖縄の風土も、本土の風土も、海も山も風も、すべて国家のものではありません。そこに住んでいる人たちのものです。辺野古もしかり！　勝手に他国へ売り飛ばさないでくれ〉（同）

だが、応援演説を終えて帰途についた文太は、体力、気力を使い果たしていた。飛行機の中で毛布にくるまれ、ぐったりした姿が目撃されている。顔には黄疸《おうだん》が出ていたという。

11月10日、高倉健が悪性リンパ腫のため、都内の病院で逝去した。享年83。前年に文化勲章を受章した高倉だが、葬儀は喪主となった養女によって営まれ、近親者のみが参列したという。生前の高倉と親しくしていた人間のほとんどは招かれなかった。

高倉の逝去に際し、文太は「健さん、東映、映画のことは時間を置いて自分で書きます」とコメントしたが、その時間は残されていなかった。

太宰府に眠る

高倉の訃報から3日後の13日、文太は定期健診で病院を訪れると、医師の判断により、そのまま入院した。このとき文太には、15日に仙台市で護憲集会、16日に会津若松で市民集会に参加という予定が入っていたが、文子が「腰痛の悪化」を理由に出席を辞退している。

病床で翁長雄志が沖縄県知事に当選したことを聞いた文太は「本当？　よかったなぁ」と喜んだ。だが、入院中にストレスがあったのか、持病の胃潰瘍で吐血。容態が悪化していく中、文太は手をクロスさせて×印を作り、「今回はダメだ」と意思表示したという。入院から約2週間後の11月28日午前3時、転移性肝ガンによる肝不全で永眠した。享年81。

最後はモルヒネも使わず、家族に見守られて、安らかな死を迎えたという。

遺体は車で福岡へ運ばれ、12月1日に、太宰府天満宮の祖霊殿で葬儀が執り行なわれることになった。ごく限られた人間しか呼ばれておらず、ほぼ密葬の状態である。

参列したのは、文子の他には長女とその配偶者、次女と孫たち、そして文太と長い親交があったNPO法人「ふるさと回帰支援センター」の理事長・高橋公、元環境大臣の松本龍夫妻、元警視監の千葉行雄、東映シーエム株式会社社長の古玉國彦らだった。

高橋は、「当日は大雨だった」と振り返る。

「雨がやんで、表に出たら綺麗な夕焼けでね。（松本）龍さんと一緒に眺めたのを覚えている」

東映で主に営業畑を歩いてきた古玉は、文太がコマーシャルに出演するときの窓口になった。文子とは立教大学の同窓生である。

「マルコメ味噌のコマーシャルを文太さんにお願いしたことがあって、撮影現場に顔を出したら、文太さんが味噌汁の具にする大根を洗うというシーンだったんですよ。そのあとで挨拶をしたら、『おい、おまえ、上等じゃねぇか、役者に大根を洗わせて』と冗談を言われましてね」

古玉にとって文太は、常に「畏敬の念で接するような存在」だったという。

太宰府での葬儀を終えた文子は、後日、マスコミ各社にコメントを発表した。

〈7年前に膀胱がんを発症して以来、以前の人生とは違う学びの時間を持ち『朝に道を聞かば、夕に死すとも可なり』の心境で日々を過ごしてきたと察しております。『落花は枝に還らず』と申しますが、小さな種を蒔いて去りました（中略）。すでに祖霊の一人となった今も、生者とともにあって、これらを願い続けているだろうと思います。恩義ある方々に、何の別れも告げずに旅立ったことを、ここにお詫び申し上げます〉

文太が蒔いたという小さな種は、無農薬有機農業を広めること、日本が再び戦争をしないよう共に声を上げることだった、と締め括っている。

文太の逝去から約半年後、文子は辺野古への基地移設に反対する「辺野古基金」の共同代表に就任した。文太の遺志を継いだ形である。

〈夫は立派な人でした。正義感があり、そしてよく飲みました（笑い）。共同代表になったのは、私の意志でもあります。自分のすることは自分で決める、これが民主主義です。農業はもちろん、自分が信じる道を強く進んでいきたい〉（「女性セブン」15年8月20・27日号）

19年秋、私は太宰府天満宮に参拝した。文太と息子の薫が眠る祖霊殿で評伝連載の挨拶をすることが目的だった。祖霊殿は本殿から東へ約500メートル、日本三大火祭で有名な「鬼すべ堂」の先にあり、四季折々の自然に囲まれた静謐な霊廟である。遺族が一般人の参拝を希望しないと聞いていたので、せめて納骨堂の前で手を合わせようと思い、奥へ進んだところ、なぜかすべての扉が開かれていた。

神道では、肉体が滅びても霊魂は留まり、子孫を守る守護神になるという。納骨堂の中で手を合わせると、『わたしのグランパ』で観た文太の慈愛に満ちた笑顔が浮かんできた。

あとがき

この評伝は2017年夏に企画が通り、リストアップした人たちへの取材が始まった。

当初は「新潮45」に掲載予定で、取材はすべて同編集部を通して行われた。予想外だったのは、1年後の2018年9月に同誌が休刊になったことである。取材は8割方終わっており、翌月号からの掲載が決定していたので、書き溜めていた原稿が宙に浮く状態となった。

ただ、新潮社以外で発表する気持ちはなく、どうしたものかと思案しているうちに、朗報が届いた。「週刊新潮」に場を変えての連載である。

タイトルは「飢餓俳優　実録菅原文太伝」と決まり、2019年7月から2020年3月まで35回に亘って掲載された。連載中の追加取材を含め、1年半の間に都内をはじめ、宮城県、山梨県、埼玉県、京都府、大阪府、福岡県などを巡り、菅原文太を知る人々に会った。

予定の時間を超えて取材に応じて下さった方も多く、貴重な証言を頂いたが、連載開始前後から約1年の間に菊地義彦さん、吉田達さん、日下部五朗さん、梅宮辰夫さんらの訃報が続いた。

この場を借り、改めて皆さまのご冥福を祈ります。

どの方も印象が深く、原稿には書けなかったエピソードがいくつもある。

例えば、梅宮辰夫さんには、都内の寿司店で取材を受けて頂いた。

カウンター席の隣に座っていた梅宮さんは、話の途中で文太の十八番だったという「夜霧のブルース」を口ずさんだ。どんな歌か、私が知らないと思い、教えてくれたのだ。

取材の終わりにも、梅宮さんは「たいしたことを話せなかった」と気遣ってくれた。

「こんなふうに松田さんの取材を受けるのなら、もっと文太と仲良くしておけばよかったな」

その日は私の誕生日だったので、忘れられない記念日になった。

また、付き人だった司裕介、菅田俊、宇梶剛士、寺中寿之の各氏は、それぞれの時間で見た「オヤジ」の姿を語ってくれた。中で宇梶さんだけは「ほとんど叱られたことがない」という。

「オヤジはもう俳優をやらないと言ったけど、オヤジを必要な人、呼ぶ勇気がある人は呼んだと思います。辞めるという言葉を飛び越える人がいなかった」

〝最も甘やかされた付き人〟の言葉は熱く、変わらぬ思慕の情が伝わってきた。

さらには、今も現役で活躍しておられる中島貞夫監督、脚本家の高田宏治さんは共に1934年生まれで東京大学文学部卒。インテリジェンスに加え、記憶力の確かさも共通していた。仕事に飢えた「文ちゃん」がギラギラと目を光らせていた時代を知る数少ない証人であり、お二人の作品に出演することでその魅力が引き出されたことは間違いないだろう。

取材を進める中で一番の課題となったのは、文子夫人へのアプローチである。菅原文太の素顔を知り、マネージメントも担っていた方なので、ぜひお話を伺いたかった。

そこで山梨の農園を訪ね、連載開始のご挨拶と取材のお願いをしたところ、「私はあくまで裏方なので」とのお断りがあった。これまでもマスコミの取材依頼を断ってきたという。

彼女については、読書家で聡明な女性と聞いていたものの、その博識は想像以上だった。全国各地の歴史に精通し、農業について語る言葉は詩的ですらあった。

「やっぱり自然にはかなわないということです。自然への畏怖、敬意を忘れて、人間がＡＩとか原子力だとかで地球上を制覇して好きに変えられると思っても、そうはいかないよと、小さな小さな農業を続け、小さな空を見上げても、そう思います」

その後は何度か手紙のやりとりがあり、連載については〈感心しながら、時に「知らなかった！」と思い、楽しく読ませて頂きました〉という感想が送られてきた。

ご本人の許可を得た上で、手紙の一部を引用させて頂く。

〈「飢餓俳優」という言葉が彼にぴったりでした。食べ物への飢えと愛への飢え、彼を奮い立たせたものは、それだったと思います〉

人物だけでなく、取材中に目にした風景も印象深い。

２０１７年12月中旬、仙台から栗原市へ向かっているとき、黒く大きな雲が低く空を覆っていた。ドカ雪が降る前兆だという。私は初めて見る黒い雪雲に圧倒され、豪雪に閉ざされて生きる人々の忍耐強さを思った。菅原文太の頑固さ、寡黙さは東北人に見られる気質でもあった。

最後になりましたが、「週刊新潮」編集部の若杉良作さん、佐藤大介さんに心より感謝いたします。お二人には資料収集を初め、取材に同行するなど、様々なかたちでサポートして頂きました。さらに時々の助言はとても貴重なものでした。ありがとうございました。

２０２１年6月吉日

主な参考文献

引用は本文中に記したが、執筆にあたり参考にした資料を記す。

デラックス近代映画『任俠映画のスタアたち』（近代映画社）
杉作J太郎・植地毅編著『仁義なき戦い　浪漫アルバム』（徳間書店）
別冊映画秘宝『実録やくざ映画大全』（洋泉社MOOK）
別冊映画秘宝『映画「トラック野郎」大全集』（洋泉社MOOK）
映画芸術403号『総特集　笠原和夫と深作欣二　残俠の譜』（編集プロダクション映芸）
浪漫工房創刊10号記念『映画100年特別企画』（創作工房）
石田伸也編著『追悼！　菅原文太　仁義なき戦い』（TOWNMOOK　徳間書店）
鈴木義昭『仁義なき戦い　公開40周年　そのすべて』（メディアックス）
鈴木義昭『仁義なき戦いの〝真実〟　美能幸三　遺した言葉』（サイゾー）
飯干晃一『仁義なき戦い　死闘篇』（角川文庫）
飯干晃一『仁義なき戦い　決戦篇』（角川文庫）
石田伸也編『蘇る！　仁義なき戦い　公開40年目の真実』（徳間書店）
高田宏治＋編集部『東映実録路線　最後の真実』（メディアックス）
高田宏治・西谷拓哉『高田宏治　東映のアルチザン』（カタログハウス）
菅原文太『日本人の底力』（宝島社）
菅原文太と24人の男たち　そして忠治『六分の俠気　四分の熱』（日之出出版）
菅原文太と免許皆伝の達人たち『ほとんど人力』（小学館）
菅原文太編『女といっしょにモスクワへ行きたい』（現代出版）
菅原文太・半藤一利『仁義なき幕末維新』（文春文庫）
田山力哉・責任編集『野良犬の怨念　菅原文太』（芳賀書店）
俊藤浩滋・山根貞男『任俠映画伝』（講談社）
岡田茂『波瀾万丈の映画人生』（角川書店）
岡田茂『悔いなきわが映画人生』（財界研究所）

主な参考文献

高岩淡『銀幕おもいで話』（双葉文庫）
伊藤彰彦『映画の奈落　完結篇　北陸代理戦争事件』（講談社+α文庫）
深作欣二・山根貞男『映画監督深作欣二』（ワイズ出版）
キネマ旬報2003年5月臨時増刊号「映画監督　深作欣二の軌跡」（キネマ旬報社）
キネマ旬報2014年7月下旬号「映画監督鈴木則文フォーエバー！」（キネマ旬報社）
キネマ旬報ムック2014年『映画遺産　日本映画男優・女優100』（キネマ旬報社）
キネマ旬報2015年2月上旬号「菅原文太　一番星になった男」（キネマ旬報社）
ユリイカ1976年6月号「特集　映画　ヒーローの条件」（青土社）
ユリイカ1986年10月号「特集　坂口安吾」（青土社）
深作健太＋深作組『深作欣二　最後の闘い』（太田出版）
立松和平『映画主義者　深作欣二』（文春ネスコ）
石田伸也編著『高倉健と菅原文太　ここに漢ありけり』（徳間書店）
日下部五朗『健さんと文太　映画プロデューサーの仕事論』（光文社新書）
日下部五朗『シネマの極道　映画プロデューサー一代』（新潮社）
山下耕作・円尾敏郎『将軍と呼ばれた男　映画監督山下耕作』（ワイズ出版）
山根貞男・安井喜雄編『加藤泰、映画を語る』（ちくま文庫）
加藤泰『加藤泰映画華』（ワイズ出版）
サイゾー特別編集班『烈侠外伝　加茂田組と昭和裏面史』（サイゾー）
カミオン特別編集『哥麿会　栄光の40年』（芸文社）
梅宮辰夫『不良役者』（双葉社）
松方弘樹・伊藤彰彦『無冠の男　松方弘樹伝』（講談社）
山城新伍『若山富三郎・勝新太郎　無頼控　おこりんぼ　さびしんぼ』（廣済堂文庫）
笠原和夫『映画はやくざなり』（新潮社）
笠原和夫『「仁義なき戦い」調査・取材録集成』（太田出版）
笠原和夫『破滅の美学』（幻冬舎アウトロー文庫）
笠原和夫『笠原和夫傑作選二』（国書刊行会）

笠原和夫『笠原和夫シナリオ集』（映人社）
笠原和夫『仁義なき戦い　―仁義なき戦い　広島死闘篇　代理戦争　頂上作戦―』（幻冬舎アウトロー文庫）
笠原和夫・荒井晴彦・絓秀実『昭和の劇　映画脚本家　笠原和夫』（太田出版）
マキノ雅広『映画渡世・天の巻』『同　地の巻』（筑摩書房）
山根貞男『マキノ雅弘　映画という祭り』（新潮社）
中島貞夫『殲滅　中島貞夫の映画世界』（北冬書房）
中島貞夫著・河野真吾編『遊撃の美学　映画監督中島貞夫』（ワイズ出版）
中島貞夫『映像のスリット　わが映画人生』（芸艸堂）
鈴木則文『下品こそ、この世の花』（筑摩書房）
鈴木則文『トラック野郎風雲録』（国書刊行会）
鈴木則文『新トラック野郎風雲録』（ちくま文庫）
鈴木則文『東映ゲリラ戦記』（筑摩書房）
小野寺勉編・鈴木則文著『権威なき権威　カントク野郎　鈴木則文』（ワイズ出版）
山根貞男・米原尚志『「仁義なき戦い」をつくった男たち　深作欣二と笠原和夫』（ＮＨＫ出版）
安藤昇述・山口猛著『映画俳優　安藤昇』（ワイズ出版）
安藤昇『激動　血ぬられた半生』（双葉文庫）
安藤昇『自伝　安藤昇』（ぶんか社）
三島由紀夫『決定版　三島由紀夫全集　35』（新潮社）
寺山修司『寺山修司の芸術論集　パフォーマンスの魔術師』（思潮社）
高橋賢編『東映実録やくざ映画　無法地帯』（太田出版）
山平重樹『実録小説　神戸芸能社　山口組・田岡一雄三代目と戦後芸能界』（双葉社）
山平重樹『任侠映画が青春だった』（徳間書店）
関本郁夫『改訂版　映画人烈伝』（青心社）
土橋亨『嗚呼！活動屋群像』（開発社）
関根忠郎『関根忠郎の映画惹句術』（徳間書店）
東映キネマ旬報２０１０年冬号「特集　深作欣二」（東映ビデオ株式会社）

主な参考文献

東映キネマ旬報2015年冬号「追悼　高倉健　追悼　菅原文太」（東映ビデオ株式会社）
東映キネマ旬報2017年夏号「追悼　松方弘樹　追悼　渡瀬恒彦」（東映ビデオ株式会社）
佐野衛『書店の棚　本の気配』（亜紀書房）
菅原有悠『エトロフの青いトマト　素顔の北方領土、エトロフ・クナシリ紀行』（山と溪谷社）
宍戸錠『シシド　小説・日活撮影所』（新潮社）
高倉健『旅の途中で』（新潮文庫）
高倉健『あなたに褒められたくて』（集英社文庫）
五社巴『さよならだけが人生さ　五社英雄という生き方』（講談社）
春日太一『あかんやつら　東映京都撮影所血風録』（文春文庫）
筒井康隆『わたしのグランパ』（文藝春秋）
井上ひさし『青葉繁れる』（文藝春秋）
荻野目慶子『女優の夜』（幻冬舎）
映画論叢12号「チンピラ役者の万華鏡」（樹花舎）
現代思想2015年4月臨時増刊号「菅原文太　反骨の肖像」（青土社）
劇団四季編『劇団四季　半世紀の軌跡―62人の証言』（日之出出版）
菊島隆三・金子武郎　共同脚本「犬笛」（三船プロダクション）
週刊朝日編『戦後値段史年表』（朝日文庫）
坂本俊夫『おてんとうさんに申し訳ない　菅原文太伝』（現代書館）
三山喬「残り弾ひとつ　菅原文太の戦い」（「月刊ちくま」2019年9月―2020年1月号）
三山喬「焼け跡に見た夢　菅原文太　虚と実の軌跡」（「望星」2020年8月―10月号）
菅原文子「朝の紅顔　夕の白骨」（「本の窓」2015年8月号―2020年8月号）
福田清人編・飯島文著『萩原朔太郎　人と作品』（清水書院）
福田清人編・飯島文・横田玲子共著『堀辰雄　人と作品』（清水書院）
村上護編『山頭火句集』（ちくま文庫）

松田美智子　Michiko Matsuda

山口県生まれ。金子信雄主宰の劇団で松田優作と出会い結婚。一子をもうけて離婚。その後、シナリオライター、ノンフィクション作家、小説家として活躍。『天国のスープ』（文藝春秋）、『女子高校生誘拐飼育事件』（幻冬舎）等の小説を執筆するとともに、『福田和子はなぜ男を魅了するのか』（幻冬舎）、『越境者　松田優作』（新潮社）、『サムライ　評伝三船敏郎』（文藝春秋）等のノンフィクション作品を多数発表。

仁義《じんぎ》なき戦《たたか》い　菅原文太伝《すがわらぶんたでん》

著　者　松田美智子《まつだみちこ》

発　行　2021年6月25日

発行者　佐藤隆信
発行所　株式会社新潮社　郵便番号162-8711
東京都新宿区矢来町71
電話：編集部　03-3266-5611
読者係　03-3266-5111
https://www.shinchosha.co.jp
装　幀　新潮社装幀室
印刷所　大日本印刷株式会社
製本所　加藤製本株式会社

ISBN978-4-10-306452-7　C0095
価格はカバーに表示してあります。